本书为宁波市哲学社会科学研究基地及华东地区开放大学联盟
2023年度联合科研攻关课题"在线教育智慧治理与区域实践路径研究"的研究成果

RESEARCH ON SMART GOVERNANCE OF
ADULT ONLINE EDUCATION

成人在线教育
智慧治理研究

刘铁柱　方宇通◎著

ZHEJIANG UNIVERSITY PRESS
浙江大学出版社
·杭州·

图书在版编目（CIP）数据

成人在线教育智慧治理研究 / 刘铁柱，方宇通著.
杭州 ：浙江大学出版社，2025. 6. — ISBN 978-7-308
-26357-3

Ⅰ. G72

中国国家版本馆 CIP 数据核字第 2025NS9637 号

成人在线教育智慧治理研究

刘铁柱　　方宇通　著

策划编辑	吴伟伟	
责任编辑	金　璐	
责任校对	葛　超	
封面设计	雷建军	
出版发行	浙江大学出版社	
	（杭州市天目山路 148 号　邮政编码 310007）	
	（网址：http://www.zjupress.com）	
排　　版	大千时代（杭州）文化传媒有限公司	
印　　刷	杭州捷派印务有限公司	
开　　本	710mm×1000mm　1/16	
印　　张	18.25	
字　　数	254 千	
版 印 次	2025 年 6 月第 1 版　2025 年 6 月第 1 次印刷	
书　　号	ISBN 978-7-308-26357-3	
定　　价	88.00 元	

目　录

第一章　绪　论 ……………………………………………………… 1

　　第一节　成人在线教育治理的背景 ………………………………… 1

　　第二节　成人在线教育智慧治理动因 ……………………………… 6

　　第三节　研究内容和方法 …………………………………………… 9

第二章　概念界定及理论基础 ……………………………………… 16

　　第一节　在线教育智慧治理的概念及意义 ………………………… 16

　　第二节　在线教育智慧治理的理论基础 …………………………… 25

　　第三节　成人在线教育智慧治理的内涵 …………………………… 34

第三章　在线教育智慧治理现状和挑战 …………………………… 40

　　第一节　在线教育智慧治理现状 …………………………………… 41

　　第二节　成人在线教育智慧治理现状 ……………………………… 49

　　第三节　成人在线教育智慧治理的机遇与挑战 …………………… 70

第四章　成人在线教育智慧治理模型构建 ………………………… 74

　　第一节　核心要素 …………………………………………………… 74

　　第二节　模型构建 …………………………………………………… 80

第三节　研究讨论 ································· 90

第五章　成人教育教师数字化转型胜任力研究 ······· 93

第一节　研究基础:基于理论和研究框架 ············ 96

第二节　要素析出:基于叙事行动研究 ············· 107

第三节　模型构建:基于行为事件访谈的研究 ········· 113

第四节　模型检验:基于问卷调查数据 ············· 119

第六章　成人在线教育服务质量研究 ············· 123

第一节　在线教育服务质量概念模型 ·············· 123

第二节　成人在线教育服务质量影响因素 ··········· 132

第三节　成人在线教育服务质量评价模型 ··········· 142

第七章　成人在线教育智慧治理的路径探索 ········· 153

第一节　加快在线教育工作者数字化转型 ··········· 153

第二节　完善成人在线教育服务生态 ·············· 157

第三节　构建成人在线教育政策法规体系 ··········· 161

第四节　完善成人在线教育智能平台 ·············· 164

第八章　成人在线教育智慧治理设计 ············· 170

第一节　成人在线教育资源规范设计 ·············· 170

第二节　成人在线学习的知识图谱设计 ············· 179

第三节　成人在线学习活动设计 ················· 188

第四节　成人在线教学智能评价设计 ·············· 201

第五节　成人在线培训的游戏化设计 ·············· 218

第九章　成人在线教育智慧治理的趋势与前景 ······· 246

第一节　多学科视角下成人在线教育发展图景 ········ 246

第二节　成人在线教育智慧治理前景 ·············· 255

参考文献 ·································· 266

后　记 ··································· 284

第一章 绪 论

第一节 成人在线教育治理的背景

联合国教科文组织在 2015 年发布了 2030 年可持续发展议程,该议程题为"为人类、地球与繁荣制订的行动计划",包括 17 个可持续发展目标。这些目标包含了经济、社会和环境层面,其中可持续发展目标 4 是教育目标,旨在确保包容和公平的优质教育,让全民终身享有学习机会。

教育目标提到,2030 年之前所有男女均能平等地获得优质且负担得起的技术、职业和高等教育资源,包括大学教育。这一目标的实现需要从中学阶段开始,逐步减少技能发展以及技术与职业教育培训过程中的障碍,直至高等教育阶段,并为成年人提供终身学习的机会。同时,应依据现有的国际协议,逐步推进高等教育免费的进程。

届时,掌握就业和创业所需相关技能(涵盖技术性技能和职业性技能)的成年人数量会大幅增加。为实现这一目标,我们需要在确保教育质量的前提下,增加公平接受技术与职业教育的机会;利用多元化的教育和培训模式,增加并丰富学习机会。此外,除了培养与工作直接相关的技能,还应着重发展高层次的认知和非认知(可迁移技能),如问题解决能力、批判性思维、创造力、团队合作精神、沟通技巧以及冲突解决能力,这些技能在不同职业领域具有广泛的通用性。

教育目标强调,2030年前要确保大部分成年男女具备基本的识字和计算能力,还要确保所有学习者均能够掌握实现可持续发展所需的知识和技能。为实现这一目标,应开展关于可持续发展、可持续生活方式、人权和性别平等的教育活动,积极弘扬和平与非暴力文化,努力提升全球公民意识,并充分肯定文化多样性和文化对可持续发展所做出的重要贡献。

教师被视为实现可持续发展所有具体目标的关键力量,他们是保证优质教育的基本条件。因此,应大幅增加全球范围内教师的数量,在发展中国家积极开展师资培训方面的国际合作;应建立资源充足、管理有效、高效运作的教育系统,让教育工作者得到充分的授权、足额的招聘、合理的报酬和激励、专业的资格认证以及必要的支持。

世界经济论坛(又称达沃斯论坛)指出,当前世界正处于全球技术革命中,这场技术革命正在从根本上改变我们的生活、工作和学习方式。在"第四次工业革命"中,人工智能、机器人、物联网、自动驾驶汽车、3D打印、纳米技术、生物技术、材料科学、能源储存和量子计算等领域的新兴技术不断取得新突破,将为人类带来无限可能。

为应对第四次工业革命对教育的影响,教育体系需要重新调整,特别是针对成人职业或行业的培训。如今,机器从事常规性体力劳动已司空见惯,但数字机器正越来越多地承担起更复杂的任务。人工智能已经用于常规的认知性工作,如客户服务、股票交易,甚至是疾病诊断和治疗。未来,人工智能将与先进的机器人技术相结合,开展体力和认知并重的工作,如驾驶出租车、种植粮食和进行手术。人类操作的一切日常任务逐渐实现自动化,因此社会对重复性劳动的人工需求将继续下降。

教育的重点应该转移到填补不适合自动化的工作,并为现代职场上数以百万计的新岗位培养劳动力。这些角色所需的知识、技能、工作习惯和性格特征通常被称为"21世纪的技能"。评估学生对21世纪技能的掌握情况时,往往不能止步于客观题(如多项选择题、判断题或填空题),而需要运用到主观题(如简答题、论述题,或是实际表现测试)。后者评分的难度更高,耗时更长。此时,就可以运用高级人工智能来协助教师完成这些更耗时的主观性评价。事实上,翻转课堂、混合学习和全面线上学习等教学实践已经非常普遍了。这些方法有助于满足成人对更多教育机会、提高学习灵活性以及利用数字工具增强教育体验的需求。利益相关者确实看到了数字学习在灵活性和适应性方面的明显优势。

中国互联网络信息中心第50次《中国互联网络发展状况统计报告》指出:从2015年到2022年,我国在线教育用户规模从1.10亿人增长到3.77亿人,占网民整体的35.9%(当年网民总数为10.51亿人)。[①] 第52次《中国互联网络发展状况统计报告》指出,农村在线教育用户规模已达6787万人,普及率为22.5%。[②] 在互联网和移动支付不断发展、人们学习方式日趋多元的背景下,在线教育已成为"刚需"。

成人在线教育的发展轨迹可以追溯到20世纪70年代。在过去的几十年里,在线教育经历了从萌芽到成熟的不同阶段。本书参考了乐传永和叶长胜在《中国远程教育研究的百年嬗变与前瞻》一文中的历史分期,将成人在线教育的发展轨迹分为以下几个阶段。

一、萌芽期(20世纪70年代至20世纪90年代末期)

党的十一届三中全会后,我国远程教育在国家引导与支持下,建成了以卫星电视、无线广播为基础的广播电视教育体系,为在线教育打下坚实基础。1998年以后,以因特网为主的远程教育形式开始萌芽,在线

---

① 中国互联网络信息中心. 第50次《中国互联网络发展状况统计报告》[EB/OL]. (2022-08-31) [2024-03-11]. https://www.cnnic.net.cn/n4/2022/0914/c88-10226.html.

② 中国互联网络信息中心. 第52次《中国互联网络发展状况统计报告》[EB/OL]. (2023-08-28) [2024-03-11]. https://www.cnnic.net.cn/6/86/88/index.html.

教育从此诞生。一些成人教育机构开始尝试将传统教育模式搬到网上。这个阶段的成人在线教育主要是通过邮件、新闻组、文件传输协议（file transfer protocol，FTP）等方式进行信息传递和交流，学习方式也比较单一，主要是通过在线阅读和发帖留言等。这个阶段的发展相对缓慢，主要由于技术手段比较简单，而且缺乏专业的在线教育人才。

二、发展期（21世纪初期至党的十八大前期）

在这个阶段，《关于启动现代远程教育第一批普通高校试点工作的几点意见》《关于发展现代远程教育的意见》等文件出台，明确支持发展现代远程教育，即本书所讲的在线教育。在相关文件出台后，成人在线教育得到了长远发展和广泛应用。各大高校和教育机构推出自己的在线教育平台和课程，同时一些商业机构也逐渐进入这个领域。这个阶段的学习方式也更加多样化，包括在线阅读、观看视频、在线讨论、互动教学等。此外，随着社交媒体和移动互联网的发展，成人在线教育的互动性和社交性从无到有，增强了成人学习者的黏性。

三、成熟期（党的十八大以来）

党的十八大以来，在新兴技术驱动、教育高质量发展等多重因素作用下，我国在线教育发生了重要变革，创新发展趋势愈发明显。① 2012年，为适应国家发展需要，原中央广播电视大学更名为国家开放大学。随之，我国地方广播电视大学相继改革，开放大学成为我国开展成人在线教育的重要阵地。2016年教育部印发了《教育部关于办好开放大学的意见》，2020年教育部下发了《国家开放大学综合改革方案》等文件，进一步规范开放大学的办学。在这个阶段，各种在线教育平台和课程层出不穷，同时也出现了许多专门从事在线教育的公司和机构。这个时期的发展特点是多元化、个性化和专业化。成人在线教育不再仅仅是传统教育的补充，而逐渐成为主流的教育形式之一。同时，这个时期充满了变革

---

① 乐传永，叶长胜. 中国远程教育研究的百年嬗变与前瞻[J]. 远程教育杂志，2023，41(5)：3-15.

与创新。随着人工智能、大数据等技术的应用,成人在线教育的个性化推荐和学习体验得到了进一步的提升,学习的社交属性获得更大发展。比如,一些新兴的在线教育形式如大规模开放在线课程(MOOC)和小规模私有在线课程(SPOC)的发展和应用,为成人在线教育提供了更多的选择。

我们发现,成人在线教育的发展轨迹是伴随着互联网技术的不断发展和应用而逐渐成熟和普及的。从最初的简单信息传递和交流,到现在的多元化、个性化和专业化的教育形式,成人在线教育已经成为全球教育市场的重要组成部分。

近年来,中国在线教育市场规模持续增长,中国科学院发布的相关报告显示,2022年整个在线教育行业的市场规模超过5400亿元。但国内研究者侧重关注K12(幼儿园至高中阶段)在线教育发展,尤其是"双减"背景下的转型情况,而忽略了成人在线教育治理状况。成人在线自主学习需求旺盛,不少人希望借助便捷性强、价格实惠、灵活度高的网络培训,提升学历水平、发展兴趣爱好、拓展职业技能,以提高自身竞争力。[1] 2020年2月,人力资源社会保障部、财政部印发《关于实施职业技能提升行动"互联网＋职业技能培训计划"的通知》。这个文件主要是为了大力推进成人职业技能提升行动,结合经济社会发展和就业创业需要,以及相关经验做法,全面实施"互联网＋职业技能培训计划"。该文件中详细列出了行动任务和责任分工,包括:①公布优质线上职业技能培训平台和数字培训资源;②企业开展职工线上技能培训;③院校开展学生线上技能培训;④社会培训机构开展线上技能培训;⑤完善"互联网＋职业技能培训"管理服务工作模式;⑥加强线上培训质量评价和监管。这个文件对于推动成人职业技能提升,尤其是通过互联网进行的教育和培训,有着重要的意义。

此外,成人在线教育要提高质量。2022年教育部办公厅颁布的一号

---

① 刘钰. 成人网络培训乱象亟待治理[N]. 中国教育报,2023-07-05(6).

文件《教育部办公厅关于严格规范高等学历继续教育校外教学点设置与管理工作的通知》，主要就严格控制校外教学设点数量和范围、落实落细教育教学各环节要求等各个方面进行深刻阐述，提出了一系列保障高等学历继续教育质量的具体举措。另一个由教育部发布的《关于推进新时代高等学历继续教育改革的实施意见》指出：以后将按照不同的办学主体，将高等学历教育分为高校成人教育、开放大学教育、高等教育自学考试三种形式；成人教育以后将根据不同专业和学生特点，合理确定线上线下学时比例，线下面授教学和指导原则上不少于专业总学时的20%。

浙江省教育厅在2022年3月制订了《浙江省社会人员学历提升行动计划（2022—2025年）》，目标是通过深入实施成人"双证制"教育培训和形式多样的高等学历继续教育，采用灵活多样的学习方式和成果积累认证方式，整体提升浙江省社会人员的受教育水平，推动高质量发展建设、共同富裕示范区建设取得实实在在的民生成果。力争到2025年，让有意愿学习的低学历层次社会人员尤其是主要劳动年龄人口在学历层次上提升一到两个层次。从2022年起，力争每年新增成人初高中学历学员10万人，新增大专及以上学历层次教育学员30万人。通过综合施策，力争到2025年，劳动年龄人口受教育年限达12年。既要大规模提升成人学历层次，又要高质量保障在线学习效果，成人在线教育治理已迫在眉睫。

第二节　成人在线教育智慧治理动因

成人在线教育良性发展需要外部推力和内生拉力共同作用，同时也需要教育数据驱动。上一节提到的成人在线教育的相关政策文件，不仅为成人在线教育提供了良好的发展环境，同时也促进了成人在线教育治理水平的提升。新一代数字技术的发展和应用，无疑是成人教育治理的强大推力。首先，它为成人教育治理提供了前所未有的便利。传统的成人教育模式往往受到时间、地点和教学资源的限制,使得许多潜在的学习者无法得到充分的学习机会。然而,随着数字技术的不断进步,成人教育不再受传统教育的限制,学习的时间、地点和资源都可以灵活安排,极大地提高了成人教育的可及性和便利性。其次,新一代数字技术的应用,使得成人教育的内容和形式都得到了极大的丰富和拓展。通过互联网和移动设备,成人教育可以提供各种形式的学习内容,如混合现实图像、虚拟实验等,使学习过程更加生动有趣。此外,数字技术也使成人教育更加个性化,通过数据分析和挖掘,可以了解每个学习者的学习特点和需求,提供更加定制化的学习体验。最后,新一代数字技术的发展,也促进了成人教育的公平性和普及性。数字技术可以使教育资源得到更加公平的分配,无论学习者的地理位置如何,只要有互联网连接,都可以接触到优质的教育资源。技术革新成为教育数字化转型和治理的原动力,不断地推动着教育领域的变革和创新。人工智能、大数据、云计算等技术的应用,使得成人在线教育升级换代,同时带来了更加智能化、个性化和高效的治理方式。

教育系统内生发展的需求拉动是成人在线教育治理的重要影响因素之一。成人在线教育涉及学历提升、自学考试助学、文化教育、职业资格和职业技能培训等。梳理近年来被曝光的相关事件可以发现,成人在线教育存在一些乱象,包括但不限于以下方面:①藏猫腻的"零元培训"。一些机构以"先就业后付款"为诱饵,向学员推销"零元培训",这种模式往往在培训期间会不断要求学员购买各种教材或资料,并且在培训结束后通过各种手段拒不履行承诺。②包装"名师"来充场。一些机构为了吸引学员,会夸大其导师的资质和水平,甚至捏造虚假信息来吸引学员。③"霸王条款"频现身。一些机构在签订合同时,会设置一些不公平的条款,如限制学员的退课权利、延长合同期限等,以此来规避自身责任。④"拖延退款"难解决。一些机构在收到学员的退款申请后,会以各种理由拖延退款,甚至拒绝退款,给学员带来不必要的损失和困扰。这些乱象不仅损害了学员的权益,也影响了在线教育行业的声誉和发展。这种乱象之所以频频出现,一方面是成人教育本身质量参差不齐,另一方面更与当下的互联网环境、市场需求等因素有关。

此外,数据是助力成人在线教育治理发展的关键要素。2020年我国将"数据"列为与土地、劳动力、资本、技术并列的第五大生产要素。① 激发数据要素的潜在价值成为驱动数字化转型发展和成人在线教育治理的新动力。与教育数字化转型一样,成人在线教育治理是高度数据化的,数据要素在此过程中承担"动力引擎"的重要角色,是驱动在线教育治理的关键力量。如果说教育数字化转型的本质是把数据作为驱动教育创新发展的动力,那么成人在线教育治理是通过数字化促进成人教育系统各要素变革创新。而成人教育数据具有的价值往往是隐藏的、被动的,必须采用适当的方法进行挖掘处理,通过流转、使用、交易等一定的方式把它释放和发挥出来,真正实现其价值。在成人在线教育治理推进实践中,教育数据的价值释放呈现为从浅层应用到融合应用、从局部赋能到驱动整体转型的发展趋向,具体表现为三个层次的价值释放,体现了从数据资源转向数据要素、驱动教育创新发展的规律性要求。

第一层次价值释放是把数据视为资源进行建设与共享,教育数据在成人在线教育教学过程中的价值释放体现在利用数据资源直接支撑教育教学的业务系统运转上。按照一定的数据标准(国家、行业或学校数据标准)进行教育数据的伴随式采集和积累,逐步形成可利用的教育数据资源。这些数据基于一定的标准建设与管理,具备了通用性、可共享性,可以在一定教育组织内实现跨业务、跨领域的共享使用,打破业务流程之间的局限性。在此基础上,多媒体教学系统、教学管理系统等业务系统就可以搭建起来。数据在教育业务系统中,支撑着教育业务的运转,从而实现了初级层次的教育数据价值释放。

---

① 中共中央、国务院. 关于构建更加完善的要素市场化配置体制机制的意见[EB/OL].（2020-04-09）[2022-07-31]. https://www. gov. cn/zhengce/2020-04/09/content_5500622. htm.

第二层次价值释放是把数据视为成人在线教育教学的工具进行开发与应用,教育数据在教育教学过程中的价值释放体现在支持教育决策和教学策略的调整改进上。通过对积累和实时获取的成人在线教育教学数据进行汇聚,采用数据统计、数据挖掘和学习分析等技术,结合教育业务的需要,对教育数据进行加工、处理,形成有用的决策信息和知识。如对学生学情的诊断、师生互动效果的判断、学生学习效果的评测、教学质量的评价等信息,为教学目标的制定、教学方案的设计、教学效果的预测、教学策略的调整优化等提供数据支撑,在教育决策和教学改进中发挥作用,从而实现教育数据价值的深层次释放,教育业务运转也更加智能高效。

第三层次价值释放是把数据视为成人在线教育系统变革的关键要素,教育数据在教育教学过程中的价值释放体现在数据贯通教育全领域、全过程,驱动教育系统性变革与数字化转型上。在这一层次,将真正打破教育数据的壁垒,实现数据交换、开发与应用标准化,成人学校与区域内各类教育业务系统实现数据的互联互通,教育数据的流通、应用成为常态化,数据可以流通到更被需要的地方,使不同来源的成人在线教育数据在新的教育教学需求和教育业务场景中汇聚融合,实现更广泛、深入的价值利用。

教育数字化转型的加速推进,以及诸如成人网络教育不良事件的出现,不仅加速了成人在线教育的发展,同时也对成人在线教育治理提出了更高的要求。为了增强教育的韧性,需要不断提升成人在线教育治理水平,提高治理能力,以应对各种挑战和风险。

第三节 研究内容和方法

本书将围绕成人在线教育智慧治理的理论与实践,突出新技术在在线教育治理中的独特价值;基于哲学思辨和理论引用,分析和总结国内外成功案例和宁波地区的调研数据,研究成人在线教育智慧治理的概念、意义、特点以及现状;探讨在线教育治理模式人机协同趋向,涉及教育大数据分析技术、人工智能技术在成人在线教育治理中的应用。本书尤其关注区域、学校(机构)的成人在线教育智慧治理的路径探索和实践,以期推动研究落地。

一、研究框架

本书分为九章,除了第一章绪论,第二章至第九章的内容概述如下。

第二章为概念界定及理论基础,本章从"在线教育智慧治理的概念及意义""在线教育智慧治理的理论基础""成人在线教育智慧治理的内涵"三方面,阐述在线教育智慧治理的概念,强调以现代技术如人工智能、大数据等为支撑,打造更加开放、多元和快速回应的教育治理体系。这一治理模式并非技术至上的机械式治理,而是注重人文价值与伦理道德的理性回归。其理论基础涉及"智能技术(互联网)+教育"的基本原理、哲学思想、教学规律,并重点关注协同治理理念及人机协同这一新兴交叉理论,强调人类智慧与机器智能的相互协同是驱动教育创新的关键。在成人在线教育智慧治理内涵理解方面,其基本特征体现在治理主体、治理目标、治理方式等多个维度,旨在提高在线教育的质量和效率,降低治理成本,更好地满足成人学生的学习需求和社会发展的需要。

第三章为在线教育智慧治理现状和挑战,本章从"在线教育智慧治理现状""成人在线教育智慧治理现状""成人在线教育智慧治理的机遇与挑战"三个方面,阐述全球在线教育智慧治理进展情况。不同国家和地区的教育体系和教育政策存在较大差异,如美国、德国、澳大利亚等发达国家已率先采用良好的治理策略,通过技术手段整合和优化在线教育资源,提升教学质量和学生学习效果。我国成人在线教育治理尚处于起步阶段,不同地区正积极试验,其中宁波地区的"四横四纵"技术路径和架构以及全过程规范化、数字化、智能化的督导评估等实践为智慧治理提供了有益探索。然而,成人在线教育治理仍面临质量参差不齐、学生学习基础差异大、学习互动性差、学习效果难以评估等挑战,同时也迎来了政策支持、技术进步、市场需求和合作机会等发展机遇。

第四章为成人在线教育智慧治理模型构建,本章包含"核心要素""模型构建""研究讨论"三个方面。成人在线教育智慧治理的核心要素在于实现在线教育工作者的数字化转型,利用智能技术提升治理效能,构建数据驱动的教育决策科学化、教育管理精准化和教育服务便捷化的环境,以形成数字化、智能化的新型教育服务生态,引领和支撑在线教育治理体系和治理能力现代化。本章基于成人在线教育智慧治理的构成要素体系,从"国家—区域—学校(机构)"的典型案例入手,分析了不同构成要素的相关性,发现高治理水平的条件组态主要包括人员素养和服务生态兼顾型以及技术与政策环境主导型,而低治理水平则主要表现出人员素养和服务生态的不足。进一步讨论表明,人员高素养和服务高质量是高水平治理的关键,良好的政策环境和技术支持也是助推高水平治理的重要因素。因此,构建成人在线教育智慧治理的多要素协同机制,使人员素养、服务质量、政策环境、技术支持等要素相互支持、相互促进,形成联动效应,共同推动成人在线教育智慧治理的发展。

第五章为成人教育教师数字化转型胜任力研究,本章包含"研究基础:基于理论和研究框架""要素析出:基于叙事行动研究""模型构建:基于行为事件访谈的研究""模型检验:基于问卷调查数据"四个方面。成人教育教师在面临人工智能与远程教育融合的现实问题时,其数字化转型现状显示出研究手段的创新不足,且忽略了新技术的复杂性和适用性。尽管新技术的助推作用被广泛认同,但智能设备与教师协同应用层面的探究仍显不足,相关伦理问题也未得到充分讨论。为推动教师提升数字化转型素养,本研究采用叙事行动研究方法,跟踪具有较高教学动机和教学能力的教师的数字化转型历程,并析出数字化转型的教育理念和态度、改变经验驱动的思考路径、养成合乎技术伦理的道德规范等胜任力要素。在此基础上,通过行为事件访谈法构建了成人教育教师数字化转型胜任力模型,包含数字化转型意识、创新性教学与发展能力、人机协同素养三个核心维度及 11 项胜任特征。为检验该模型的稳定性和鉴别力,依据相关标准编制调查问卷进行调查,修订后的模型包含三个核心维度及八项胜任特征,为成人在线教育智慧治理中人员素养提升指明了方向。

第六章为成人在线教育服务质量研究,本章包含"在线教育服务质量概念模型""成人在线教育服务质量影响因素""成人在线教育服务质量评价模型"三个方面。本章构建了一个包括结果质量、交互质量和物质环境质量等三个初级维度以及知识获取、能力提升等在内的九个子维度的多层概念模型,并进行了实证检验。学生从可靠性、响应性和移情性等三个角度对在线教育服务质量进行感知评价,提示在线教育机构应认识到在线教育服务质量的多元性和在线教育服务接触的重要性,应多角度、全方位地提升服务质量。同时,我们发现在线教育服务质量的影响因素包括业务素质、硬件设施、网络资源等六个方面,成人教育机构可以通过开展全面的服务质量管理以及充分利用在线教育的网络资源优势等方式来提高服务质量。成人在线教育具有服务的一般特性,其评价主体主要是成人学生,他们通过对在线教育服务的结果质量、交互质量和环境质量进行感知进而评价整体服务质量,这一过程可以借鉴商业组织服务质量的评价理论。

第七章为成人在线教育智慧治理的路径探索,本章包含"加快在线教育工作者数字化转型""完善成人在线教育服务生态""构建成人在线教育政策法规体系""完善成人在线教育智能平台"四个方面。为加快在线教育教师的数字化转型,本书提出了八种培育策略:以积极态度迎接数字化转型;采用经验和数据混合驱动的方式;践行合乎伦理的道德规范;提升数字化教学革新能力;进阶数字化研修能力;发展教师的软素养;改革人机协同教学模式;构建人机协同评价体系。同时,为完善成人在线教育多元主体协同的服务生态,需要政府、学校、教师、学生、家庭、企业等主体共同参与和合作,借助智能技术,构建一个多元参与、协同合作的治理体系,实现高质量的成人在线教育治理。此外,从政策法规角度出发,应在制定成人在线教育智慧治理标准的基础上,开展专项立法,完善成人在线教育的法律体系，并加强执法力度，维护法律权威和效力。最后，为进一步完善成人在线教育智慧治理，还应建立统一的智能管理平台，实现成人在线教育信息的智能化采集、分析和管理，规范市场和环境。

第八章为成人在线教育智慧治理设计，本章包含"成人在线教育资源规范设计""成人在线学习的知识图谱设计""成人在线学习活动设计""成人在线教学智能评价设计""成人在线培训的游戏化设计"五个方面。成人在线教育资源建设规范的需求日益迫切，本书从视频学习资源建设流程、主讲教师规范细节、视频技术参数规范三个方面深入阐述了成人在线学习资源建设规范，并进行了课程建设实践，取得了阶段性成果。同时，本书关注成人在线学习的知识图谱设计，从知识图谱的构建、管理、应用，学习者学习数据的获取与分析，学习路径探索与学习资源推荐等三个方向展开，旨在为成人在线学习者提供精准教学服务，帮助其实现个性化学习。本书还构建了成人在线学习活动设计模型，并基于国家开放大学融合平台重新设计了线上学习活动。此外，为突破传统成人在线教育教学分析的局限，本书基于人机协同理念设计了教学分析框架，通过机器和教师协同分析，提升了成人在线教育课堂分析的效率。最后，针对职后教师在线培训参与度低的问题，本书引入了游戏化设计理念，开发了一个教师在线培训游戏化案例，结果显示游戏化设计对提升学习者满意度和参与度具有显著作用。

第九章为成人在线教育智慧治理的趋势与前景，本章包含"多学科视角下成人在线教育发展图景""成人在线教育智慧治理前景"两个方面。成人在线教育智慧治理涉及政府治理、教育管理、企业经营、教育传播等多个领域，需要运用社会学、经济学、管理学、传播学等多学科的理论和方法来做出更好的决策，以形成若干条优化路径。随着国家对成人在线教育的支持力度不断加大，以及教育数字化转型的推动，成人在线教育智慧治理将迎来更多的支持和发展机遇。如今成人在线教育市场需求旺盛，跨界合作日益深入，数据治理也日益完善，成人在线教育已成为建设学习型大国的必经之路。

本书的研究思路如图 1-1 所示。

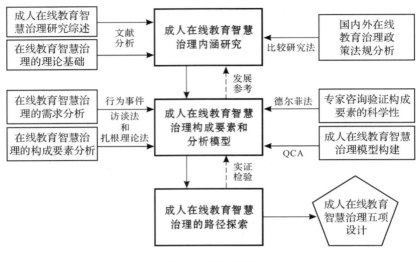

图 1-1　研究思路

二、研究方法

本书的研究方法主要有比较研究法、德尔菲法、行为事件访谈法、扎根理论法以及定性比较分析法等。

比较研究法,融合了文献法等常见的资料分析方法。除了在研究综述中使用此方法,本书主要使用此方法对国内外成人在线教育智慧治理政策法规进行比较,分析这些"文本"在研制背景、目的和能力框架方面的差异,以及抽取出为这些"文本"所共同关注的能力与特质。

德尔菲法是胜任力研究领域的常用方法之一。本书采用该方法,在成人在线教育智慧治理的构成要素方面征求专家意见,进一步形成更具可靠性的构成要素和模型。

行为事件访谈法和扎根理论方法。行为事件访谈法是以被访谈者的岗位为依托,找到目标组和对照组之间行为差异的鉴别性要素,从而提炼概括出成人在线教育智慧治理要素。扎根理论是一种以原始资料为依托,事先没有理论假设,从原始资料中归纳、概括、提炼概念与范畴,然后上升到理论层面的自下而上的质性研究方法。本书选用行为事件访谈法收集原始资料，并结合扎根理论方法构建成人在线教育智慧治理模型。

定性比较分析法，即 QCA。该方法可以捕捉多重连接因果关系的模式，简化复杂的数据结构。本书使用基于连续型变量的模糊集定性比较分析法（fsQCA），将定量分析和定性分析有机结合，主要基于成人在线教育智慧治理的构成要素体系，分析和确定不同构成要素的相关性，完善具有较高可靠性的治理模型。

此外，本书在对相关数据的统计分析中，还使用了探索性因子分析法和验证性因子分析法等方法。

三、本书的创新点

本书的创新点主要包括以下三个方面。

第一，成人在线教育治理的协同性。人机协同视域下，成人在线教育治理注重教师、学生、智能机器协同配合，强调协同决策、协同教学、协同评价等。

第二，数据驱动的治理模式。成人在线教育智慧治理的平台能够实现数据采集和分析，将大数据分析技术应用到教育领域，帮助教师和管理者更好地了解学生学习情况和学科发展趋势，从而更好地制定相应的教学计划和决策。

第三，人机协同学习理念。人机协同在线教育为成人学习者提供了个性化自适应学习的机会，通过在线学习记录和分析学生实际表现，为学生提供个性化的学习建议和方案，同时让每个学生都能够基于自己的学习节奏和兴趣有更多的收获。

第二章 概念界定及理论基础

第一节 在线教育智慧治理的概念及意义

本节在厘清教育治理、在线教育治理、在线教育监管和在线教育智慧治理之间的关联和差异的基础上,结合远程教育学、教育经济管理、技术哲学的基础理论,尤其利用人机协同视角综合分析,从多维理论视角来审视在线教育智慧治理的概念。

一、概念梳理

(一)教育治理

教育治理是主体在法治的基础上,运用控制、统治等管理的方法和平等协调、多元共治等疏导的方法,理顺参与治理各方的关系,调动参与治理各方的积极性,共同完成教育组织目标或任务的一种现象。在对以往教育治理研究的文献进行梳理后,我们发现西方研究教育治理已有近半个世纪的历史①,而中国研究教育治理只有 20 多年②。

从要素的角度来说明教育治理的含义,包含要素列举和要素互动两种方式。以要素列举的方式来阐释,教育治理内容应包括七个方面:一是教育者和受教育者教育权的保障和实现;二是限制公权力、保障私权利的充分实现;三是需要政府、社会、学校、家庭等各方面的支持与合作;四是教育效果的检测、评估和方法的改进;五是需要更大的文化空间和时间跨度;六是需要教育系统内部的相互协调和内外部的有效连接;七是双向度的参与。③ 以要素互动的方式来阐释,教育治理是国家与教育之间互动关系的调整,国家对待教育不再是家长式的包办管理模式,而是有更多外部的社会组织参与教育治理。④

从形态的角度来理解教育治理的含义,包含四类观点:第一类观点认为教育治理是一种过程;第二类观点认为教育治理是一种活动;第三类观点认为教育治理是一种方式;第四类观点认为教育治理是一种格局。第一类观点认为,教育治理就是多元主体共同管理教育公共事务的方式的总和,是使各种教育公共机构、个人和教育私人机构等相互冲突的或不同的利益得以调和并联合行动的持续的过程。⑤ 第二类观点从教育治理在经济社会形态中的演进来说,教育治理就是传统的管理的基本理念、思维、方式、行为等在经济社会等诸多领域繁杂化进程中的形态演进活动,其核心在于秉持善治理念,形成教育多元主体共治的行为架构。⑥ 第三类观点从现代技术手段和管理方式的角度,认为教育治理是

① 戈丹. 何谓治理[M]. 钟震宇,译. 北京:社会科学文献出版社,2010.
② 刘德磊. 近二十年我国教育治理研究文献评析:基于 CNKI 数据库的分析[J]. 创新创业理论研究与实践,2018,1(6):20-24.
③ 彭兴蓬,彭桂蓉. 浅论我国教育治理的有效性[J]. 长春理工大学学报(社会科学版),2010,23(2):91-92.
④ 唐春,唐建华. 教育治理体系和治理能力现代化研究[J]. 重庆电子工程职业学院学报,2014,23(5):83-85.
⑤ 李亮,祝青江. 治理定义下的教育治理引论[J]. 人民论坛,2016(14):29-31.
⑥ 杨小敏,李政. 走向治理:首都教育改革面临的机遇和挑战[J]. 北京教育(高教),2014(6):6-9.

在构建政府、学校、社会多元共治关系的基础上,运用现代技术手段和管理方式,统筹各治理主体并发挥其能动性,使各级各类教育创新协调全面发展,实现教育现代化的一种新型教育行政方式。① 第四类观点认为,治理体系呈现出"多元化"与"现代化"特质,即将多方参与的治理理念引入教育领域,构建与国家治理方式转型相适应的,由政府、社会和学校三大主体统一互补的教育治理格局。②

从性质的角度来阐述教育治理的含义,包括五种方式:从实质的角度来阐释教育治理;从本质的角度来阐释教育治理;从道德本义的角度阐释教育治理;从典型特征的角度阐释教育治理;从教育治理核心的角度阐释教育治理。有学者认为教育治理的本质是能够更好地指导学习者学会学习,从而促进指导者与学习者的共同发展,实现个人"人性的解放"和社会"生产力的提升"。③

从通俗的角度来看,教育治理也可以理解为对教育系统的组织、管理、监督和评估进行规划、协调和实施的过程。它包括教育政策的制定、学校的运作、学校管理和教育资源的分配等方面。教育治理的目标是确保教育系统能够为学生提供高质量的教育,并促进社会公平和经济发展。教育治理不仅包括政府的角色,还涉及家庭、学生、教育专业人员、社会机构和私营部门的合作。

(二)在线教育治理

在线教育治理是教育治理的一个子集,专门针对在线教育领域的治理。它包括在线教育政策的制定、在线教育平台的运营和管理、在线教育资源的分配等方面。在线教育治理的目标是确保在线教育能够为学

---

① 戚晓思. 教育治理体系与治理能力现代化的研究进展与展望[J]. 河南社会科学,2018,26(2):113-118.

② 史华楠. 教育管办评分离的条件、目标和策略分析[J]. 中国教育学刊,2015(7):65-72.

③ 尹达. 教育治理现代化:理论依据、内涵特点及体系建构[J]. 重庆高教研究,2015,3(1):5-9.

生提供高质量的教育,并促进社会公平和经济发展。

在线教育治理意味着各主体平等、主动地参与处理在线教育事务,并强调各主体的多元协同共治。其中,政府负责政策制定、制度设计、远景规划等职责。在线教育机构、协会和企业是提供在线教育服务的主体。学校是其中一个非常重要的治理主体,是各种关系的汇聚点。教师、学生则是在线教育的消费者和利益相关者,他们在一定程度上影响着在线教育的发展方向、政策颁布和重大改革等。

在线教育治理涉及的对象有:在线教师、在线课程管理者、在线教育服务平台、在线教育服务使用者以及在线教育行业组织。其中,在线教师是指在互联网平台上通过直播、录播等方式从事教育工作的人员;在线课程管理者是负责制作、复制和发布在线教育课程资源的个人或组织;在线教育服务平台是通过网站、电脑程序、互联网移动应用等方式提供在线教育内容传播服务;在线教育服务使用者是获取在线教育服务的组织或个人;在线教育行业组织包括线下教育培训机构的线上延伸,涉及行业结构的规范、服务模式的调整、教学产品的优化等。

在线教育治理的内容包括机构资质、师资质量、课程内容、信息安全、经营规范性和用户行为等多个方面。①机构资质的认定是在线教育治理的重要环节之一,通过严格认定和审核相关机构的资质,确保其具备提供高质量教育服务的条件和能力。在线教育领域,机构资质的认定可以包括对教育机构的背景、师资力量、教学设施等方面的评估和审核。②优秀的师资力量是提供优质教育服务的关键因素之一。在线教育治理需要确保教育机构拥有高素质的师资队伍,包括教师的专业背景、教学经验、教学技能等方面。同时,还需要建立完善的教师管理和培训机制,提高教师的教学水平和专业素养。③课程内容是教育服务的重要组成部分,因此,在线教育治理需要对课程内容进行严格把关。具体来说,需要对课程内容的设置、教材的编写、教学内容的更新等方面进行评估和审核,以确保其符合社会和学生的需求和期望。④信息安全的检查方面,在线教育治理需要建立完善的信息安全管理制度,确保教育机构的信息安全和数据隐私。其中包括对网络安全、数据保护、隐私政策等方面的检查和监督。⑤在线教育治理还需要对教育机构的经营规范性进行监督。其中包括对在线教育治理市场行为、价格政策、广告宣传等方面的监督和管理。通过确保教育机构的经营行为合法合规，可以维护市场的公平竞争和学生的合法权益。⑥用户行为监督也至关重要，包括对学生学习行为的监督、对网络欺凌等不良行为的防范和处理等方面。通过建立完善的用户行为监督机制，可以营造良好的学习氛围和文化环境。

（三）在线教育监管

《现代汉语词典》（第 7 版）中对"监管"的解释是"监视管理"和"监督管理"。作为一种基于规则的前置式政府干预手段，监管有助于改革教育服务供给模式，转变政府职能。① 教育服务是向社会公众提供的满足其物质和精神需要的教育活动及其结果。在线教育监测是对在线教育系统、平台和课程进行监测和评估的过程，以确保它们符合预设的教育标准和质量要求。这种监测可以包括对学生学习成果的评估、对在线平台安全性和可靠性的检查，以及对课程内容和教学方法的评估。

目前，在线教育监管体系的概念尚未得到明确的界定。有学者认为，在线教育监管是运用科学的手段、方法和技术，对在线教育服务进行全面设计、组织实施和检查分析的行为；是全面提高教育公共服务能力和教育管理水平，保证其建设与运行管理的规范化、标准化和制度化的过程。② 实际上，在线教育监管体系具有广义和狭义双重含义。广义的在线教育监管体系包括政府、社会组织和第三方对在线教育监管的所有行为和活动；狭义的在线教育监管体系通常是指与在线教育消费者直接相关的各类教育服务监管系统。

---

① Noll R G. Economic perspectives on the politics of regulation[M]//Handbook of Industrial Organization. Amsterdam：Elsevier，1989：1253-1287.

② 黄云鹏. 教育服务政府监管框架概述[J]. 经济体制改革，2005(2)：16-20.

在线教育监管和在线教育治理在三个方面存在区别。①主体和目标：在线教育监管的主体主要是政府，目标是确保在线教育的合法性、规范性和安全性；而在线教育治理的主体则包括政府、在线教育机构、行业协会、第三方机构等，目标是实现多元协同共治，提升在线教育的质量和效益。②手段和方法：在线教育监管主要通过制定和执行政策、法规、标准，对在线教育机构进行管理和监督；而在线教育治理则更注重运用市场机制和多方参与的力量，通过协商、合作和协调，实现共同治理。③重点和领域：在线教育监管的重点在于确保在线教育的质量、安全和规范性，涉及的领域包括在线课程的开发与设计、在线教育教学过程、在线教育技术支持、在线教育教师资质等；而在线教育治理则更关注在线教育的整体发展，包括政策制定、行业规范、市场竞争、用户权益保护等方面。

（四）在线教育智慧治理

在线教育智慧治理是一种新的治理模式，它利用先进的信息技术，如大数据、人工智能等，对在线教育进行治理，旨在提高在线教育的效率和质量，同时降低治理成本。在线教育智慧治理包括利用大数据分析学生的学习行为和成绩，利用人工智能自动化地管理在线课程和评估学生的学习成果，以及利用云计算等技术优化在线教育的资源分配和管理。

首先，在线教育智慧治理强调智能化。通过运用先进的人工智能技术，对在线教育数据进行实时采集、分析和处理，实现对在线教育过程的精准监控和预测，为决策者提供科学依据和优化建议。例如，通过智能化的教学管理系统，可以根据学生的学习情况自动生成个性化的学习计划和推荐教学资源，提高学生的学习效果。

其次，在线教育智慧治理注重数据驱动。通过大数据技术对在线教育的各种数据进行分析和挖掘，可以深入了解学生的学习行为、兴趣和需求，为教学策略的制定提供数据支持。同时，通过对教育数据的可视化展示，可以帮助管理者及时发现教育中存在的问题和瓶颈，为改进教育政策和优化教育资源配置提供科学依据。

再次，在线教育智慧治理还强调多元参与和协同共治。通过搭建在线教育平台、组建专业团队、吸纳多元主体参与,可以实现各利益相关方的有效沟通和协作。例如,通过建立由政府、在线教育机构、教师、学生和家庭等组成的协同治理机制,可以促进信息共享、问题共商和决策共谋,提高治理效果和决策的科学性。

最后,在线教育智慧治理关注全流程管理。从课程设计、教学实施到评价反馈,每一个环节都需要精细化的管理。通过在线教育智慧治理,可以实现对整个在线教育流程的全面把控和持续改进,提高在线教育的质量和效益。

总之,在线教育智慧治理是一种全新的治理理念和模式,旨在运用现代信息技术手段优化在线教育生态系统的结构和功能,提高在线教育的质量和效益。通过智能化、数据驱动、多元参与和全流程管理等手段的综合运用,在线教育智慧治理可以推动在线教育的创新发展,满足社会和个人的教育需求,促进教育的公平和可持续发展。

二、在线教育治理的历史发展和研究进展

从全球来看,在线教育治理的历史发展可以追溯到 20 世纪 90 年代,随着互联网技术的不断发展,在线教育开始兴起。早期的在线教育以提供远程教育和培训为主要目的,主要由高等教育机构和大型企业提供。这个阶段的在线教育治理主要是由教育机构自行制定和实施,缺乏统一的标准和规范。在这个阶段,在线教育的质量主要依赖于各个教育机构的自我管理和自我评估,没有形成一个统一的标准来衡量在线教育的质量。

到了 21 世纪初,随着互联网技术的普及和不断发展,在线教育进入快速发展阶段。在这个阶段,一些国际组织如联合国教科文组织和经济合作与发展组织开始制定在线教育的质量标准和评估标准,以推动在线教育的治理发展。同时,以美国为代表的发达国家也开始制定相关的政策和法规,以促进在线教育的标准化和质量保障。

随着在线教育的不断发展和普及,一些问题也逐渐显现出来,如教育质量不高等。这个阶段的在线教育治理更加注重质量保障和规范化

管理,一些国际组织和国家开始制定更加严格的质量标准和评估标准,以推动在线教育的治理发展。在这个阶段,在线教育的质量评估主要关注学生的学习成果和学习体验,以及教育机构的教学质量和课程设计等方面。同时,他们也开始推动在线教育的认证和注册制度,以保障在线教育的质量和规范化。

近年来,随着人工智能、大数据等技术的不断发展,在线教育进入智慧治理阶段。这个阶段的在线教育治理主要是通过智能化技术和大数据分析等手段,对在线教育进行更加精细化和个性化的管理和治理,以提高在线教育的质量和效率。在这个阶段,一些先进的智能化技术如人工智能、机器学习、自然语言处理等,被应用于在线教育的治理中,以实现对学生的个性化教学和精细化管理。同时,大数据分析技术也被广泛应用于在线教育的治理中,通过分析学生的学习行为和成绩,从而更好地了解学生的学习需求和偏好,为个性化教学提供更加精准的依据。

在研究进展方面,在线教育治理的研究主要集中在以下几个方面。

一是研究在线教育治理的模式和机制,探讨如何通过制定标准和规范,推动在线教育的治理发展。娄方园等梳理了在线教育治理的主体、对象,并且从政策制定、内容规范、运维监管等方面构建在线教育治理模式,进而从多个层面探讨了在线教育治理的创新实践:政府主导,搭建体系化教育治理机制;企业响应,完善在线教育服务模式;行业协会监管,形成多方协同的治理合力;等等。[①] 这类研究探讨了在线教育治理标准的制定和实施,提出了基于利益相关者的多元治理模式和基于学习成果的质量保障机制等。

二是研究在线教育治理的质量保障和评估方法,探讨如何通过质量标准和评估标准,提高在线教育的质量。刘宇研究高校在线教育质量保障相关问题,认为从微观层面而言很多试点高校已经初步建立了内部在

---

① 娄方园,高振,王娟.智能时代在线教育治理:模式、成效与借鉴[J].中国成人教育,2021(21):27-33.

线学历教育质量保证体系,但是从宏观层面来看,高校在线学历教育质量保障的治理体系尚待完善。他从招生备案、电子注册、年报年检、教学工作评估等方面介绍了某省高校在线教育外部质量保障措施,采用 SFIC 协同治理模型重点研究分析了 DG 大学在线教育协同治理的起始条件、催化领导、制度设计、协同过程、协同结果,全面梳理了协同治理的路径。[①] 这类研究探讨了在线教育的质量评估工具和方法,提出了基于学习成果的评估模型和基于数据驱动的评估方法等。

三是研究在线教育治理的智能化技术和应用,探讨如何通过智能化技术和大数据分析等手段,实现智慧治理。例如,王丽萍在她的博士学位论文中对自适应学习系统中的学习者模型与教学模型进行了系统研究。[②] 这类研究探讨智能化技术在在线教育中的应用,提出了基于人工智能的个性化教学模型和基于机器学习的自适应学习系统等。

总之,随着技术的不断发展和应用,在线教育治理将更加注重质量保障和规范化管理,同时将更加注重智能化技术和大数据分析等手段的应用,以实现更加精细化和个性化的管理和治理。未来的在线教育治理将更加注重多元参与和合作共赢,推动在线教育的可持续发展和全民教育的普及。

三、成人在线教育智慧治理的意义

成人在线教育智慧治理正是利用先进的技术手段,对成人在线教育进行智能化管理和治理。这种治理模式的意义和价值在于提高成人在线教育的效率和质量,同时降低治理成本。

第一,成人在线教育智慧治理可以提高学习效果和满意度。通过智能化管理和监测学习过程,可以帮助成人学习者更好地掌握知识和技

① 刘宇. 协同治理视角下辽宁省高校在线教育质量保障研究[D]. 大连:大连理工大学,2018.
② 王丽萍. 自适应学习系统中学习者模型与教学模型研究[D]. 长春:东北师范大学,2017.

能,提高学习效果。同时,智慧治理还可以通过个性化教学和定制化学习体验,满足学习者的不同需求和偏好,提高学习者的满意度。

第二,成人在线教育智慧治理可以更好地管理学习者的需求和偏好。通过大数据分析和人工智能技术的应用,可以收集和分析学习者的各种数据,了解他们的学习需求和偏好,从而为他们提供更加个性化、灵活和定制化的学习体验。这样不仅可以提高学习效果和满意度,还可以增强学习者的黏性和忠诚度。

第三,成人在线教育智慧治理可以更好地管理学习资源,优化资源分配和利用。通过云计算和人工智能技术的应用,可以对学习资源进行智能化的管理和调度,优化资源分配和利用,提高运营效率和管理水平。这样不仅可以提高教育资源的利用效率,还可以为机构带来更多的经济效益和社会效益。

总之,成人在线教育智慧治理是教育发展的重要趋势。随着新兴技术的不断发展和应用,智慧治理将成为未来教育治理的重要模式。成人在线教育机构应该积极探索和应用智慧治理模式,提高教育质量和学习效果,为未来的发展奠定坚实的基础。

第二节　在线教育智慧治理的理论基础

一、在线教育的基本原理

互联网作为一种信息空间,具有六个新的特征:互联互通、时空灵活、资源共享、行为数据化、关系网络化、信息众筹。这些特征正在对教育产生变革性影响。具体来说:互联互通推动教育系统结构重组和不断开放。互联网使得教育资源不再受限于学校和机构,任何人都可以通过互联网获取知识和技能,推动了教育的民主化和普及化。①时空灵活推动教学方式和组织方式变革。互联网使得教育不再受制于时间和空间,学生可以在任何时间和任何地点进行学习,教育更加灵活和个性化。

②资源共享推动教育资源供给模式改革。互联网使得教育资源可以在全球范围内共享,使得优质教育资源得以最大化利用,提高了教育资源的配置效率。③行为数据化推动教育教学管理模式变革。互联网使得学生的学习行为和教师的教学行为数据化,通过数据分析可以更好地了解学生的学习需求和教师的教学需求,推动教育更加科学化和精细化。④关系网络化推动教师与学生关系的变革。互联网使得教师和学生之间的关系更加网络化,学生不再只是被动接受知识,而可以与教师进行互动和交流,推动了教育的互动性和参与性。⑤信息众筹推动知识生产和传播方式的变革。互联网使得知识不再只掌握在少数人手中,任何人都可以通过信息众筹获取知识和技能,推动了知识的民主化和普及化。

"互联网+教育"是基于新一代信息技术更新教育理念、变革教育模式、推动教育创新发展的教育新形态。它以互联网为平台,利用云计算、大数据、人工智能等技术,对教育进行全方位的改革和创新。它体现了一系列的"新"。①新空间:互联网为教育提供了一个新的空间,学生可以在线学习,教师可以在线教学,使得教育更加数字化和网络化。②新理念:互联网使得教育的理念得以更新,从以教师为中心转变为以学生为中心,从以知识传授为主转变为以能力培养为主,推动了教育的民主化和个性化。③新模式:互联网为教育提供了新的教学模式,如 MOOC、翻转课堂、混合式教学等,推动了教育的灵活性和多样性。④新业态:互联网为教育带来了新的业态,如在线教育、移动教育、游戏化教育等,推动了教育的创新和升级。⑤新要素:互联网为教育提供了新的要素,如智能教学系统、个性化学习计划、学生参与度等,提高了教育的质量和效率。⑥新制度:互联网为教育带来了新的制度,如在线认证、学分银行、教师评价等,推动了教育的治理和评价的现代化。

推动"互联网+教育"创新应同时在五个方面着力:①以云、网、端建设为抓手构建三元空间融合的新型学习环境。通过云计算、物联网和智能终端等技术的运用,构建一个互联互通、虚实结合的学习环境,满足学生多样化的学习需求。②以人才培养模式改革为抓手促进学生全面发展。通过多元评价、项目学习、团队协作等人才培养模式改革,培养学生的创新精神、实践能力和综合素质,促进学生的全面发展。③以供给侧改革为抓手构建开放共享的教育服务体系。通过优化教育资源配置、提高教育服务质量、降低教育成本等措施,构建一个开放共享、高效便捷的教育服务体系。④以数据治理为抓手推动教育治理体系现代化。通过数据采集、整理、分析和运用等手段,提高教育决策的科学性和精准性,推动教育治理体系现代化。⑤以协同推进机制为抓手构建支持教育创新的生态环境。通过政府引导、企业参与、社会协作等机制,构建一个支持教育创新的生态环境,推动"互联网＋教育"的创新发展。

二、在线教育的哲学思想

"互联网＋教育"的本体论。互联网改变了"如何教"的问题。"互联网＋教育"的本体论,其核心思想是互联网环境中联通是教育的新本质,教育是不断建立网络之间的连接并保证信息畅通流动的联通过程,其本质是节点间通过建立连接,不断与外部世界发生信息的交换与流动。教育的联通本质体现在三个层次:一是在微观层面,表现为"学习即连接",在个体内部表现为大脑神经网络节点之间、概念与想法之间的联通,在个体之间则表现为社会网络与信息网络的联通;二是在中观层面,表现为资源与服务之间的联通,让内容在网络中流动,在共同过滤、应用和创造的循环中实现生长更新;三是在宏观层面,表现为组织模式的互联互通,强调构建多元协同、开放互联的组织生态。

"互联网＋教育"的知识观。互联网改变了知识的本质属性,相关研究提出了回归论知识观。回归论知识观指出,知识从静态的线性知识演变为动态的网络化知识;知识从精加工的符号化信息回归为全部的人类智慧;群智涌现是知识生产的新方式,在这个过程中知识生产和知识传播发生在同一个过程;知识组织的方式从以学科为线索转向以问题为线索。

"互联网＋教育"的方法论。"互联网＋教育"的方法论是人类利用互联网技术与互联网思维认识和变革教育实践的一般方法、原则和思路体系。相关研究提出"互联网＋教育"的方法论是共享驱动创新,即以互联网为底座,实现教育全时空、全方位、全要素、全过程共享,从而降低教育创新成本、拓展教育创新范围、突破教育创新约束、提升教育创新成效、促进教育创新发展。"互联网＋教育"的方法论强调,要坚持互联互通,推动空间融合;要坚持共建共享,构建开放教育生态;要坚持需求牵引,推动教育供给侧改革;要坚持数据赋能,提高精准管理与科学化水平;要坚持解放思想,培育创新文化。

"互联网＋教育"的系统观。互联网改变了教育系统的基本性质。相关研究提出了"互联网＋教育"的复杂系统观,指出在互联网环境中,教育教学过程呈现复杂系统的规律,需要从整体的视角,运用系统思维方法,去认识教育系统内部各要素之间的相互作用关系,认识教育与外部社会的相互影响关系,以及揭示教育系统演化的规律。复杂系统观强调在推动"互联网＋教育"的过程中,要克服线性还原论思想,要充分关注教育的复杂性,从耗散结构论出发认识教育生态体系,从协同学视角揭示复杂的教与学的新规律。

三、在线教育的教学规律

联通主义学习是"互联网＋教育"的典型学习方式,此类学习以生生交互为主要形式,通过对话形成网络地位和身份,进而通过群体智慧汇聚的方式实现问题解决与知识创新。联通主义学习创新了互联网环境下的社区型课程形态 MOOC(基于联通主义的慕课),基于该课程中学习者产生的真实学习过程数据,运用数据密集型研究范式和复杂网络分析等方法,揭示了"互联网＋教育"的复杂教学规律。

学习者的自组织。相关研究发现,在联通主义学习过程中,不同身份和地位的学习者基于感兴趣的话题自由平等交流,自发形成了多中心的网络结构,其过程呈现显著的自组织特征。在联通主义学习初期,课程具有传统学习中的以教师为核心的特征,但随着交互深入,学习者开始自发形成小团体,教师逐渐退居幕后,多个核心学习者成为各个小团体的核心节点,网络地位和影响力超过教师节点。

知识的群智涌现。相关研究发现,在联通主义学习中,学习者经验背景各异,对于开放复杂的问题易产生认知冲突和观点非共识,但通过群体持续参与、反复交流和循环修正,诸多相似的概念在动态交互过程中逐渐汇聚收敛并达成统一,最终形成对某一话题的深刻认识,实现自下而上的群体智慧汇聚,促进新知识的涌现,形成单一个体或局部团体未表达出的新观点,产生整体大于部分之和的效果。

教与学的非线性关系。相关研究发现,联通主义学习以生生交互为主要学习形式,其交互结构由原来的一对一、一对多交互转变为多对多交互。课程促进者通过引导话题交互,推动交互网络中连接关系的建立,进而促进了社交网络的塑造与交互话题的深度研讨。在这一过程中,学习者的参与度与交互网络结构的紧密程度并非传统意义上的线性关系,而是非线性的相互作用关系。

四、在线教育人机协同治理理念

协同治理的研究起源于 20 世纪 80 年代末到 90 年代初,可以看作一种分布式的治理模式,由多个利益攸关方合作实现共同目标。它利用多种治理手段和多元主体的协同作用,以解决问题为导向,注重公共参与和社会合作,旨在实现社会可持续发展和提升公共政策的执行效果。协同治理理论的核心是共同的治理参与者。这些参与者共同构建协同治理体系,建立起一个互动的政策环境,可以就解决问题的方案进行讨论,也可以就政策文本的设计、实施和监督进行讨论。

协同治理理论最初出现于德国物理学家哈肯(Haken)的《协同学:大自然构成的奥秘》一书中,后来与社会科学中的治理理论有机结合,形成一门新兴的交叉理论。[1] 美国政治学家科尔曼(Coleman)和博克斯(Box)、英国政治学家罗兹(Rhodes)等也是协同治理理论的代表人物。

在当前的在线教育实践过程中,没有自主意识的人工智能逐步渗透教学活动各方面。此外,整个在线教育的运行逐步基于一个大的教育人

---

[1]　哈肯.协同学:大自然构成的奥秘[M].凌复华,译.上海:上海译文出版社,2001.

机协同系统。其结构简单来说可以分为三大部分:人(师生)、人机交互接口、计算机为代表的智能机器①,如图 2-1 所示。其中,人通过观察得到数据,再分析、推理、判断得到结果,经过人机交互接口传输给计算机。人对计算机输出的结果进行再加工,对结果进行评估和决策。人机交互接口尽可能提供全面、透彻、灵活的信息,使得人与机器可以与计算机进行对话。计算机中的数据库是概念、事实、状态、假设、证据、目标的集合,规则库是因果关系或函数关系的集合,推理机则主要实现推理功能。

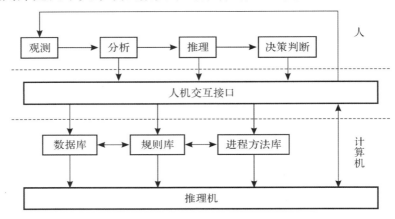

图 2-1　人机协同系统

毛刚等认为,人机协同的本质是驱动教育创新,是理解未来教育世界的关键概念。② 何文涛等提出人机协同的信息技术教育应用指导思想,阐述了信息技术在教育教学中教、学、管、评、测等领域的人机协同样态。③ 人机协同强调人类"智慧"与机器"智能"之间的相互协同,从数据视角解释这一认知范式,就是人类与机器对数据处理的协同合作。④ 随

①　刘步青.人机协同系统的哲学研究[M].北京:光明日报出版社,2018.

②　毛刚,王良辉.人机协同:理解并建构未来教育世界的方式[J].教育发展研究,2021,41(1):16-24.

③　何文涛,张梦丽,路璐.人机协同的信息技术教育应用新理路[J].教育发展研究,2021,41(1):25-34.

④　彭红超,祝智庭.人机协同的数据智慧机制:智慧教育的数据价值炼金术[J].开放教育研究,2018,24(2):41-50.

之生发出"人机协同学习"的理念,它是指通过人工智能等技术的"外挂"或主体性功能来延展学习者的学习能力或分担学习者的部分学习任务,通过虚实融合的学习环境为学习者提供常规物理环境中难以获得的学习体验,辅助学习者进行多元化的群体互动并为其提供实时动态的评价反馈,以促进学习者能够更好地获得成熟的智慧思维、健全的人格品质和实用的应用技能的一种学习方式。[①] 所以我们认为,当前的成人在线学习是一种人机协同学习,而人机协同治理理念是成人学习者所必备的。其特征表现在以下五个方面:①学习目标的整合性。人机协同学习的目标不仅关注学习者借助智能技术将所学内容内化为自身知识结构或能力体系的智慧生长,还关注学习者学习知识理念时所表现出来的外化于形的动作技能的生成。②学习内容的场景性。人机协同学习强调学习内容的场景性,即学习内容应与实际应用场景相结合,通过模拟真实环境中的问题来解决知识学习和技能掌握的问题。③学习主体的互补性。人机协同学习强调学习者和智能技术之间的互补关系。学习者通过与智能技术的交互,实现知识学习和技能掌握,同时智能技术也能提供个性化的学习资源和辅助学习。④学习场景的多元性。人机协同学习场景的多元性表现在学习场景不仅包括传统的课堂、网络等,还可以扩展到实际工作场所、社区等,使学习与实际应用更紧密地结合。⑤学习互动的群体性。人机协同学习强调学习者之间的互动和合作,通过群体智慧的共享和交流,促进个体和群体的知识构建和技能提升。同时,智能技术也可以提供群体学习的支持和互动反馈。

五、在线教育分析框架:TOE 理论框架

技术—组织—环境理论(Technology-Organization-Environment framework,TOE 理论框架),是一种战略管理框架,用于指导企业或组织在制定和实施战略时考虑技术、组织和文化以及外部环境的影响。该

---

① 何文涛,路璐,周跃良,等.智能时代人机协同学习的本质特征与一般过程[J].中国远程教育,2023,43(3):12-20.

理论认为,企业或组织在制定和实施战略时,需要综合考虑内部和外部的各种因素。① 其中,技术是一个关键因素,它包括企业的生产技术、信息技术、管理技术等。组织的结构、文化、人力资源等因素也会影响战略的实施。而外部环境则包括政治、经济、社会、文化等方面的因素。

在 TOE 理论框架中,技术、组织和环境三个因素相互影响,形成一个动态的循环。组织需要根据外部环境的变化,调整自身的结构和文化,以适应新的市场需求和技术趋势。同时,组织也需要根据内部资源和能力,选择合适的技术和战略,以实现其长期发展和竞争优势。在线教育治理可以看作一种组织创新行为,它受到技术、组织和环境等多种因素的影响。技术通常指新一代信息技术给治理手段带来的发展和展示以及对在线教育基础设施建设的技术支持,组织通常代表政府、在线教育企业与机构、学校、公众等要素共同构成的治理网络,环境包括教育网络环境、国内政策制度环境、在线教育市场结构等外部环境。

(一)技术的适用性

在在线教育治理中,技术通常指的是新技术给治理手段带来的发展和展示以及对在线教育基础设施建设的技术支持。在技术方面,TOE 理论框架强调技术创新推动组织变革,而在线教育治理的诉求是实现现代化、智慧化、智能化的科学精准治理,这就需要引入人工智能、区块链、5G技术、虚拟现实等新一代的智能技术。

在在线教育治理中,技术本身的发展水平影响着技术给治理效率带来的提升效果。例如,人工智能技术可以应用于在线教育机构的智能化管理,包括智能排课、智能推荐课程、智能评估教学效果等,从而提高治理效率。同时,在线教育治理涉及的政府、企业、学校、公众等组织对新兴技术采纳的重视程度与接受程度,影响着在线教育治理理念与治理方法的变革。

---

① 杨寅,刘勤,吴忠生.科技资源开放共享平台创新扩散的关键因素研究:基于 TOE 理论框架[J].现代情报,2018,38(1):69-75,86.

（二）组织的适用性

在在线教育治理中，组织通常代表政府、在线教育企业与机构、学校、公众等要素共同构成的治理网络。在组织方面，TOE理论框架主张组织自身的实际情况是影响组织采纳新技术、影响机构创新发展的重要因素。

在线教育治理是政府、企业、机构、学校、公众等组织协同共治的过程，每个组织在治理过程中都发挥着特有的作用。政府提供了政策指引与战略规划，在线教育企业或机构提供了开展在线教育的场所与丰富的课程资源，各级学校提供了优质师资力量，公众提供了改进在线教育发展的反馈意见。

每个组织的资源、规模、类型、管理模式、运行机制等要素都各不相同，各组织的发展情况、运行状况影响着在线教育的治理进程。在线教育的稳定、健康发展离不开各组织的协同共治，也离不开各组织内部的自发自治。因而在线教育治理天然形成复杂、庞大的组织结构，各组织的特征、资源、沟通、联系等都可能抑制或促进在线教育治理的创新发展，组织内部的协调与管理对在线教育治理的稳定性与长久性有着显著的影响作用。

（三）环境的适用性

在在线教育治理中，环境包括在线教育网络环境、国内政策制度环境、在线教育市场结构、在线教育企业文化等外部环境。在环境方面，TOE理论框架认为环境背景包括行业结构、技术服务背景、监管环境、社会文化、制度环境等多方面的外部要素，而在线教育治理不仅要维护网络环境的健康与安全，也要治理制度环境、监管环境、行业市场环境等。

良好的制度环境才能规范在线教育有序发展，督促落实各组织的责任与义务；合理的监管是保障技术安全应用、企业合法盈利的重要举措；稳定的市场结构与行业风气则是促进在线教育欣欣向荣的基础。任何外部环境的变动都会给在线教育治理带来有益或有害的影响，对在线教育治理走向智慧化与可持续化有着直接制约作用。

综上所述,TOE理论框架适用于在线教育治理的分析和研究。从技术角度来说,智能技术可以对在线教育治理发挥重要作用;从组织角度来看,在线教育治理是多组织协同共治的过程;从环境角度来看,外部环境对在线教育治理有重要的制约作用。因此,在未来的研究和实践中,可以进一步探讨如何利用TOE理论框架来指导在线教育治理实践,提高在线教育的质量和效益。

第三节　成人在线教育智慧治理的内涵

一、在线教育智慧治理的基本特征

在数字社会发展和国家教育现代化背景下,在线教育智慧治理作为一种在线教育治理创新模式,以万物互联为基础,以大数据分析为手段,以人工智能技术为支撑,能够实现"事前、事中、事后"全过程在线教育监管,密切关注和跟踪治理过程,形成在线教育市场监管工作闭环,全面提升监管质效。在线教育智慧治理的基本特征如下。

一是以人为本。为了满足人民群众日益多样化、复杂化和个性化的教育需求,《国务院关于深入推进义务教育均衡发展的意见》等文件将坚持以人为本作为教育改革发展的战略主题之一。以人为本,意味着政府主导的在线教育智慧治理主体需要了解用户的真实诉求,利用现代化的治理工具与技术为用户提供精准、高效、个性化的治理服务,提升在线教育的满意度。同时,在线教育智慧治理也是透明、民主、平等的治理,通过拓宽公众的评价渠道接受社会的监督,主张构建以用户为主体的评价机制,确保人民群众的合法权益不受侵害。

二是利用技术。《教育部关于全面推进教师管理信息化的意见》等文件都强调了利用现代信息技术推动教育治理现代化。其中以人工智能、大数据、区块链等为代表的信息技术和知识赋能在在线教育智慧治理中发挥了重要作用。这些技术提高了治理的效率和能力,变革了在线教育治理的理念、模式和制度,实现了治理过程与治理价值的和谐统一。

三是多元协同。相较于传统的科层制和垂直化的教育监管模式,在线教育智慧治理更加凸显多元化和扁平化的特征。教育部等 11 部门《关于促进在线教育健康发展的指导意见》提出了多元治理的基本原则。政府、行业、学校、社会等多元主体协同参与治理,共同推动形成政府引导、机构自治、行业自律、社会监督的在线教育治理格局。为了更好地实现多元社会治理价值,需要政府冲破传统科层制的桎梏,转变执政理念,促进政府、行业、学校、社会等多元主体的协同参与。

四是数据驱动。目前,我国多个政策文件都提出要以数据为驱动力,形成大数据驱动的科研创新模式,推动教育决策由经验驱动向数据驱动转变。可见,政府已将数据驱动纳入教育治理领域,这也是在线教育智慧治理的另一重要特征。搭建统一规范的在线教育智慧治理平台,实现数据跨区域、跨层级、跨部门、跨业务的流动,可有效缓解传统治理场景中因行政分割带来的碎片化治理问题;另外,数据作为一种生产要素已经深入参与在线教育市场活动,汇集整合、传输存储、挖掘利用、分析预测数据资源,能够实现对在线教育市场行为的实时动态监管以及可能性风险防范,有助于在线教育治理范式向循证决策、共识管理转型。

二、成人在线教育智慧治理内涵

随着数字技术向智能技术的深化发展,人工智能、大数据等技术进入新的发展阶段,推动数字化向智能化快速发展,加快成人在线教育智慧治理的进程。但学界对于成人在线教育智慧治理的内涵并没有形成统一的认知。通过对专家观点的系统梳理,发现目前有关成人在线教育智慧治理的概念描述主要有以下四种观点。

一是过程观。该观念认为,成人在线教育智慧治理建立在数字化转换和数字化升级的基础上,强调由数字技术驱动和数据要素赋能,促使教育系统的结构、功能、文化发生创变的过程。这个过程处于从数字化转换、数字化升级到数字化转型的演化过程,指向应用数字技术来对组织活动、流程、模式和能力等进行重塑和创变。成人在线教育智慧治理是成人教育融入数字技术，进而引发系统化重组与再造的过程。它是利用网络信息技术对教育进行现代化改造和功能提升，全面推动成人教育资源数字化和教育教学数字化，进而更新教育理念、变革教育模式、提升治理水平，助力破解教育改革和发展的热点、难点问题，支撑构建更加公平、更有质量的教育体系的过程。

二是方法观。该观念认为，成人在线教育智慧治理是利用数字技术来解决教育问题的数字化思维策略和方法，这种观念是基于将智慧治理看作一种通过数字技术转型去解决通信、管理等问题的思维策略和方法而产生的。智慧治理是信息化过程中的一个途径和方法，强调只有数字思维和技术的共同驱动，才能变革组织结构和生态，进而推动教育变革。以综合智慧作为引领智慧治理的新思维和新方法，以实践智慧、数据智慧、设计智慧、文化智慧和生态智慧为核心思维策略，从不同角度看清成人在线教育智慧治理全貌，思考遇到的困境并解决问题，寻求教育发展契机。

三是系统观。该观念认为，成人在线教育智慧治理是一种系统性变革，需要借助系统性思维与方法，通过数字技术、数字思维、数字文化、数字战略等与成人在线教育的深度融合，促进要素、业务、领域和流程的数字化转型。成人在线教育智慧治理是要素和业务的系统性变革，旨在建立适应数字时代的包容、公平、绿色、高质量和可持续的智慧教育体系。成人在线教育智慧治理的核心在于系统性变革，促进要素、业务、领域和流程的数字化转型，其中要素涉及教与学过程中的各个要素，包括培养目标、教育内容、教学模式、评价方式、教师能力、学习环境等。推动成人在线教育智慧治理全面落地是一项系统工程，必须以完善的"保障机制"为基本的条件支撑，从"物""人""数"三方面着手，瞄准"教学""管理"两大业务应用领域，高质量实现教育全面数字化转型的总体目标。

四是生态观。该观念将成人在线教育智慧治理看作一种生态化的发展战略，通过建设一个体系完善、全面优化和可持续发展的数字教育生态来支撑服务高韧性、高质量的教育体系。从创新生态系统理论视角看，成人在线教育智慧治理涉及目标、方式、主体、机制和支持条件五个结构性问题，要充分发挥技术生态与教育生态系统要素耦合的协同效应，形成数字技术融合的数字教育生态系统，促进教育高质量发展。推进智慧治理，要从生态发展的视角，重塑面向未来教育的数字化新生态。成人在线教育智慧治理需要建设一个体系完善、全面优化和可持续发展的数字教育生态，包括泛在连接的网络生态、互联互通的平台生态、优质共享的资源生态、智慧绿色的校园生态、丰富多样的应用生态、绿色可信的安全生态、以人为本的数字文化生态、优质普惠的产业服务生态等。

首先，成人在线教育智慧治理也是一种新兴的治理模式，它利用先进技术，对成人在线教育进行智能化管理和治理。这种治理模式还可以从治理主体、治理目标、治理方式等多个角度进行阐述。

首先，成人在线教育智慧治理的主体不再是单一的教育机构，而是包括政府、教育机构、行业协会、家庭和学生等多元参与的力量。这些主体在治理过程中扮演不同的角色，共同推动在线教育的发展。一是政府在成人在线教育智慧治理中扮演着重要的角色。政府需要制定相关的政策和法规，为在线教育的健康发展提供法治保障。政府还需要加强对在线教育的监管和指导，确保教育服务的质量和效果。此外，政府还可以通过资金投入、项目支持等方式，促进在线教育的技术创新和应用推广。二是教育机构是成人在线教育智慧治理的核心主体之一。教育机构需要提供优质的教育服务，满足学生的学习需求。教育机构还需要加强对在线教育的管理和运营，确保教育服务的质量和效果。此外，教育机构还可以通过与政府、企业等合作，共同推动在线教育的创新和发展。三是行业协会在成人在线教育智慧治理中也发挥着重要的作用。行业协会需要加强对在线教育的监督和评估，确保教育服务的质量和效果。行业协会还可以通过制定行业标准、推动行业交流等方式，促进在线教育健康发展。四是家庭和学生是成人在线教育智慧治理的重要参与者和受益者。学生需要积极参与学习和评价过程，为教育服务的改进和优化提供反馈和建议。学生还可以通过与其他主体之间的交流和互动,共同推动在线教育的创新和发展。

其次,成人在线教育智慧治理的目标是提高在线教育的质量和效率,同时降低治理成本。具体来说,智慧治理的目标包括以下几个方面:一是提高在线教育的教学质量和学习效果。成人在线教育智慧治理需要通过智能化技术和大数据分析等手段,提高在线教育的教学质量和学习效果。例如,利用人工智能技术进行个性化教学和精细化管理,根据学生的学习情况和需求,提供针对性的教学资源和辅导服务;利用大数据分析技术进行学习行为和成绩的分析和预测,帮助学生更好地掌握知识和技能。二是优化在线教育的资源分配和管理。成人在线教育智慧治理需要通过智能化技术和云计算等手段,优化成人在线教育的资源分配和管理。例如,利用云计算技术进行教育资源的共享和优化,实现教育资源的最大化利用;利用智能化技术进行教育资源的智能调度和分配,确保教育资源的合理分配和利用。三是提升在线教育的技术应用和创新。成人在线教育智慧治理需要通过智能化技术和创新等手段,提升在线教育的技术应用和创新。例如,利用人工智能技术进行自然语言处理和图像识别等应用,实现智能化教学和管理;利用虚拟现实和增强现实等技术手段,创新教学方式和手段,提高学生的学习兴趣和参与度。四是提高在线教育的安全性和可靠性。成人在线教育智慧治理需要通过智能化技术和安全等手段,提高在线教育的安全性和可靠性。例如,利用人工智能技术进行网络安全防护和监测,保障在线教育的网络安全和稳定性;利用大数据分析技术保护和管理学生信息,确保学生信息的安全和可靠。

最后,成人在线教育智慧治理的方式是智能化技术和大数据分析等手段的结合应用。具体来说,智慧治理的方式包括以下几个方面:一是利用人工智能技术进行个性化教学和精细化管理。人工智能技术可以实现个性化教学和精细化管理,根据学生的学习情况和需求,提供针对性的教学资源和辅导服务。例如,通过分析学生的学习数据和行为,为学生推荐合适的学习资源和课程;通过智能语音识别和自然语言处理等技术手段,实现智能答疑和辅导服务。二是利用大数据分析技术进行学习行为和成绩的分析与预测。大数据分析技术可以实现学习行为和成绩的分析和预测,帮助学生更好地掌握知识和技能。例如,通过分析学生的学习数据和行为,预测学生的学习成绩和兴趣;通过挖掘学生的学习特点和问题所在,为学生提供针对性的学习建议和指导。三是利用云计算技术进行教育资源的共享和优化。云计算技术可以实现教育资源的共享和优化,实现教育资源的最大化利用。例如,通过云计算平台共享优质的教学资源和课程;通过云计算技术实现教育资源的智能调度和分配,确保教育资源的合理分配和利用。四是利用虚拟现实和增强现实等技术手段创新教学方式和手段。虚拟现实等技术手段可以创新教学方式和手段,提高学生的学习兴趣和参与度。例如,通过虚拟现实技术模拟真实场景进行教学;通过增强现实技术将虚拟元素与现实场景相结合进行教学。这些技术手段可以为学生提供更加生动、直观的学习体验,提高学生的学习效果和兴趣。

综上,学界对于成人在线教育智慧治理的内涵并没有形成统一的认知,主要有过程观、方法观、系统观和生态观四种观点。成人在线教育智慧治理可以理解为依托人工智能、大数据等技术,包括在线教育数据治理、在线教育管理服务、在线教育质量评估监测、在线教育督导等多个成人在线教育场景,解决传统的在线教育治理中存在的数据孤岛、结构失衡、流程失序等问题,对在线教育管理、在线教育服务、在线教育评价、在线教育决策的方式、流程、手段、工具等进行全方位、智能化、系统性的优化、重组、再造,实现在线教育精准管理、科学决策、高效服务、多元共治。

第三章　在线教育智慧治理现状和挑战

　　随着互联网和数字技术的快速发展,成人在线教育逐渐成为一种重要的教育形式,但是由于该领域的迅速扩张,也出现了一些问题和乱象。因此,对成人在线教育进行智慧治理显得尤为重要。目前,成人在线教育智慧治理的研究和实践还处于不断发展和完善的阶段,但已经取得了一定的成果和进展。

　　全球的研究机构在成人在线教育智慧治理方面进行了探索和实践,提出了新的理念和方法。例如,一些组织和研究机构提出了基于大数据和人工智能的成人在线教育管理系统,通过数据挖掘和分析,对成人在线教育的质量、效果和满意度等方面进行评估和管理。这类系统可以对学员的学习行为和成绩进行跟踪和分析,及时发现和解决学员在学习过程中遇到的问题和困难,从而提高学员的学习效果和体验。

　　与此同时,全球企业也在成人在线教育智慧治理方面进行了积极的探索和创新。例如,一些企业开发了基于移动终端的成人在线教育平台,通过智能化的学习管理和服务,提高学员的学习效果和体验。这些平台可以为用户提供个性化的学习计划和资源,还可以对用户的学习进度和成绩进行跟踪和提醒,从而帮助用户更好地掌握知识和技能。

　　政府和行业协会也在成人在线教育智慧治理方面加强了监管和规范。例如,许多地方政府出台了相关政策,鼓励和支持成人在线教育的发展,同时也加强了对成人在线教育的管理和监管。这些政策通常会鼓励企业加大投入,提高成人在线教育的质量和水平,同时也会要求企业遵守相关法律法规,保证成人在线教育的合法性和规范性。

　　此外,一些行业协会也制定了相关标准和规范,推动成人在线教育的规范化发展。例如,中国成人教育协会对成人在线教育的服务流程、教学质量和服务水平等方面进行了规范和要求。这些标准和规范可以为企业提供指导和帮助,促使其提高成人在线教育的质量和水平。

第一节　在线教育智慧治理现状

一、全球开放教育资源运动

　　根据联合国教科文组织的定义,开放教育资源(open educational resources,OER)是指:不论是通过数字媒介还是其他媒介,在公共领域存在的,或者在允许他人免费应用和修改的知识产权许可协议下发布的教学、学习和研究资源。开放教育资源与自由和开源软件(free and open source software,FOSS)、开放存取(open access,OA)、开放数据(open data,OD)和众包平台共同构成"开放解决方案"。

　　联合国教科文组织认为,通过普及优质教育信息有助于和平、社会经济可持续发展以及跨文化对话。OER为提高学习和知识共享的质量,鼓励全球范围内的政策对话和能力建设提供了战略性机遇。

　　尽管国家和地区间的教育体系和教育政策存在差异,但是一些国家和地区已经率先开展开放教育资源运动,例如北欧国家,以及美国、新加坡、澳大利亚等发达国家。这些国家的政府部门和教育机构通过技术手段,对在线教育资源进行整合和优化,以提升教学质量和学生的学习效果。截至2022年,美国部分学校在线教育的课程资源标准,如表3-1所示。

表 3-1 美国部分学校在线教育的课程资源标准

年份	名称	组织者	维度	简介	版本
2014	加州大学的课程资源标准	加州大学	7	该标准分七块内容进行陈述	V2
2010	伊利诺伊大学的标准与检查表	伊利诺伊大学	6	该标准分成六个大项，21个具体项目	V1
2014	美国 QM 标准	美国 QM 公司	8	该标准分八个大项，43个具体项目	V5
2000	美国约翰逊社区学校在线课程开发指导	约翰逊社区学校	6	该标准分六块内容进行陈述	V1
2011	高质量在线课程国家标准	iNACOL	20	该标准分 20 条内容进行陈述	V2
2011	在线和混合式学习开发指导	西达克瑞斯特学院	6	该标准分成六个大项，19个具体项目	V1
2004	肯塔基州大学远程学习标准	肯塔基州大学	7	该标准分七块内容进行陈述	V1
2006	马里兰大学在线课程开发的指导与标准	马里兰大学	18	该标准分 20 个具体项目进行陈述	V1
2000	AVLN 课程开发标准	AVLN	8	该标准分八块内容进行陈述	V1
2011	哈姆林大学在线和混合式课程开发标准	哈姆林大学	9	该标准分九块内容进行陈述	V1
2003	约翰霍普斯大学在线课程的标准	约翰霍普金斯大学	19	该标准分 19 个具体项目进行陈述	V1

在了解上述标准的基础上，我们先对标准的维度进行划分。首要参考了美国高等教育政策研究所发表的《在线教育质量：远程互联网教育成功应用的标准》研究报告，该标准体系是美国各高校提供高质量的以互联网为基础的远程教育的主要参考指标。该标准分为七大维度，分别是：制度支持基准、课程开发基准、教与学基准、课程结构基准、学生支持基准、教师支持基准和评价基准。基于表 3-1 呈现的 11 个标准，将其归纳为八个维度，它们分别是简介与准备、目标、资源呈现、活动、技术支持、学习支持、评价和其他，形成了如表 3-2 所示的标准维度分类。

表 3-2　标准维度分类

标准	简介与准备	目标	资源呈现	活动	技术支持	学习支持	评价	其他
加州大学的课程资源标准		体现于教学设计	1.学习支持与资源；2.在线组织与设计；3.教学设计与传送		5.基于技术的创新教学	6.教师使用和学生反馈	4.学生学习评估及评价	
伊利诺伊大学的标准与检查表	1.1大纲序列12项	2.1课程目标；2.2模块目标	4.1多模态教学		6.1音频；6.2视频	5.1课程建设；5.2行为准则与规范		
美国QM标准	1.课程概述与简介	2.学习任务	4.教学材料	5.学习者互动参与	6.课程技术	7.学习者支持	3.评估与测量	8.可访问
美国约翰逊社区校在线课程开发指导	E《开发指导》解释四项	C阐明	L看	A行为；S分享			S自我评估/提交	
高质量在线课程国家标准	1.学术内容标准解释等四项		5.讲师资源等	7.教学策略和活动；8.沟通与互动	13.课程架构等七项	11.反馈；20.导师和学生支持	12.评估资源和材料	
在线和混合式学习开发指导	1.2课程信息	1.1课程目标和结构	1.3教学策略	2.1活动和机会；2.2组织和管理；2.3小组合作	5.1网页设计等五项	4.1项目支持和资源；4.2学术支持和资源	3.1评价目标；3.2评价策略；3.3评价等级；3.4管理；6.1课程评价	
肯塔基州大学远程学习课程标准	1.课程综述与简介	2.学习目标	4.资源和材料	5.学习承诺	6.学习课程技术		3.评估和测量	7.可访问

续表

标准	简介与准备	目标	资源呈现	活动	技术支持	学习支持	评价	其他
马里兰大学在线课程开发的指导与标准	1.先决条件 2.技术规范	3.目标和结果表现	7.课程材料等	4.学习支持活动;6.增强交互工具	14.导航;15.呈现;16.多媒体	8.学生支持等五项	5.评价	17.安排
AVLN课程开发标准	1.课程开发宗旨阐述	2.课程开发目的	3.遵照思维的过程	5.创设能激发兴趣的学习经历		6.关注每个人的学习;8.提供可行的支持服务和学习材料	7.适当的评价过程	
哈姆林大学在线课程和混合式课程开发标准	1.课程综述与简介	2.学习项目	4.资源与材料	5.学习者参与	6.课程技术	7.学习者支持	3.评价与测量指标	8.可访问
约翰霍普金斯大学在线课程标准	1.初始计划	2.课程目标和学习项目	3.教学活动和材料等	10.教师、学生和内容的互动	7.工具和资源	10.教师、学生和内容的互动;11.教师的反馈	5.评价策略(结果性);6.评价方式(过程性);12.课程评价	9.修改、调整等

资源标准的维度大致包含：简介与准备、目标（包括课程目标和学习目标）、资源呈现、教学活动、技术支持、学习支持、评价、可访问性、复用性、法律法规保护等。我们发现，美国国家标准更加宏观，其他标准更加本土化，根据自身条件和要求制定标准，也更加关注细节。不同州的学校标准各具特色，丰富了在线课程的标准内容。其他可以借鉴之处有机构组成、合作方式、标准制定人员范围等，尤其重视一线教员在标准制定过程中的作用，重视学员的用户体验等。美国的标准给我们提供了及时、直观的样本，同时我们要避免拿来主义，须进行一定程度的本土化改造，以更好地指导我国在线教育标准的制定，为在线教育智慧治理研究做好铺垫。

如今，我国大力建设智慧公共服务平台、推广在线开放课程资源。例如，截至 2023 年 2 月，2022 年 3 月上线的中国国家智慧教育公共服务平台，惠及近 3 亿名在校生以及广大社会学习者，浏览量超过 278 亿次，用户覆盖世界 200 多个国家和地区，实现了"人人皆学、时时能学、处处可学"。① 可以预见的是，开放教育资源会成为在线教育智慧治理的一个重要方向。

二、游戏化和基于游戏的学习方式

游戏化是利用游戏元素和游戏设计，通过提高参与度、解决各种问题和加强竞争，作为非游戏情形的补充。本书第五章第三节详细介绍了一个游戏化设计方案。

游戏化包括积分系统、排行榜或徽章等游戏元素的整合。例如，如果学生在论坛中发布的评论被其他学生认为有帮助，发布评论的学生就可获得积分。再如，学生在完成某项作业或通过某项测试后可以获得徽章。

滑铁卢大学实现在线教育的"游戏化"包括完成学习目标加分、完成

---

① 吴丹. 我国基本建成世界第一大教育教学资源库[EB/OL]. (2023-02-10)[2024-08-11]. http://education.news.cn/2023-02/10/c_1129352574.htm.

程序性/非学术目标加分、设立游戏性障碍或等级、在课堂上增强竞争性、针对每个学生的具体情况从细微处比较和思考学生的表现、采用等级关卡等"升级"方法。

基于游戏的学习包括通过设计学习活动,将游戏特点和游戏原理嵌入其中,或是使游戏本身成为学习活动,通过发现和试错来增长知识。比如在经济学课上,学生参与虚拟股票交易比赛,看谁能获得最大的股票组合估值。政治学课上,学生进行角色扮演,参与模拟劳资纠纷谈判。历史课上,老师在《我的世界:教育版》(*Minecraft for Education*)中创建游戏元素,学生通过这款游戏探索个人或集体的文化遗产。

严肃游戏是游戏化和基于游戏学习的一个子分类,指的是不纯粹以娱乐为目的的游戏。这类游戏虽然引人入胜,但不一定有趣。这种学习可以是隐性的,也可以是显性的,目的在于模拟真实世界的场景。严肃游戏最常被用于非正规的成人教育情境中,如国防、科学探索、医疗保健或应急管理等行业。

用于培训飞行员的飞行模拟器(flight simulators)可能是最古老也是最知名的严肃游戏。在模拟过程中,飞行模拟器操作员可能会加入强风或模拟发动机故障等挑战。从最基础的手机游戏,到商业航空公司使用的价值数百万美元的全动态模拟器,如今此类例子已不胜枚举。《救救达尔富尔》(*Darfur is Dying*)吸引了 80 万名玩家,呈现了达尔富尔战争和随之而来的人道主义危机。解谜游戏《蛋白质折叠》(*Fold It*)被用于破译马森-辉瑞艾滋病致病病毒的晶体结构。研究人员运用超级计算机和高级软件花了 15 年时间也未能成功破译,但在数以千计的在线游戏玩家的共同努力下,短短 10 天内就实现了破译。

三、大规模开放在线课程实践

在线课程是在互联网上进行的课程,通常是在学习管理系统(learning management system,LMS)内进行的,由教师带领学生与其他学生进行互动、组织课程内容、设计课堂、分发试卷、批改作业。在线课程可以追溯到 20 世纪 60 年代,最初是函授课程和其他远程学习方式的延伸。到 20 世纪 90 年代,在线课程开始普及,到 21 世纪初,在线课程在北美洲和欧洲的大学中得到了很好的发展,并在世界各地蓬勃发展。目前亚洲在线课程注册学生数量在全球名列前茅。

大规模开放在线课程(慕课,MOOC)是免费的在线课程,不论是学习新技能、提升职业技能,还是更深入地研究某一个课题,任何人都可以报名学习。慕课与其他在线课程的不同之处在于通常达不到普通在线课程中与教师的互动程度。此外,在线课程通常最多有 100 名学生参加,而慕课的学生数量巨大,通常能达数万人。慕课于 2008 年问世,人气与日俱增。据《人民日报》报道,截至 2022 年 11 月,中国慕课数量超过 6.19 万门,学习人数达 9.79 亿人次。[①]

四、移动设备和移动学习方式

在电信领域,移动性一词指的是在移动的同时持续连接电信网络。移动设备是指连接到电信网络的小型便携式设备,最常见的是移动电话和平板电脑。从这个意义上来说,整个世界都是"移动"的。根据国际电信联盟的数据,截至 2020 年,全球拥有手机的人口已超过 90%,全球超过 80% 的人口拥有一部智能手机。超过一半的世界人口(62%)可以上网,其中绝大多数是通过移动互联网,这为教与学提供了巨大的机会。

根据联合国教科文组织的定义,移动学习是指通过使用移动技术——不论是单独使用还是与其他信息和通信技术相结合——随时随地学习。学习开展方式多种多样,人们可以在课堂内外使用移动设备获取教育资源、与他人联网、创建内容。移动学习还包括为广泛的教育目标提供支持,如有效管理学校系统和改善学校与家庭之间的沟通——包括在传统教育服务匮乏的社区。

五、混合学习的实践

混合学习(或者叫合成学习)指的是将传统的面对面学习,与在线学

---

① 吴丹.数字化赋能高等教育高质量发展[N].人民日报,2022-12-18(5).

习或其他以技术为媒介的教学概念相结合。混合学习和合成学习两个词通常可以交替使用,都要求师生是在场的,但也允许运用灵活的在线教学替代传统形式,作为学习活动的补充。公认的混合学习模式包括以下六种。

(1)面对面主导:由教师主导教学,数字工具作为补充。

(2)轮换:学生轮流进行独立在线学习和面对面课堂学习。

(3)灵活安排:大多数课程通过数字平台讲授,教师提供面对面解答和支持。

(4)实验室:所有课程在固定地点通过数字平台讲授。在这种模式下,学生通常也会参加传统课程。

(5)自我混合:学生选择将在线课程作业作为传统学习方式的补充。

(6)在线主导:学生通过在线平台完成整个课程,可能有教师进行检查。教学和辅导是在数字平台进行的,必要时可安排或提供面对面会议。

六、虚拟现实、增强现实、混合现实和扩展现实

虚拟现实(virtual reality,VR)眼镜要戴在头上并遮住眼睛,所以很好辨识,读者可能已经在广告和《头号玩家》等电影中见到过这种设备。沉浸式 VR 教育软件《1943 柏林闪电战》360 度展示真实的纳粹德国夜袭画面,帮助学生身临其境地体验重大历史事件。虚拟演讲(virtual speech)通过沉浸式的逼真现实虚拟技术帮助提高公共演讲能力。VR 美术馆让用户近距离欣赏包括《蒙娜丽莎》在内的世界一流绘画和雕塑作品。语言学习平台(Mondly)可以让用户与虚拟人物进行真实对话,提升语言学习效果。

增强现实(augmented reality,AR)也日益成为我们生活的一部分。如今几乎所有的体育赛事播报都在视频画面中融入电脑合成元素,使观众更能身临其境。Sky View 软件让用户只需抬起手机,就能识别星星、星座、行星和卫星。宜家移动 App 可以让用户从商品目录中随意挑选商品,并且看到商品在家中任何地方放置的样子。

混合现实（mixed reality，MR）是相对较新的事物，介于 AR 和 VR 之间。《宝可梦 Go》手机游戏符合这个定义，因为它完全是电子游戏，但同时将虚拟宝可梦精灵与现实世界环境相叠加。虚拟游览火星（On Sight）是一个混合现实软件，科学家和工程师可以虚拟在火星上行走和会面。

扩展现实（extended reality，XR）包括虚拟现实、增强现实和混合现实，是更大范围的总结性术语。XR 的软件比如像可以教授分子生物学的细胞服务（Cellverse），以及教授解剖学的全息解剖学（Holo Anatomy）。

第二节　成人在线教育智慧治理现状

一、全球治理现状

近年来，随着成人在线教育的快速发展，美国、俄罗斯、英国、德国、澳大利亚以及日本等国家开始制定在线教育的标准规划，以使接受在线教育的学生的合法权益得到有效保障。

（一）美国的网络教育质量国家标准

美国虚拟学习领导联盟和美国在线教育质量保障机构（Quality Matters，QM）联合发布的《在线教育项目质量全国标准》《在线教育教学质量全国标准》《在线教育课程质量全国标准》构建了在线教育质量保证体系，以学习者为中心，重视学习者体验，对教师能力提出新要求。[①] 2019 年 9 月发布美国《优质在线课程国家标准（第三版）》（简称标准第三版）。标准第三版为美国学校、学区、州立机构、州政府范围内的在线教育组织和其他相关的教育组织，在改进在线和混合学习项目上提供了指

---

① 周蕾，赵中建.美国 K-12 阶段在线教育质量全国标准评析[J].开放教育研究，2020，26(2):53-62.

导框架。该标准旨在提供指导，并为广大用户保留了最大限度的灵活性。其下设七个类别，分别是课程概述和课程支持、课程内容、教学设计、学习者评价、可及性和可用性、技术、课程评价。①

1.课程概述和课程支持

开课之前将课程总体设计告知学习者。课程材料要为学习者和教师取得成功提供必要的支持。课程说明对相关信息和服务进行清晰解释或提供链接。该标准主要包含以下八项指标：①课程，包括概述及大纲；②明确学习者所需的基本计算机技能和数字素养；③将教师的履历及如何与教师沟通的信息提供给学习者及其他利益相关者；④在课程导入环节表明对在线学习者的期望；⑤对课程的基本技术要求进行清晰描述，并告知获取该技术的途径；⑥对课程评价政策和做法进行清晰描述；⑦对所提供的技术支持进行清晰描述；⑧对学习者进行课前培训。

2.课程内容

在线课程提供多种内容供学习者自行选择，以帮助其掌握学习内容，且应符合美国各州或全国的内容标准。该标准包含以下10项指标：①课程的目标或能力可测，并清楚地说明学习者在顺利学完该课程后能够展示的成果；②课程对学习者的期望与课程目标或能力保持一致，并且内容表述清晰；③在线课程的内容与各州或其他机构所制定的标准保持一致；④将数字素养和沟通技巧作为课程不可或缺的内容，在课程中进行教授；⑤提供补充学习资源和教学材料，以支持学习者学习；⑥在线课程的教学内容和相关支撑材料体现包容的多元文化视角；⑦课程材料（如教材、共享的教学资料）准确且新颖；⑧课程过滤成人内容，并避免不必要的商业广告；⑨对于第三方内容的版权和使用许可状态均按照规范加以引注；⑩有文件和其他支撑材料可用于促进在线课程的有效实施。

---

① National Standards for Quality Online Learning (NSQOL). Quality Online Courses [EB/OL]. (2019-09-01)[2024-10-07]. https://www.nsqol.org/wp-content/uploads/2019/09/National-Standards-for-Quality-Online-Courses-Catalog3-2019.09.01.pdf.

3. 教学设计

课程包括符合标准的教学材料、教学活动、教学资源和教学评价,让所有学习者参与其中,并促进学习目标的实现。该标准下设九项指标:①课程设计包括促进学习者学习主人翁意识和自我监控的活动;②课程的内容和学生的学习活动,有助于促进事先规定的学习目标或能力的实现;③课程按逻辑顺序分单元和课时进行安排;④课程内容适合目标学习者的阅读水平;⑤课程开始第一周,安排介绍性的任务或活动,以吸引学习者参与;⑥根据学习者不同的需要,为其提供多样化的学习途径,让学习者以适合自己的方式参与学习;⑦为学习者提供定期互动的机会;⑧为学习者和教师提供互动的机会,包括定期反馈学习者学习进展的机会;⑨让在线课程教学材料和资源以适切的方式得以呈现。

4. 学习者评价

教师在整个课程中使用多种评价策略,促进学习者学习和参与,并向学习者反馈其所取得的进步。该标准包含以下五项指标:①结合课程、单元、课时目标、能力对学习者展开评价;②实施评价时,能准确评估学习者对课程内容的掌握程度;③评价为自我监控和学习反思提供机会;④评价材料灵活多样;⑤与学习者共建共享评价标准。

5. 可及性和可用性

课程设计体现了可及性,确保所有学习者都能获取所有的内容、参与所有的活动;课程设计也体现了可用性,所有学习者都能轻松地浏览和使用所有的课程内容。在线课程要保证让所有的材料、活动和评价向所有的在线学习者开放,并能够在同样的时间段开展同样的互动。课程开发以通用的设计原则为指导,遵循《网络内容可及性指南》(Web Content Accessibility Guidelines)2.0 标准,符合 1973 年《康复法案》(The Rehabilitation Act)第 504 节和《美国残疾人法案》(Americanswith Disabilities Act)第二部分的内容规定。该标准共五项指标:①课程设计符合逻辑、前后一致和富有成效;②课程设计方便阅读;③课程提供适当的教学材料和教学活动,以满足学习者的个性需求;④课程多媒体可以方便地加以使用;⑤提供了本课程所需的所有技术供应商的可及性声明。

6.技术

技术让各种课程内容促进主动学习,而不妨碍学习过程。该标准下设五项指标:①所有教育工具都确保学习者隐私,并根据美国国家、州、地方的法律为学习者的数据保密;②在线课程为学习目标或能力的实现提供工具支持;③课程为教师提供多种选择,通过调整学习活动来适应学习者的需要和偏好;④课程允许教师控制教学内容的发布;⑤课程提供必要的技术功能,以评分和记录评价结果,并计算获得的课程分数或等级。

7.课程评价

在线课程定期对教学效果开展评价,在评价过程中使用多种策略,并将评价结果作为改进教学的重要依据。课程保持不断更新,不管是在内容方面,还是在课程设计和技术领域新研究的应用方面。该标准包括以下三项指标:①在线课程使用多种方法和数据源,以评价课程效果;②定期对在线课程进行评审,以确保其能与时俱进;③课程根据评审结果,不断更新、持续改进。

美国在线教育质量全国标准重视学生的参与度和满意度,强调教师的专业素养和教学能力,为在线教育的质量和学生的学习效果提供了有效的保障。然而,该标准更新机制滞后,未建立与技术进步(如脑机接口、自适应学习系统)同步的迭代规则,造成课程内容与市场需求断层。整体来看,美国成人在线教育质量的描述出现在综合性的国家标准体系中,但尚未完全独立于K12和高等教育框架。

(二)俄罗斯的现代数字教育环境建设项目

2017年俄罗斯联邦政府通过决议,实施"教育发展项目",其中在线教育层面主要实施"现代数字教育环境建设项目(2016—2025年)"。其实施方案和内容主要包括:开发和建设在线课程及平台,实施多阶段在线课程质量评估机制,建立在线学习区域能力中心,培养在线教师信息素养。① 目前,数字教育环境的建设工作正在稳步推进中。

1.开发和建设在线课程及平台

2017 年 11 月 1 日,俄罗斯"统一窗口"系统试运行。该系统主要包括三个子系统,分别为在线课程注册系统、学生数字成果系统、匿名数据系统,主要由圣彼得堡国立信息技术机械与光学大学开发。在线课程注册系统提供在线课程评级、专家评审和学生评估,可通过链接直接跳转到在线课程平台。学生数字成果系统根据"数字组合"算法原理实现用户账户数字证书的安全存储以及用户成果认证的转换。在记录学习结果并进行证书数据转换的同时可为开展在线学习教学计划的教育组织提供建议。另外,学习成果对企业可见,允许企业发布职位空缺信息,在职位介绍中显示求职者需学习的课程与掌握的能力,系统会为企业推荐合适的候选人。匿名数据系统用于存储和处理匿名数据,用户可匿名发布对在线课程的改进建议,减少学生、企业等对发表负面评价的顾虑。

2.实施多阶段在线课程质量评估机制

俄罗斯建立的在线课程质量评估体系主要分为三种形式:强制性评估、自动评估、持续性评估。所有评估结果都被记录,用户可以查看在线课程的内容描述、评级、学生人数、通过考试的人数、学生和企业的反馈等,截至 2019 年,已记录的用户评级总数超过 100 万条。自动评估基于大数据技术收集用户行为、偏好、成果等统计数据。学生完成课程的时间、在线课程各个模块的开发时间、材料使用的重复次数、学生参与在线课程的出勤数据等都被考虑在内。评估在线课程质量的重要指标是成功完成在线学习的学生人数。评估结果可在在线课程认证中查看,这不仅有助于用户选择在线课程,也有助于开发者改进课程,提高课程的吸引力。"统一窗口"系统为教育组织开发反馈工具提供了庞大的数据,同时将促使全俄实现在线课程的现代化,提高课程开发效率与课程质量。

---

① 严丹,赵宏媚.俄罗斯"现代数字教育环境建设项目(2016—2025 年)"述评[J].世界教育信息,2019,32(8):20-25.

3.建立在线学习区域能力中心

"现代数字教育环境建设项目(2016—2025年)"的关键任务是传播成功的在线学习方法和实践经验,跟踪数字教育环境的创建动态。在此基础上,俄罗斯已建立10个在线学习区域能力中心,促进高等院校和中小学教师对在线技术的应用、教育过程的整合、在线课程的开发。在线学习区域能力中心的培训活动由具有多年在线课程开发和实践经验的专业人员开展,包括来自全国一流大学的教授、讲师,领先的在线教育平台的专家和技术专家等。在线学习区域能力中心的主要工作包括:监测本地区教育机构员工的需求,培训主要包括高级培训和专业培训;开发、实施和维护在线课程层面的补充教育;在教学过程中开发、测试和利用在线学习技术更新培训模式和方法;开发特定的在线课程,以便实现教职人员的终身学习与专业发展,提升区域教育系统工作人员素质;向教育机构的行政人员提供建议,以促进实现虚拟学术流动,以及将在线课程作为主要教育计划的一部分;组织在线课程的开发;提升教育过程中所有参与者的信息素养。

4.培养在线教师信息素养

随着"现代数字教育环境建设项目(2016—2025年)"的落实,在线课程开发与应用也成为教师提升信息素养的重要方式。为提升教师及专家的在线课程开发和应用能力,俄罗斯已开设高级培训课程,并提供8.5亿卢布的资金支持。联邦教科部致力于开发教师在线进修课程,提供在线课程开发、使用和考核层面的高级培训,以提高教师互联网资源的使用率,实现知识共享。教师培训课程有以下要求:纳入在线课程系统,允许来自全国各地的教师和专家免费访问,提供数字证书。在俄罗斯联邦教科部开展的在线教育高级培训课程竞赛中,莫斯科物理科学与技术学院、俄罗斯联邦总统直属国民经济与公共管理学院和乌拉尔联邦大学赢得比赛。因此,教师高级培训课程计划由这三所高校执行。教师高级培训课程的另一个任务是组建专家评估社区,这是创建和运营"统一窗口"系统的关键。评估在线课程内容、开发专业工具、基于统计数据进行心理评估是在线教育领域专家的必备技能。专家评估有助于增加平台、课程间的竞争,激励开发者提高内容质量,提升用户和教育组织对在线教育的信心。

(三)英国的成人在线教育治理

1.构建良好的数字基础设施

英国政府出台了一系列法律法规及相关政策来保障成人在线教育发展。① 英国在信息资源建设中注重网络资源服务的统一管理与共享,而高速互联网连接为教育者提供了基于云的服务和存储的机会。云技术允许通过互联网进行远程数据存储、传输、维护和管理,摆脱了传统本地硬盘或服务器的束缚。英国教育部建议所有的教育机构将信息技术系统转移到云平台,并首先考虑基于云的潜在解决方案。同时,《技术规范实践指南》(Technology Code of Practice Guidance)将提供更多相关信息与建议。高速连接的互联网和有效的数据存储,为教育供应商开发创新型数字基础设施创造了条件。例如,一些高校开始使用数据分析和物联网技术,根据学生需求推出个性化教学,培养自适应学习能力,以提高教学效果和校园管理水平。同时,英国联合信息系统委员会(Joint Information Systems Committee,JISC)致力于与高等教育和继续教育部门合作,升级基础设施,使用户能够通过专用门户管理新的物联网服务,帮助用户尽快融入数字环境。

2.以教师引领数字技术变革

为保障成人教育教师掌握一定的数字技能,需要为教师提供持续的专业发展机会,让教师明确技术支持对课堂教学的影响。为此,英国教育部采取以下行动策略。一是与英国特许教育学院(Chartered College of Teaching)合作,推出针对教育领导者及教师的免费在线培训课程,确保教师能够获得技术工具的支持。二是资助特许教育学院的期刊《影响

① 王敏.英国《教育技术战略:释放技术在教育中的潜力》探析[J].世界教育信息, 2019,32(17):21-27.

力》的特别版,重点介绍教育技术对教学产生的影响,包括最新的教学研究、最佳实践、教师意见等。三是推出"示范学校网络",展示最佳教学实践,并利用该领域专业知识,为需要帮助的学校提供同行主导的实践支持和培训。四是 JISC 为高校师生提供培训、指导、咨询和服务,帮助其培养数字技能,同时对师生数字技能进行洞察力评估,使其了解自身数字技能差距,并支持他们利用技术提高教学与学习效果。五是支持英国教育供应商协会(British Educational Suppliers Association,BESA)"学习"项目,该项目通过持续开展专业发展的路演活动,在英国各地展示技术产品和最佳实践活动,以促进教师与教育技术领域的接触。

3.采取网络信息安全防御措施

网络信息安全应从根本上加强防范风险意识,并通过一切途径适当减少风险。在学校层面,各院校直接负责自身数据安全保护,建立等级化的安全保护程序,维护网络系统及操作人员的安全;在国家层面,英国教育部发布数据保护工具包,协助学校开展数据保护活动,并遵守《2018年数据保护法》,制定数据管理政策和流程,快速、恰当地应对数据泄露。此外,国家网络安全中心(National Cyber Security Centre,NCSC)就如何应对计算机安全威胁提供一系列支持:一方面,发布指南帮助各院校做好网络空间防范工作;另一方面,与英国教育部合作,审查学校网络安全问题,并为学校提供适当的指导。JISC 将提供一系列安全产品和服务,为用户提供建议和支持,以维护个人数据安全以及高校网络系统运行。JISC 的安全操作中心将持续监视和解决"Janet 网络"的安全事件。此外,各个院校和教育机构能根据《2018年数据保护法》向信息专员办公室报告任何个人数据泄露行为,并向国家欺诈和网络犯罪报告中心(National Fraudand Cyber Crime Reporting Centre)报告危害网络安全的事件,该中心将会提供协助及意见。

4.提升教育部门数字服务水平

英国教育部作为一个政府部门,为学生、家长、教师等提供了一系列横跨教育领域的服务。大多数服务以政府网站为平台,教育专业人士依靠政府网站提供的信息来完成他们的工作。英国教育部的数字服务目标为以用户为中心,提供高品质、符合标准的"全服务模式"。英国教育部率先改善已有的数字服务,提供以用户为中心和精简的在线客户服务。例如,支持新任教师申请研究生培训课程或申请教师空缺职位;帮助学校领导和教师购买教育产品和服务;将学校数据信息更有效、安全地传输到教育部系统;提供帮助学生申请贷款的在线工具等。此外,英国教育部正在致力于提供新的数字服务项目。例如,制定新的国家再培训计划,帮助面临就业风险的成年人提高技能水平;探讨教师获取优质课程资料的途径。然而,人们通常难以找到他们所需要的信息和服务来支持他们开展教学、养育子女、做出教育选择等。针对此问题,英国教育部将开发更多新的数字服务:将关注如何结合信息与用户互动,并根据用户需求提供服务,如根据教师和家长的反馈改进教学服务;探讨更有效的信息市场,提供以用户为中心的数字服务,数字服务工作将在政府数字服务部制定的共同标准、指导原则和组成部分的基础上,确保提供一致的公共服务,解决政府面临的数字挑战。

(四)德国高校在线教学联盟

当前德国高校在线教学联盟的数量和类型众多,但其本质和核心仍具有高度一致性。以巴伐利亚虚拟高校联盟为例,它是联合巴伐利亚州九所综合型、17 所应用型和五所其他类型大学于 2000 年 5 月所设立的。该联盟经过 20 年的发展,其教学体系完备、区域影响力广泛、社会认可程度高。2020—2021 年,该联盟每学期在线注册学习者人数超过 40 万人,课程数量达到 400 门,涵盖了各专业学科门类,是欧洲最大的基于互联网开展教学的在线高等教育机构之一。其作为德国首个高校在线教学联盟具有充分的研究价值,因此以该联盟为研究样本来分析德国高校在线教学联盟的具体情况,具有一定的代表性和典型性。①

---

① 陈志伟,余烁,刘莹.德国高校在线教学联盟的发展现状及管理模式研究[J].大学教育科学,2021(6):102-113.

德国高校在线教学联盟的主要目标群体为学习者、教师和高校等教育教学主体,其服务导向也主要针对这三者的利益和需求。该联盟的目标主要是确保学习者在灵活的时空条件下,参与具有多元选择机会的在线课程,同时其管理机制保障学习者成绩受联盟内 31 所成员高校的认可,从而确保学习的有效性。此外,教师还可以通过联盟获得教学范围的无限延展,提升教学质量及影响力。高校在联盟形式下,不仅能够减轻自身的教学负担,各高校能以共享的形式获得更多的教学资源和便利,还可以提升自身的教学质量和生源吸引力。

为了满足不同的教学需求,巴伐利亚虚拟高校联盟设立了三种在线教学类型,分别是传统型、开放型和智慧型,其分别对应独立的学分制注册课程、非学分制开放课程和线上线下混合式教学课程等三种课程类型。我们重点来看开放型在线教学类型和智慧型在线教学类型。

对于仅为了获取知识而不需要修读学分的社会学习者而言,他们可以通过巴伐利亚虚拟高校联盟的开放型课程,免费学习和拓展专业知识和技能。此类课程由于不涉及学分或学位,因此对学习者没有专业性的入学或考试要求。与慕课类似,其课程种类较全面,不仅涉及高校正规性专业课程,同时也有面向社会大众的兴趣类教学内容,课时从 5 小时到60 小时不等。

值得注意的是,开放型在线课程作为联盟面向社会服务的重要非盈利渠道,是以免费模式开展专业兴趣教学的。然而与慕课等在线教育形式不同,其所有课程的开设者一般都是联盟成员高校的教授,因此课程的质量和声誉都有保障。巴伐利亚虚拟高校联盟的制度优势吸引了教授积极开课,从而以非行政干预的手段解决了教授对在线课程建设意愿不高的难题。

巴伐利亚虚拟高校联盟通过智慧型在线教学平台的信息资源库,使教师获取成熟的教学案例和范本,并可以将在线资源生成链接嵌入到自身的教学管理系统中。通过资源库系统,教师可以在课前完成在线任务的布置,学生也可以进行相应的预习;课堂上教师可以充分利用在线资源,以生动的展现形式和丰富的网络信息贯穿教学的全过程;课后还可以发布资源库中的作业和考核内容,以便学生自主自觉地完成教学的各个环节。由此使得教学更符合社会互动的认知观点,对学生自我导向学习产生显著的促进作用。由于资源库本身已经过长期的实践检验,因此教师的备课任务量也相对较轻,能够将教学精力更多地用在与学生进行线上沟通和交流的过程中。

（五）澳大利亚远程高等教育公共服务体系

澳大利亚远程高等教育公共服务体系(Open Universities Australia, OUA)从 1993 年成立到 2020 年,其合作伙伴由原来的七所股东大学增加到 18 所合作大学,分布在澳大利亚的两个领地以外的六个州。总部所在地维多利亚州的合作大学数量最多,达六所,占合作总量的三分之一。其中,有些合作大学因发展独立的在线教育平台等因素退出 OUA,如莫纳什大学、达尔文大学等。OUA 通过整合股东大学、其他合作伙伴大学、教材及辅导等服务提供商的资源,一方面为学生提供远程高等教育学习支持服务,另一方面努力满足利益相关者的需求并保障其权益,以期为未来培养出更多合格的从业者,进而为社区和政府创造社会价值。

1. 资源整合能力

澳大利亚开放大学作为 18 所高等教育机构的合作联盟具有强大的资源整合能力。到 2020 年,该平台上集合了联盟成员提供的各类特色课程,涵盖了人文、商学、教育、健康、计算机、法律、理工七个学科领域,内容多样丰富,学位资格层次覆盖了从课程证书、学士学位、硕士学位到博士学位各个层次。在众多的选择面前,学生可以在课程顾问的帮助下在OUA 平台上选择理想的专业课程,而不必登录不同大学的不同网站去寻找和选择,大大节省了时间与精力。以 2019 年 OUA 平台推出的MBA 课程为例,一共有六所高校推出了 MBA 在线课程,其价格、学习时段、报名方式、咨询方式等信息均以表格的形式呈现在网上,让学生一目了然,可以迅速选择适合自己的课程。同时,学生若对课程信息有不理解的地方,也能够很方便地找到咨询教师,有针对性地寻求答复,减少了其在院校选择和课程选择方面的时间成本。OUA 还建设了 11 个方向的学位过渡路径,包括商科、教育、传播、工程、健康、犯罪学、理学、社会学、人文等。在过渡路径项目中,学生可以选定一个学科,先修四门课程,获得学分,然后再决定学习哪个专业的学位课程。这可以让学生更好地体验在线课程并判断自己对哪个专业更感兴趣、哪个专业更适合自己。

2. 增强成员竞争力

在澳大利亚的全国统一学历资格框架体系(Australian Qudifications Framework,AQF)下,OUA 的 18 个合作伙伴之间能互相认可学分、承认学位。学生在 OUA 平台上可以选择自己感兴趣的课程学习,所获得的学分能够累积,直至达到一个证书或更高级学位对学分的要求。这里需要明确的一个关键信息是,OUA 尽管在名称上被称为"大学",但是本质上仅仅是一个股份制教育机构,以提供远程高等教育服务为主,并不能颁发自己的证书。因此通过 OUA 平台学习的学生如果希望取得学位,一种情况是一直跟随一所大学学习,那么学业结束后可通过考核最终获得该所大学颁发的学位证书;另一种情况是,如果学生选择了不同大学提供的课程,累积了学分,那么则需要 OUA 和提供课程的大学一起来评判学生在哪所大学取得的学分多,最终为学生颁发该所大学的学位。这种方式不但节省了学生选择学习路径所需要的时间,更加强了联盟院校之间的合作,避免生源流向其他非联盟大学。除此之外,OUA 注重为联盟成员提供宣传和推广服务,能够确保一年 365 天都在宣传其成员的专业课程。与合作伙伴所在州以外的其他大学相比,OUA 的品牌具有更广泛的影响力,因此能够吸引更多的学生,与合作伙伴所在州的校园入学率相辅相成。总之,这大大增强了成员单位的市场竞争力。

3. 注重质量保证

OUA 虽然是一个以提供公共服务为主的远程高等教育机构,但其一直按照一所大学的标准来运行,从而确保教育产品的高质量。这主要体现在以下两个方面。

一方面,在享受服务的教育机构的准入制度上 OUA 做了明确的规定,与 OUA 合作的意向教育机构必须是澳大利亚教育培训部名单上的大学,具有独立颁发学位的资质,必须符合澳大利亚《2023 年高等教育支持法案》的要求,必须符合澳大利亚《2011 年高等教育质量和标准署法案》的规定和要求。这就从源头上确保了澳大利亚远程高等教育公共服务体系所提供的远程教育,与双重院校模式大学所提供的远程教育是相同的。在海外市场,OUA 积极拓展并吸收海外合作伙伴大学,但对海外大学的加入也制定了相应的要求:一是海外申请大学必须是其所在地政府批准的合法高等教育机构;二是预计在 OUA 平台上发布的课程中至少有一门应匹配于 AQF 中的六级或以上;三是所发布的课程全部能够以在线方式提供;四是意向合作大学需经董事会批准同意后与 OUA 签署相关协议。

另一方面,OUA 在培养学生的质量上与双重模式院校持有相同标准。早在 2004 年,因其前期十几年积累的培养学生的成功经验,OUA 就获得了政府的支持,成功申请到联邦政府的费用援助机制资格。经过评估合格的学生也能够向联邦政府申请学费贷款从而获得政府的资金和经费支持。OUA 也是澳大利亚目前唯一一个能够为学生提供政府贷款的非大学性质的高等教育机构。

（六）日本在线教育的市场化运营经验

日本作为信息通信技术大国,其教育界对信息通信技术应用的尝试起步较早,在远程教育、在线教育等领域有丰富的理论研究与实践经验。从借助电视、广播为通信媒介的通信教育,到基于互联网技术的 Unix 网络,再到 JMOOC 联盟(Japan Massive Open Online Course),日本对在线教育技术层面的探索始终走在世界前列。[①] JMOOC 包括企业、学/协会、高校和科研院所等在内的 40 多家机构,建成了 Fisdom、Gacco、

---

①　李和中,石靖.日本在线教育:发展历程、特点、瓶颈与对我国的启示[J].社会科学家,2021(2):136-142.

OUJMOOC、OpenLearning 等四个在线教育平台。平台上课程内容丰富多样，且基本都是免费或者低价即可获取；教学模式相比之前更加丰富多样，学习之后经考核合格还可获得相关证明材料。除了教育系统持续开展的在线教育活动，日本的公共部门和企业内部等也进行了开放教育、在线教育的尝试，各类在线教育平台十分多元。除了慕课，日本高校内部还采用过小规模限制性在线课程等形式。有调查显示，除了在各大高校以此形式开展在线教育活动，还有北海道七所大学联合授课的"国立大学教育联盟"，它的特点是由成员高校在统一的双向教育平台上提供课程，成员大学的学生可以自由选课并进行学分互认等。

除了以学校为主体开展在线教育，日本政府还和学术型组织联合商业机构提供在线教育服务，如日本总务省 u-Japan 项目中的互联网市民塾；以 iPod 和 Podcast 为平台的语音教育资源；基于视频网站 Niconico 和 Youtube 等的视频课程；在线演讲视频的日本版 TEDxTokyo；知识地图 ShareWis 和初高中教育平台 Wiq-uitous 等。同时，日本也顺应世界在线教育热潮，推出多项在线教育产品与服务，如针对日本高考备考的录播软件"考试辅助（受験サプリ）"、面向职业发展的直播网校"Schoo（スクー）"等，是日本商业在线教育的典型代表，以上资源共同构成了日本多元化的商业在线教育体系。

在线教育作为日本教育领域的新兴模式，在几十年的发展进程中，其体系构成、内容呈现与获取、教育方式等有着与传统教育截然不同的方面，呈现出系统化、均等化、个性化、高效率的特点。首先，从系统的角度看，日本成人在线教育主要由学习者、教育平台、课程资源、教师及相关服务等构成，具有一定的科学性。其次，机会均等是日本实施一项教育政策的重要前提，依托于国家顶层设计，学生能均等化、灵活选择学习内容，对日本社会的教育公平起到了一定的促进作用。再次，日本学生可以在任何时间、任何地点、从任何章节开始学习任何课程，实现个性化学习。最后，日本的计算机网络的教学管理平台具有自动管理和远程互动处理功能，被应用于在线教育的教学管理中。远程学生的咨询、报名、交费、选课、查询、学籍管理、作业与考试管理等,都可以通过网络远程交互的方式高效完成。

近年来,日本在线教育的发展更多表现在学校教育之外,其中商业力量发挥了巨大的作用,市场涉及职业培训、兴趣爱好、专业技能等不同的类型。有研究显示,日本在线教育市场规模主要来源于 B2C 和 C2C 市场,约占整个教育市场的十分之一,这表明在线教育急需将政府行为与商业力量形成合力,也从侧面表明日本在线教育市场仍有很大的增长空间。

另外还有加拿大等国家,也有越来越多的学校开始制定在线教育长远发展策略与规划。这些策略和规划关注在线教育的可持续性和可扩展性,以确保在线教育的质量和学生的学习效果不断提高。[①] 主要包括以下几个方面。

1. 加强在线教育学分转换体系建设

加拿大大部分高等院校提供在线教育学分课程,而且有五分之一的学生选修学分课程。为了保证在线教育的顺利发展,加拿大不断加强在线教育学分转换体系建设,探索替代凭证,如微证书、可堆叠的学分、徽章、区块链和能力(来自基于能力的学习)。这些替代凭证可以作为传统的学位、文凭和证书之外的产品,进一步推动在线教育的发展。我国也可以借鉴加拿大的经验,从国家层面制定相关学分转换政策,推动在线教育的发展。

2. 深入推动在线教育的发展

加拿大在线教育面临着需要教师额外努力、缺乏教师专业培训以及教师对在线教育的接受度低等诸多障碍。为了克服这些障碍,加拿大采取了一系列措施,如提供教师专业发展培训、构建考核评价体系、加强基础设施与资源建设等。这些措施可以为我国在线教育的深入发展提供

---

① 方旭,铁银环.加拿大高等院校在线教育的发展及对后疫情时代我国在线教育的启示[J].黑龙江高教研究,2021,39(8):45-50.

启示和借鉴。

二、我国的治理现状

2023 年中国教育科学研究院正式向海内外发布《中国智慧教育蓝皮书(2022)》与 2022 年中国智慧教育发展指数报告。报告显示,据测算,2022 年中国智慧教育发展指数为 0.74。智慧教育发展指数报告建立了由四个一级维度、12 个二级维度构成的评价指标体系,从一级维度看,教育治理指数为 0.84,相对较高(基础环境指数、人才素养指数和教学实施指数分别为 0.73、0.72 和 0.68)。[①] 该报告涉及的领域包括基础教育、职业教育和高等教育,涵盖了成人在线教育领域。但报告没有专门针对成人在线教育领域的治理情况进行测算,因此我们需要重新思考这项工作。

2019 年,教育部、中央网信办等 11 部门曾发布《关于促进在线教育健康发展的指导意见》,提出以网管网、强化实时监测和风险预警、加强部门协同监管和行业自律等举措。治理成人网络培训最大的关键点是权责统一、过程监管、协同治理。近年来,针对成人网络培训出现的问题,不少地区在治理层面已经进行了积极探索。2022 年 11 月,湖南省长沙市人民政府办公厅印发《关于加强网络培训机构监督管理的指导意见》;2023 年 3 月,云南省人力资源和社会保障厅为规范网络职业技能培训出台 12 条管理举措。这些举措,为各地乃至国家层面进一步规范成人网络培训提供了有益借鉴。

湖南省长沙市人民政府办公厅印发的《关于加强网络培训机构监督管理的指导意见》,旨在加强对利用互联网技术在线上实施远程教学的民办教育培训机构的监督管理。文件以习近平新时代中国特色社会主义思想为指导,坚持"疏堵结合、规范为主、权责统一、协同配合"的基本

---

① 冯琪. 中国智慧教育蓝皮书发布:教育治理指数较高,教学实施指数较低[EB/OL]. (2023-02-13)[2024-04-10]. http://www.moe.gov.cn/jyb_xwfb/xw_zt/moe_357/2023/2023_zt01/mtbd/202302/t20230214_1044620.html.

原则,确保网络培训机构的规范、有序和健康发展。加强监管的重点内容有:从行业准入、主体信息公示、招生行为、授课教师、收费财务、培训合同、教学内容和信用失信等八个方面,明确加强监管的重点内容,以防止网络培训机构出现违规行为。构建常态化协同监管机制:要求落实属地监管、明确部门责任、完善工作机制,以构建常态化协同监管机制,切实保护人民群众合法权益。此外,文件中还强调了起草该文件的过程,以及文件在市政府常务会议上审议通过并得到批准的事实。①

《云南省线上职业培训规范管理十二条措施》是一份关于云南省线上职业培训规范管理的措施,主要涉及培训内容、计划审批、过程监管和审核检查等方面。在培训内容方面,这些措施强调要精准确定培训内容,以提技能、促就业、增收入为核心,以规范、提质为目标,并聚焦于云南省的 12 个重点产业发展。在计划审批方面,要求培训机构制订合理的培训计划,并经过人力资源社会保障部门的严格审批。线上培训课时比例不得超过职业标准规定总课时的 10%。在过程监管方面,这些措施要求对线上培训的时长进行监管,防止刷课行为。每个学员仅可在同一时间内使用本人账号在单台设备上完成登录学习,并需要接受防挂机检测认证。此外,还要求建立学习记录异常预警机制,对学习记录异常的班次和学员进行预警提示。在审核检查方面,要求人力资源社会保障部门建立线上培训班级数据自检自查机制,对发现异常学习的情况进行核实,并严格核对线上课时完成情况。同时,对于违规行为,会进行严肃查处,情节严重的会追究法律责任。这些措施旨在规范云南省的线上职业培训,提高培训质量,促进产业发展,同时也强调了对培训过程的监管和

---

① 长沙市人民政府办公厅. 长沙市人民政府办公厅关于加强网络培训机构监督管理的指导意见[EB/OL]. (2022-11-28)[2024-04-10]. http://www.changsha.gov.cn/szf/zfgb/2022n/2022n11y28r/202212/t20221229_10949222.html.

对违规行为的查处。①

在数字化时代,数据已成为驱动教育发展的重要资源。宁波通过构建教育数据主题库、深度挖掘数据背后的价值,进行数字技术引领下的在线教育治理,成了数字教育治理的典范城市。

宁波市构建了教育数据主题库,涵盖了学校信息库、教职工信息库和学生信息库等基础数据。这一举措基于国家有关标准和规范,结合宁波教育发展需求,归集整理教育领域数据,制定数据技术标准与管理制度。通过数据关联和交换共享,保障数据安全,并更加直观、清晰地将教育运行的基本状态进行有效呈现。

宁波市借助数据可视化技术,深度挖掘和分析全市各类教育相关数据。通过数据分析,发现问题并发现共性规律,从而有效地呈现教育运行的基本状态。同时,将 2000 多所学校信息与地理信息系统(geographic information system,GIS)相结合,进行"一张图"管理,实现数据分类统计、资源实时定位等功能,推动形成"以数据说话、用数据决策"的高质量教育治理体系。

宁波市还通过数字赋能助力教育服务改革。宁波市打造了数字教育掌上办"甬易学"应用,整合课后托管、在线学习等教育服务场景。同时,构建了教育数字化改革门户,落实分解教育数字化改革重点任务,内嵌针对社会与学校两方面的教育应用和教育公共服务系统,实现多终端、多平台的数字化教育服务体系。

在推动教育教学改革方面,宁波市也积极探索数字化路径。宁波市推广了"甬信培"校外培训机构一站式服务平台,运用区块链技术实现自主购课、付费、退费等全流程上链存证。同时,整合省市教育公共服务资源,建立终身学分互认机制,探索将平台学习成果与职业技能认定挂钩,

————————

① 云南省人力资源和社会保障厅.云南省人力资源和社会保障厅关于印发《云南省线上职业培训规范管理十二条措施》的通知[EB/OL].(2023-03-27)[2024-04-10]. http://hrss. yn. gov. cn/NewsView. aspx? nid=72&cid=1075&isZt=11.

搭建全过程积分量化驱动下的"学在宁波"全民数字学习平台,推动学习链在学校、家庭、社会之间的有效衔接。

宁波市通过数字驱动促进教育督导改革,打造了教育督导信息平台,优化完善教育督导体系。公开相关法律法规、学校详情、教育督导等信息,建立涵盖督导结果公开、问题反馈整改、问责表彰奖励的数字化督导工作流程。通过"V"字模型迭代升级的方法路径,实现教育督导资讯"一网通查"、过程治理"一网通管"、结果运用"一网共享",构建"数据多元、纵横贯通、高效协同、治理闭环"的教育督导体系。

另外还有一件里程碑式的事件:宁波市人大常委会于 2014 年 10 月 29 日通过《宁波市终身教育促进条例》。该条例是宁波市政府为了促进和规范终身教育的发展,提高市民的综合素质和文化水平,推动城市社会进步而制定的一项地方法规。该条例明确了政府在终身教育方面的职责,将终身教育工作纳入国民经济和社会发展规划,建立和完善终身教育体系,综合协调终身教育工作。这有利于政府更好地履行职责,推动终身教育的发展。该条例规定了市民享有参加终身教育活动的权利,任何单位和个人不得侵犯。这有利于保障市民接受终身教育的权利,促进市民的全面发展。该条例明确了各类学校、学术团体、行业协会等应当为市民提供多样化的终身教育服务,设立终身教育机构和信息平台,提供多样化的学习资源和课程。这有利于满足市民不断增长的学习需求,推动学习型社会的建设。宁波建立健全了终身教育评估制度,对终身教育工作进行检查和评估,对在终身教育工作中做出突出贡献的单位和个人给予表彰和奖励,很大程度上激励了各方积极参与终身教育活动,推动终身教育的持续发展。①

三、多种治理模式

国内有学者将智能治理模型比喻为人工智能教育大脑,通过海量教

---

① 宁波市人民代表大会常务委员会. 宁波市终身教育促进条例［EB/OL］.（2014-12-09）［2024-04-10］. https://flk. npc. gov. cn/detail2. html？NDAyOGFiY2M2MTI3Nzc5MzAxNjEyODBiNWMwNDRjNDQ.

育数据模型、深度学习算法以及高度计算力等智能化技术与算法的融合，实现对教育数据的科学治理。[①] 该模型遵循"数据处理—模型训练—模型测试评估—服务应用"的技术路线，将教育数据进行有效整合和处理，为教学创新和教育治理提供有力支持。

首先是智能治理模型对海量教育数据进行聚类，将大量无序、无关联的数据进行归类，便于后续的数据认知和处理。通过数据聚类，能够将相似度高的数据聚集在一起，形成不同的数据簇。其次是数据认知，通过对各个数据簇的分析和处理，进一步挖掘数据的内涵和价值。采用一些数据分析方法，如关联规则挖掘、分类预测等，通过对数据的特征、规律等进行深入分析，揭示出数据背后的信息和知识。再次是决策优化，在数据认知的基础上，通过对数据的进一步分析和挖掘，能够为教育决策提供更加科学、准确的依据。采用一些数据挖掘方法，如决策树、神经网络等，通过对数据的分类、预测等处理，得出一些有价值的结论和建议。最后是搜索挖掘和预测干预。通过搜索挖掘，能够在海量数据中找到需要的信息和资源。采用一些搜索算法和信息技术，如全文搜索、语义搜索等，通过对数据的关键词、主题等进行搜索和分析，快速找到所需的信息。预测干预则是在数据认知的基础上，通过对数据的趋势、规律等进行预测和分析，能够提前采取一些措施和策略，干预和影响事物的发展。

智能治理模型具有一定的灵活性和可扩展性，可以根据实际需求进行定制和优化，满足不同的应用场景和需求。通过将教育数据进行有效整合和处理，能够为教学创新和教育治理提供有力支持，推动成人教育数字化转型和未来发展。

多主体协同旨在通过政府、行业、学校、师生等主体，利用机器学习、学习分析、模式识别、数据中台等技术，对教育机构监督及规范、教师教

---

① 顾小清,李世瑾. 人工智能教育大脑:以数据驱动教育治理与教学创新的技术框架[J]. 中国电化教育,2021(1):80-88.

学助力及提升、教学资源整合及共享、学习行为监控及干预、信息安全预警及处理等五方面内容进行科学治理、精准治理与协同治理。

智能治理模型的核心要素包括技术、内容、主体和方式。技术方面，主要利用人工智能的相关技术，如机器学习、学习分析、模式识别、数据中台等，为在线教育治理提供数据支持和技术保障。内容方面，主要对在线教育的五个方面进行治理，包括教育机构监督及规范、教师教学助力及提升、教学资源整合及共享、学习行为监控及干预、信息安全预警及处理。主体方面，主要包括政府、行业、学校、师生等多元主体，各自发挥不同的作用，形成多中心治理模式。方式方面，主要通过科学治理、精准治理和协同治理等方式，实现在线教育治理的高效化和智能化。

具体来说，政府作为"元治理"的角色，在整个在线教育治理中起着关键作用。人工智能赋能政府治理，可以为政府提供所需的行业数据，成为政府治理工作的智能助手。通过人工智能的算法实现数据的实时采集和智能分析，可以保证政府治理的精准化；利用算法进行深度学习，并对治理对象精准画像，可以有效预测在线教育问题及其治理漏洞，提高在线教育政府治理的前瞻性。

行业方面，可以利用人工智能的技术手段，对在线教育机构进行监督和规范。例如，可以利用机器学习和模式识别等技术手段，对在线教育机构的教学质量和教学内容进行监测和评估，以确保其符合相关政策和法规的要求。

学校方面，可以利用人工智能的技术手段，助力教师教学。例如，可以利用学习分析技术，对教师的教学行为和学生的学习行为进行分析和评估，为教师提供个性化的教学建议和反馈，以提高教学质量和效果。

师生方面，可以利用人工智能的技术手段，对教学资源进行整合和共享。例如，可以利用大数据和云计算等技术手段，对教学资源进行智能匹配和推荐，以实现教学资源的优化配置和高效利用。同时，还可以利用人工智能的技术手段，对学生的学习行为进行监控和干预。例如，可以利用学习分析技术，对学生的学习进度和学习效果进行监测和评估,为学生提供个性化的学习建议和反馈,以提高学习效果和质量。

第三节　成人在线教育智慧治理的机遇与挑战

从已有研究看,国内已有不少涉及在线教育治理的研究,比如马志丽通过调查发现目前在线教育有三种模式,分别是个性化分层教学模式、翻转课堂教学模式和双师教学模式,但存在着教学质量不一、教学机构资源开发有限以及教学机构营利模式不清晰等问题。[①] 王娟等提出,在线教育的智慧治理是一种融合现代化治理价值与理念,利用智能治理技术与工具,协调不同道德与价值体系之间利益与冲突的治理方案。但该研究缺乏充分的理论推演和实践案例,对成人在线教育治理的指导性不强。[②] 谢浩等着眼于高校网络教育治理问题,构建了以政府主导、学校自治以及行业企业和社会第三方等多元主体参与的治理结构,提出质量保证制度、资历框架制度、学习成果认证制度和学分银行制度四种关键性的在线教育治理对策。[③] 但该研究仍有两方面局限:一是治理模型不一定适用于成人在线教育治理,二是缺乏区域实践案例和数据的支撑。

国外侧重对在线教育的对策和效果研究。瓦雷(Varre)等构建了一种以学习者为中心的混合在线教育模型。[④] 应用教育大数据技术,国外研究者还进行了在线教育的数据挖掘的研究。内斯特科(Nesterko)等通

---

① 马志丽.中小学校外在线教育的现状及教学模式研究[D].北京:北京邮电大学,2019.

② 王娟,赵东伟,刘法伦,等.基于数据挖掘的开放教育在线学习者学业行为分析与成绩预测[J].中国成人教育,2022(13):29-33.

③ 谢浩,许玲,李炜.新时期高校网络教育治理体系的结构与关键制度[J].中国远程教育,2021(11):22-28,57,76-77.

④ De La Varre C, Keane J, Irvin M J. Enhancing online distance education in small rural US schools: A hybrid, learner-centred model[J]. Australasian Journal of Educational Technology, 2010,18(3): 193-205.

过慕课(MOOC)对学生在线学习的记录,构建了学习结果预测模型,采用决策树分类算法对学生的学习表现进行预测。[①] 塞尔温(Selwyn)探讨了数字数据在教育领域的重要性,并呼吁教育研究者关注数字数据的社会性问题,提出构建一个批判性研究框架的初步设想。[②] 美国州立虚拟学校、加拿大在线教育、英国虚拟学校都是很好的分析案例,不过着眼成人在线教育智慧治理的篇幅尚且不足。

综合国内外的政策和文献资料,我们发现成人在线教育的智慧治理研究仍旧处在起步阶段,仍然存在很多不足。第一,关于成人在线教育智慧治理的理论研究不足,同时缺乏有效的智慧检测和评价机制。第二,研究问题过于宏观,缺乏对区域治理客体的深度观照和实证研究,很少从某个范围的学习需求、学习环境去探讨。第三,缺乏从多学科角度进行成人在线教育智慧治理。要做好这项研究,必须厘清成人在线教育智治的具体问题,从实证层面探究治理机理,多学科、多视角总结在线教育发展规律,人机协同探索治理理论转化为公共政策的路径,以造福成人在线教育发展。

成人在线教育治理随着互联网技术的发展而发展,成人在线教育已经成为一种越来越普遍的教育方式。然而,成人在线教育治理也面临诸多问题,如质量参差不齐、学生互动性差、学习效果难以评估等。后文将进一步探讨成人在线教育治理的机遇。

首先,政策支持将为成人在线教育提供更多的机会和保障。随着政府对教育行业的支持力度不断加大,成人在线教育也将获得更多的政策优惠。例如,政府可以出台更加具体的法规和政策,鼓励企业和社会力量投资成人在线教育,为其发展提供更多的支持和保障。其次,技术进

---

① Nesterko S O, Seaton D, Reich J, et al. Evaluating Geographic Data in MOOCs [EB/OL].（2013-11-05）［2024-08-02］. https://nesterko. com/files/papers/nips2013-nesterko. pdf.

② Selwyn N. Data entry: Towards the critical study of digital data and education[J]. Learning, Media and Technology, 2015, 40(1): 64-82.

步将为成人在线教育提供更多的选择和可能性。随着互联网技术的不断发展,成人在线教育将面临更多的技术手段和工具的选择。例如,虚拟现实技术可以为学生提供更加真实的学习体验,人工智能可以为学生提供更加个性化的学习路径和内容。这些技术手段将为成人在线教育提供更多的选择和可能性,同时也将提高学生的学习效果和体验。再次,市场需求将为成人在线教育提供更多的机会和发展空间。随着社会对教育的需求不断增加,成人在线教育将成为更加普及和重要的教育方式。这将为成人在线教育提供更多的市场空间和发展机遇,同时也将促进其质量的提高和技术手段的进步。最后,成人在线教育可以通过与传统的教育机构、企业和政府等合作,共同推动在线教育的发展。这将为成人在线教育提供更多的资源和支持,同时也将为其发展提供更多的机会和可能性。例如,成人在线教育机构可以与传统的高等教育机构合作,共同开发在线课程和教学资源,为学生提供更加全面和优质的学习体验。

成人在线教育治理的机遇包括政策支持、技术进步、市场需求和合作机会等方面。这些机遇将为成人在线教育的发展提供更多的选择和可能性,同时也将为其发展提供更多的支持和保障。然而,成人在线教育治理也面临一些挑战,如质量参差不齐、学生互动性差、学习效果难以评估等问题。未来,我们需要进一步加强成人在线教育的质量监管和学习效果评估,同时也需要加强学生和教师之间的互动和交流,以提高学生的学习效果和体验。

成人在线教育智慧治理的研究和实践还面临着一些挑战和问题:①在线教育智慧治理需要教育工作者具备一定的数字技术,同时也需要教育相关管理部门和技术支持部门的配合和支持;②数字化手段的维护、升级和更新需要投入人力、物力和资金;③在线教育智慧治理涉及大量的隐私信息和数据,需要采取有效的数据保护措施,确保数据安全和隐私保护;④可能导致教育资源分配更加不公平;⑤在线教育智慧治理需要适应不同的教育场景和教育需求,同时也需要评估其教学质量和效果,相关的机制体制要健全。此外,由于成人在线教育的复杂性和多样性,如何制定出更加科学、合理、有效的管理和治理措施也是一个重要的课题。

人工智能技术的介入,增强了在线教育治理的挑战性。一方面,利用智能技术辅助或替代学习者的部分学习任务时,容易陷入追求效率的"知识本位"旋涡。这意味着学习变得单维,不利于深度学习的发展和学习者创造力的发展。在人机协同学习中,人工智能等技术虽然可以分担学习者的部分学习任务,但如果过度依赖技术,就可能导致学习者缺乏深度思考和探索的机会,从而影响其创造力和综合素质的培养。另一方面,人工智能主体地位的凸显,人机协同学习时易引起学习主体争端问题。如果不明确人机分工和主辅地位,不仅会使人机协同学习效果大打折扣,还会引发一系列教育伦理问题。例如,在人机协同学习中,如果人工智能等技术过于主导学习过程,就可能导致学习者失去主动性和自主性,从而变成被动的学习者。此外,如果人工智能等技术存在偏见或错误,也可能会对学习者造成不良影响。

随着技术的不断进步和应用,成人在线教育也将呈现出更加多元化、智能化和个性化的趋势,我们需要深入开展研究,以厘清其中的脉络,找到治理的路径。

第四章　成人在线教育智慧治理模型构建

　　成人在线教育智慧治理是构建高质量数字教育生态的必由之路。以往的文献主要关注单一因素的净效应，但是实际的治理不依赖于单一条件，而是依赖于人员素养、技术支持、环境条件和服务生态等因素的相互作用。本章通过对成人在线教育治理相关方的模糊定性比较分析，从组态视角探究影响治理效果的多重并发因素及其作用路径。本章提到，无论是高水平的治理程度还是低水平的治理程度，都可以通过不同的前提配置来实现，其中技术不确定性、人员素养、环境条件和服务生态效应显著，共同促进成人在线教育的智慧治理。本章通过阐释影响成人在线教育智慧治理的多维因素及其复杂作用路径，丰富了成人在线教育治理模型，并且为多元主体治理提供启示。也为后文进一步探索关键因素指明方向。

第一节　核心要素

　　综合分析相关政策文献、理论研究及行业实践，在数字化背景下，成人在线教育治理以新兴技术为主要手段和工具，以数据为驱动力，将数字化技术和思维融合应用于在线教育治理全领域、全过程,通过构建一体化的管理与服务平台,强化数据挖掘、分析、评价与管理,实现在线教育治理结构重塑,推动在线教育管理服务流程再造,健全在线教育监测评价体系,提升在线教育决策、执行、监测、评价、服务、安全等方面的数字化、智能化水平,促进在线教育治理科学、高效、公平、有序。其核心要素是在线教育工作者真正实现数字化转型,并且利用智能技术提升在线教育治理效能,构建数据驱动教育决策科学化、教育管理精准化和教育服务便捷化的环境,助力形成数字化、智能化的新型教育服务生态,以数字化引领和支撑在线教育治理体系和治理能力现代化。

一、人员素养

作为智慧治理的核心要素,从业人员的数字化素养是智慧治理保驾护航的核心保障。成人在线教育智慧治理对从业人员提出较高要求,希望其发展成为数字治理人才。数字治理人才需要掌握现代信息技术,具备数据分析、人工智能、云计算等专业技能,同时能够理解并应用现代治理理念,参与社会治理实践。《中共中央关于制定国民经济和社会发展第十四个五年规划和二〇三五年远景目标的建议》提出,要加强数字社会、数字政府建设,提升公共服务、社会治理等的数字化、智能化水平。习近平总书记强调,"教育、科技、人才是全面建设社会主义现代化国家的基础性、战略性支撑"。[①] 推进数字中国建设需要高技能人才队伍保障。数字治理人才需要具备扎实的数字技术基础,包括编程、数据分析、网络安全等方面的技能。他们还需要具备丰富的治理知识,了解政策制定、公共管理、社会服务等领域的理论与实践,具备良好的沟通协作能力、创新思维和解决问题的能力。为此,要想推动成人在线教育智慧治理的变革与创新,亟须加强对人员的数字技能培养和数字治理的人才队

---

① 习近平. 习近平:高举中国特色社会主义伟大旗帜　为全面建设社会主义现代化国家而团结奋斗——在中国共产党第二十次全国代表大会上的报告[EB/OL]. (2022-10-16) [2024-08-12]. https://www.gov.cn/xinwen/2022/10/25/content_5721685.htm.

伍建设,并搭建人才交流平台,健全人才发展治理体系,用人才发展治理现代化带动在线教育治理现代化,实现数字治理人才的内培外引,增强数字治理人才的责任感、使命感、积极性和创造性,为在线教育智慧治理贡献力量。

二、数字基座

成人在线教育智慧治理需要在教育数字基座上,充分、合理地利用人工智能、大数据、云计算、区块链等智能技术,全面赋能教育治理理念、空间、方式、流程、工具等的数字转型和智能升级。

教育数字基座作为教育数字化转型的一号工程。[①] 涉及跨区域身份认证、学校物联设备接入、教育主客体关系、多元异构数据融合、教育系统数据打通、业务协同和应用拓展等一系列与标准相关的问题。面对这项复杂的工程,需要统筹考虑基座建设过程中的各要素,制定相匹配的标准,并从宏观层面整体把控,形成内在协调的标准体系。教育数字基座的标准体系形成后,将有效促进资源、应用和服务的有序共享。[②] 减少各业务系统对接代价,提升多方协同工作效率,对保障教育数字基座的高质量建设、可持续发展具有重要意义。2021年8月,教育部批复同意上海成为教育数字化转型试点区。为此,上海市教委专门成立了教育数字化转型标准委员会,从数据、接口、服务、安全设备、通信、应用、业务等方面对教育数字基座的各项建设标准进行明确规定,是国内探索构建基座标准体系的首次实践。后续,标准委员会计划补充完善教育应用相关标准,增加区市两级管理平台建设标准和更多的教育数据相关标准,最终形成完整的教育数字基座标准体系,为区域、学校、企业共同推进教育数字基座建设提供指引。

---

① 张治,戴蕴秋.基于"教育大脑"的智能治理:上海宝山区教育数字化转型实践探索[J].中国教育信息化,2022,28(6):64-69.
② 吴砥,王杨春晓,彭娴.教育信息化标准研究综述[J].电化教育研究,2019,40(1):45-51,76.

三、数字教育资源供给

数字教育资源供给也是重要一环,它是指供给主体通过一定的供给机制向需求方提供数字教育资源,从而满足当前需求并创造新需求的过程。[①] 我国现有的数字教育资源供给模式主要有政府供给、市场供给、公益供给和自我供给四种。随着数字技术与教育融合的日益深入,数字教育资源的供给水平在现实层面决定了数字化治理水平,在驱动教育数字化转型的众多要素中,数字教育资源是教育数字化治理的重要力量和核心动能,加强数字教育资源有效供给、创新数字教育资源供给模式、健全数字教育资源共建共享机制,可为教育教学创新提供丰富的资源保障,从而支持教育全方位转型升级和创新发展。当前,我国成人教育数字资源的建设与应用仍然存在众多不可忽视的问题,相对于国家教育数字化转型的要求还存在很大差距。一是不同的数字教育资源供给机制未形成合力,导致资源低水平重复建设,优质资源总量不足,质量参差不齐。二是缺乏数字教育资源共享机制,优质的成人数字教育资源共享程度较低,导致城乡之间、学校之间数字教育资源鸿沟进一步扩大。三是资源提供者和用户之间缺乏有效的沟通途径,导致数字教育资源内容适需性不高,供需不匹配成为资源供给结构最突出的问题。四是智能技术应用深度不够,导致数字教育资源服务质量不高,存在资源获取引导方式不清晰、资源个性化智能推荐不足、内容合规性难以保证等服务问题。为了解决上述问题,需要在云计算、大数据等新一代信息技术的支撑下,建设多层级成人数字教育资源公共服务体系、开放性数字教育资源市场供给体系、校本化数字教育资源学校供给体系,三者协同发展形成合力,实现汇聚优质资源、提升资源供给能力的目标。

四、智能技术

智能技术支撑体系涉及完整在线教学流程以及教、学、评各个方面,

---

① 陈明选,冯雪晴.我国数字教育资源供给现状与优化策略[J].电化教育研究,2020,41(6):46-52.

从而创新教育教学方法，推动教学形态智能升级。一是智能化教学，以数据驱动大规模因材施教为核心，通过教师、学生与技术的全面协同，推动教学数据的积累、互通、处理和分析，动态响应学生的个性化学习需求，从而推动教学活动的高效、高质量开展。在各项技术的支持下，结合不同类型的教学需要，精准教学、互动教学、混合式教学等教学模式不断涌现。二是智能化学习，成人在线教育强调以学生自学为中心，依托技术构建数字化学习空间，学生可以根据自身学习特点和进程安排自主学习或合作学习，借助数字化学习空间开展沉浸式学习、泛在学习等，为实现"大规模个性化学习"提供动能，从而创建高质量的个性化终身学习体系。三是智能化教学评价，表现为利用智能技术对大规模教学数据和信息进行自动化的处理、融合、加工、优化和整改，将教学评价从主观经验认定转向客观数据认证，重构教育评价机制。

五、环境条件

成人在线教育智慧治理的环境条件是一个多维且不断发展的领域，旨在确保成人在线教育的质量、安全和公平。政府通常会制定一系列政策和规定，要求在线教育平台和服务提供者达到一定的资质标准，以确保其能够提供高质量的教育内容和服务，包括对教师资格、教学内容、教学方法等方面的认证和审核。政府强调对在线教育质量的严格监管，确保教学内容的科学性和准确性，以及防止过度商业化和"应试化"倾向；还会经常关注在线教育中消费者的权益保护、防止不正当竞争等问题。教育部等部门发布的《关于促进在线教育健康发展的指导意见》以及《关于加强普通高等学校在线开放课程教学管理的若干意见》都在不同程度上指导了在线教育的良性发展。当前，智慧治理对政府的数字化水平提出了更高的要求。例如，政府在采集和分析海量数据的基础上，主动感知在线教育市场运行状态，提前预测和防范在线教育可能出现的问题与风险。由于在线教育涉及大量的用户隐私信息和学习数据，政府还需要求在线教育平台严格遵守数据保护和隐私安全规定。尽管各级政府都在积极寻求数字化转型，但是教育治理主要集中在传统线下教育领域，有关在线教育的数字化改革仍有很大的进步空间。[①] 除了政策环境,法律法规、行业规范等同样发挥重要作用,共同实现在线教育的智慧治理。成人在线教育的跨地域性、交互性、灵活性和个性化的特点,使其立法难度较大。尽管如此,一些国家已经取得了一定的进展。例如,美国、英国、澳大利亚等国家通过制定相关的法律、法规,逐步完善成人在线教育的立法。此外,一些国际组织如联合国教科文组织等也在积极推动全球范围内的成人在线教育立法工作。

六、服务生态

成人在线教育智慧治理是一个复杂的系统工程,应在正确把握其目标价值、内涵特征的基础上,构建在线教育服务生态。相对于纳入国家计划内招生的全日制高校而言,成人在线教育的市场化程度更高,在线教育机构的生存压力更大。尤其是随着高等教育的大众化以及教育作为一种服务的观念逐渐深入人心,在线教育机构更迫切地需要从学生的视角审视自身提供的教育服务质量,并从质量提升的过程中获取长期的竞争优势。有研究者认为,服务质量包括交互质量、环境质量和结果质量等三个维度。交互质量指员工与顾客的交流以及服务交换中的关键因素,包括员工的态度、行为和专业性等三个子维度;环境质量指服务环境,包括环境(如室内温度、背景音乐等)、空间设计(如布局、风格、实用性和美感等)和社会因素(如顾客数量、顾客类型和顾客行为等);结果质量是指服务结束后留给顾客的服务产品,包括等待时间、有形性和情感结果等。[②] 在构建服务生态时,需要注重各组成要素之间的协同和互动。通过打通各个环节,实现资源的共享和优化配置,提高在线教育服务的整体效能和竞争力。

---

① 王娟,郑浩,李巍,等.智能时代的在线教育治理:内涵、困境与突破[J].电化教育研究,2021,42(7):54-60.

② Brady M K, Cronin J J. Some new thoughts on conceptualizing perceived service quality：A hierarchical approach[J]. Journal of Marketing, 2001, 65(3)：34-49.

第二节 模型构建

一、研究框架

从上一节内容看,智慧治理影响因素可分为数字基座、智能技术、数字教育资源供给、环境条件、人员素养、服务生态等,总的可以归纳为技术支持(包含数字基座、智能技术、数字教育资源供给等)、政策环境、人员素养以及服务生态。在此基础上,结合第二章的理论基础和第三章的实践现状,本书从组态视角探究影响成人在线教育智慧治理的多重并发因素和作用路径,研究框架如图 4-1 所示。

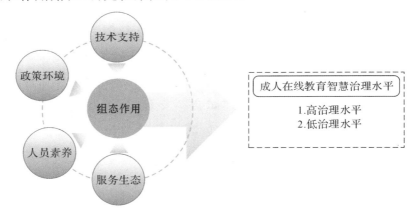

图 4-1 成人在线教育智慧治理研究框架

二、研究对象

成人在线教育智慧治理是一个复杂的系统工程,应在正确把握其目标价值、内涵特征的基础上,具体从国家、区域、机构三类对象入手。国家层面的成人在线教育智慧治理强调统筹性和整体性,从方针政策、宏观规划、法规制度、标准规范等方面进行顶层设计与前瞻谋划,统筹推进国家教育管理公共服务平台的一体化建设和数字化转型。区域层面的成人在线教育智慧治理在贯彻国家层面整体战略布局基础上,在区域教育数据治理、区域教育管理服务、区域教育质量评估监测、区域教育督导等具体区域教育治理场景,创新建立多样灵活且有区域特色的教育数字化治理实践路径。机构(学校为主)层面的智慧治理是推进区域和国家教育数字化治理的基础,有助于推动机构管理方式、评价机制、育人模式等系统性变革,具体实践场景包括机构管理、专业(课程)治理、教师治理、学生治理、协同育人等。①

　　本书面向不同类别的案例,提炼出治理要素,三类对象所采取的研究方法也不同,如表 4-1 所示。

表 4-1　典型案例及其治理要素

类别	案例编号	案例名称	治理要素
国家	G1	美国的网络教育质量国家标准	标准体系、课程设计、师资队伍、评价体系
	G2	俄罗斯的现代数字教育环境建设项目	在线教育平台、质量评估机制、学习机构管理
	G3	英国"释放教育中的技术潜能"	数字基础设施建设、师资队伍培养、数据隐私保护
	G4	德国高校在线教学联盟	资源共享机制、多重教育形式、严格评审体制、政府和基金会支持
	G5	澳大利亚远程高等教育公共服务体系	与大学的合作机制、对课程资源管理、对学生服务
	G6	日本在线教育的市场化运营模式	在线教育市场化、系统化、均等化、个性化、便捷化的特点
区域	Q1	江苏苏州教育质量监测中心项目	教育质量监测、数字采集、数据分析、可视化数据呈现
	Q2	上海浦东新区教育督导事务部项目	在线调查与智能分析、可视化归类、智能化诊断和自评
	Q3	重庆两江新区智慧教育云平台管理服务	教育大数据能力平台、数字应用提升管理效能、数字资源供给、智能分析预警

---

①　刘尧.人工智能视域下现代教育治理的赋能与重塑[J].教学与管理,2021(18):28-30.

续表

类别	案例编号	案例名称	治理要素
区域	Q4	江西吉安 AI 赋能心理健康监测	多终端系统、心理图谱、多级测评、大数据预警
	Q5	台湾地区的空中大学体系	在线教育平台、服务质量监测体系、人员数字化转型
学校/机构	X1	中国大学慕课项目	大规模在线开放课程、学习支持服务体系、大数据分析策略
	X2	武汉大学开放教育资源库项目	开放教育资源、数字化服务
	X3	国家开放大学办学体系	两级统筹多级办学、数字化转型、质量监测与分析、全流程多元化学习支持服务
	X4	河南职业技术学院乡村教育项目	"智技双扶强赋能""三融四建促一通"乡村教育
	X5	山东建筑大学数字课程资源项目	数字课程资源建设,数字化转型,办学和管理智慧化
	X6	中南财经政法大学混合式教学项目	数字化转型升级,课程教学均采用线上＋线下相结合的模式
	X7	浙江开放大学终身教育体系	浙江学习网、在线开放课程共享平台、终身学习公共服务平台
	X8	宁波市慈溪成人学校职业服务项目	成人职业教育、终身学习服务、数字赋能教育
	X9	中公教育成人在线教育项目	项目资质、项目管理、项目服务质量
	X10	东奥会计在线教育项目	项目宣传、课程质量、服务管理
	X11	方圆众合在线教育项目	师资队伍、课程管理、服务管理
	X12	厚大法考项目	项目管理、课程质量、服务质量

在数据获取上,主要通过二手资料进行数据搜集,来源包括:政府机关的政策文件、各区县市教育平台的公开信息、学校公开发布的新闻报道以及相关学术组织的研究报告、国家级媒体的新闻报道等,共计搜集各类文献资料200余份。国家层面的案例已经在本书第三章有过详细介绍,本书主要从区域和机构两个层面的 17 个案例出发开展研究,探究成

人在线教育高治理水平和低治理水平的条件组态。

三、数据分析方法

本书采用定性比较分析方法(QCA),该方法使用布尔代数和布尔最小化算法来捕捉多重连接因果关系的模式,并以逻辑和整体的方式简化复杂的数据结构。QCA 分成四种类型,其中基于连续型变量的模糊集定性比较分析法(fsQCA)通过将模糊集和模糊逻辑与 QCA 原理相结合,突破了将案例强制归类的局限,增强方法适用性和可操作性。[①] fsQCA 适用于理论构建、阐述和测试,可以基于理论或先前发现,探索影响给定结果的所有可能解或者测试特定的模型和关系。

与传统分析方法相比,fsQCA 有独特的优势。fsQCA 使用定性和定量方法评估并计算案例隶属集合的程度,获取产生结果的充分条件组合,从而在定性和定量方法之间建立一座桥梁。fsQCA 使用校准步骤将不同类型的数据转换到[0,1]范围。校准在自然科学中很常见,它可以用来满足定性研究人员解释相关和无关的变化,以及定量研究人员在精确地将案例相对于另一个案例放置时的需求。fsQCA 适合解决传统定量研究中的局限。

fsQCA 主要基于复杂性理论和组态理论的等效性原理(equifinality)。许多因素可以影响成人在线学习智慧治理,一般来说,这些因素的不同组合,以及同一因素的不同层次,都可以解释它们的治理水平。这意味着并非所有因素(或前因)都需要用来解释治理情况,其中一些因素结合在一起可能就能够充分解释治理水平高的原因。

使用 fsQCA 进行数据分析时,可以得到自变量的组合,其中也包括不具备显著性影响的变量。fsQCA 将样本分解为多个子集,从而检查多个条件组合。每个组态只代表样本的一个子集,而异常值只会出现在一些可能的解中。因此,fsQCA 对异常值不敏感,样本的代表性不会影响

---

① 杜运周,贾良定.组态视角与定性比较分析(QCA):管理学研究的一条新道路[J].管理世界,2017(6):155-167.

到所有的解,这使得它比 VBA(visual basic for applications)更稳健。在使用 fsQCA 之前对反向案例(contrariancases)进行测试,并检查样本的分布情况,有助于确定异常值,而现有研究通常忽略反向案例分析。在国内教育技术专家陈向东等看来,该方法具有理论依赖、因果多重并发、集合论表述、因果非对称等特点,适合于教育领域的因果机制探索和教育实践的理论构建。[①] 因此本书采用 fsQCA 来分析数据。

四、变量测量与校准

(一)变量测量

目前还没有成人在线教育智慧治理标准体系出台。本书结合数字成熟度评估模型和智慧教育发展评价指标体系,从文化、组织、技术和洞察力四个维度衡量成人在线教育智慧治理程度。具体而言,文化维度考察成人在线教育智慧治理中战略和愿景设计方面的表现;组织维度评估成人在线教育工作者的数字素养、促进内部合作方面的努力;技术维度评估技术开发、应用和产出的情况;洞察力维度分析治理过程中的评估和反馈机制。本书编制了 20 个测评题目,每个维度包含五个条目。这些问题的评分分为五个等级(1=完全不同意;2=部分不同意;3=一般;4=部分同意;5=完全同意)。

本书条件变量的评估指标主要参考《在线教育治理研究》和《中国非学科类 K12 在线教育的治理路径》两本著作,同时借鉴教育技术专家提出的在线教育治理框架。本书将成人在线教育智慧治理的政策环境设计成国家或区域政府的政策引领、相关法律法规以及条例的规范、行业企业的规章制度、市场等治理主体的作用。本书关注在线教育的技术支持方面,包括了解成人学习者的学习需求、智能推送有价值的学习资源、智能诊断学习者的问题并给予学习指导、全方位管理学习者的学习进度等。在人员素养方面,本书关注成人在线教育工作者的数字化转型、实

---

① 陈向东,杨德全.组态视角下的教育研究新路径:质性比较分析(QCA)及在教育技术中的应用分析[J].远程教育杂志,2020,38(1):28-37.

际使用数字技术实施教学的情况、主动发现教学中的问题并解决、与智能机器协同工作的能力等。在服务生态方面,本书重视在线教育的服务质量和用户体验,用户行为数据和信息安全检查,在线教育机构的资质认定以及运行过程的监督检查,等等。

本书将以上评估维度和测量指标转化为可被理解的测量题项,采用李克特五级量表设计了结构化问卷,得分 1—5 分别对应该指标从"未实现"到"完全实现"。为保证评分结果的准确性与一致性,本书邀请了五位领域专业人员独立评分,与其充分沟通测评维度和指标的含义。在搜集数据前进行了一次预评分,一致性系数达 90% 以上,确保了评分的可靠性。本书最终选择了五位专家打分分数的平均值作为各维度变量的分析数据。

(二)变量校准

数据校准是使用 fsQCA 开展因果分析前的一项重要步骤,旨在将案例原始数据转换为集合隶属度。由于政策环境、技术支持、人员素养、服务生态和治理程度均为连续变量,因此采用模糊集校准方法。这种校准方法使变量能够表示案例从"完全隶属"到"完全不隶属"的整个隶属度范围。模糊集隶属度分数的校准必须基于理论知识和经验证据。在综合分析数字转换的理论知识和实践背景后,本书采用的校准方法基于样本最大值、平均值(或中位数)和最小值进行比例锚定。

三个锚点(完全隶属、交叉点和完全不隶属)依赖于样本的最大值、平均值和最小值。例如,本书校准了最大观测值(3.429),用于高水平治理程度的"完全隶属"集合;校准了最小观测值(2.804),用于"完全隶属"集合,交点为 3.143。为了避免最大模糊点(0.5)的理论困难,本书根据已建立的实践添加了一个小常数 0.001。按照同样的原则,本书为每个变量指定了三个基准(见表 4-2),并将它们校准到相应的模糊集。

表 4-2　变量校准

变量类型	条件和结果	模糊集校准锚点			描述性统计			
		完全隶属	交叉点	完全不隶属	均值	标准差	最大值	最小值
条件	技术支持	3.50	3.83	4.17	3.87	0.43	4.83	2.84
	政策环境	3.44	3.89	4.33	3.85	0.61	4.89	2.23
	人员素养	3.44	3.67	4.00	3.70	0.51	4.44	2.33
	服务生态	3.50	3.67	4.00	3.73	0.47	4.67	2.66
结果	治理水平	3.36	3.75	3.94	3.66	0.41	4.39	2.58

五、必要条件分析

在进行特定的路径分析之前,需要检查"是否任何单个条件都是有用的"。也就是说,该条件总在结果存在时出现,相反,没有该条件就没法产生结果。开展成人在线教育智慧治理路径分析之前,需检查是否有任何变量对结果来说是必要的。有研究指出[①],如果一致性系数高于0.9,则先行条件一般可视为结果的必要条件。表 4-3 给出了这一分析的结果,在智慧治理水平高和低的背景下,所有条件的一致性系数都低于0.9,表明任何单一因素均非影响成人在线教育智慧治理的必要条件,可以进一步分析这些因素的组态关系。

表 4-3　必要条件分析

条件变量		高治理水平		低治理水平	
		一致性	覆盖度	一致性	覆盖度
技术支持	好	0.87	0.78	0.37	0.35
	不好	0.28	0.30	0.77	0.86
政策环境	好	0.88	0.87	0.26	0.26
	不好	0.26	0.25	0.88	0.87

---

① 程建青,刘秋辰,杜运周.创业生态系统与国家创业成长愿望:基于 NCA 与 fsQCA 方法的混合研究[J].科学学与科学技术管理,2023,44(3):80-97.

续表

条件变量		高治理水平		低治理水平	
		一致性	覆盖度	一致性	覆盖度
人员素养	好	0.89	0.82	0.32	0.30
	不好	0.24	0.26	0.81	0.88
服务生态	好	0.87	0.85	0.27	0.27
	不好	0.25	0.24	0.86	0.87

六、条件组态分析

本书使用 fsQCA3.0 软件对标准化数据进行分析。根据已建立的研究,本书使用最小案例频率基准≥1 和原始一致性基准≥0.8 进行了充分性分析,PRI 一致性阈值设定为 0.75。分析 fsQCA 结果得到三类解,分别是简约解、中间解和复杂解。确定在简约解与中间解出现的条件是核心条件,只在中间解出现的条件为边缘条件。[①] 利用这些综合标准,本书得到了满足要求的真值表,并通过运行数据得到了配置路径,同时对治理水平组态进行分析命名。结果如表 4-4 所示。

表 4-4　条件组态分析

条件变量	高治理水平(H)				低治理水平(L)	
	$H_{1\text{-}1}$	$H_{1\text{-}2}$	$H_{1\text{-}3}$	H_2	L_1	L_2
技术支持		●	⊗	⬤	⊗	●
政策环境	●	●	⊗	⬤		⊗
人员素养	⬤	⬤	⬤		⊗	⊗
服务生态	⬤	⬤	⬤		⊗	⊗
一致性	1	0.934	1	0.965	0.985	0.984
原始覆盖度	0.209	0.598	0.095	0.089	0.620	0.602
唯一覆盖度	0.062	0.453	0.044	0.041	0.107	0.081

---

① 程建青,罗瑾琏,杜运周,等.制度环境与心理认知何时激活创业?——一个基于 QCA 方法的研究[J].科学学与科学技术管理,2019,40(2):114-131.

续表

条件变量	高治理水平(H)				低治理水平(L)	
	$H_{1\text{-}1}$	$H_{1\text{-}2}$	$H_{1\text{-}3}$	H_2	L_1	L_2
总的一致性	0.940				0.942	
总的覆盖度	0.761				0.781	

注：●=核心条件存在；⊗=核心条件不存在；●=边缘条件存在；⊗=边缘条件缺失；空白代表条件可存在也可不存在。

（一）高治理水平的条件组态

数据分析结果显示，有四个组态（$H_{1\text{-}1}$、$H_{1\text{-}2}$、$H_{1\text{-}3}$和H_2）实现高水平的成人在线教育智慧治理，总体一致性为0.940，高于0.8的一致性要求，解的可靠性较高。依据核心条件，$H_{1\text{-}1}$、$H_{1\text{-}2}$、$H_{1\text{-}3}$为二阶等价组态，可以归为一类；H_2可以归为另外一类。参照组态命名要点[①]，本书将两个组态分别命名为"人员素养和服务生态兼顾型"和"技术支持与政策环境主导型"。通过对比高水平的智慧治理组态，组态$H_{1\text{-}2}$解释结果的变量的比例远远高于其他组态，表明教师等人员素养高、服务生态好，并且具备技术和政策环境支持的案例更有可能实现高水平治理的结果。

在人员素养和服务生态兼顾型中，$H_{1\text{-}1}$表示好的人员素养×好的服务生态×好的政策环境，其中人员素养和服务生态为核心条件，政策环境为边缘条件，技术支持无明显影响。该路径的原始覆盖度为0.209，对应的案例为X4乡村教育项目。$H_{1\text{-}2}$表示好的人员素养×好的服务生态×好的技术支持×好的政策环境，其中人员素养和服务生态为核心条件，技术支持和政策环境为边缘条件，其原始覆盖度为0.598，对应的案例为Q1、X2等大多数调查项目。四个条件同时趋向好，则更加容易实现成人在线教育的智慧治理。$H_{1\text{-}3}$表示好的人员素养×好的服务生态×低的技术支持×差的政策环境，说明在技术支持与政策环境相对缺乏的情况下，如果有好的在线教育人员素养和好的服务生态条件，也能够实现

---

① 杜运周，贾良定.组态视角与定性比较分析（QCA）：管理学研究的一条新道路[J].管理世界，2017(6)：155-167.

高水平的治理目标,其原始覆盖度为 0.095,对应的案例为 Q5 和 X8。至于人员素养和服务生态兼顾型内部有哪些因素发挥作用,或者说成人在线教育人员(主要是教师)需要哪些关键素养,在线教育服务生态需要关注哪些重要的点,都需要专门研究。本书会在第五章、第六章中揭示其中的奥秘。

技术支持与政策环境主导型 H_2 表示在好的技术支持与好的政策环境下,就算人员素养和服务生态没那么好,面上的治理效果还是好的。该路径的覆盖率是 0.089,典型的案例是 X1 中国大学慕课项目。该项目是一个在线教育平台,提供了来自中国各大学的高质量线上课程,旨在利用互联网技术打破传统教育的地域和时间限制,让更多的人能够接触到优质的教育资源,但是平台上的辍学率普遍较高,许多学习者在选择课程后无法坚持完成,抛开学习者因素,可以从平台人员素养和服务生态角度找原因。

（二）低治理水平的条件组态

低治理效果的两个组态是 L_1 跟 L_2,总体一致性是 0.942,高于 0.8 的一致性要求,具有较高的解释度。其中 L_1 表示技术支持、人员素养和服务生态都不佳,人员素养和服务生态为核心条件,技术支持为边缘条件。L_2 则表示政策环境、人员素养和服务生态都不佳,但技术支持相对好。两个组态对应的案例为 X9—X12,多数为成人培训机构。比如 X9 为中公教育成人在线教育项目,据报道,其不按承诺退费,多个地区的分支机构已经深陷学员退费风波。再比如 X10 为东奥会计在线教育项目,其因宣传与实际不符、课程含金量低而被学习者举报和投诉。当在线教育人员素养和服务生态都达不到好标准的时候,无论技术支持、政策条件如何,都不利于实现高治理效果的目标,容易引发种种乱象。需要指出的是,低水平治理路径并非高水平治理路径的对立面,相关条件存在非对称性,比如好的技术支持在"好的人员素养＋好的服务生态"下面能够提升智慧治理水平,但是好的技术支持在不佳的人员素养和服务生态下面反而会降低智慧治理水平。

七、稳健性检验

本书采用的方法包括调整校准阈值、改变一致性阈值、增加或删除案例、改变频率阈值以及增加其他条件。本书参考上述方法,以构型的集合关系和拟合差作为判断标准。首先,本书将一致性阈值从 0.8 降到 0.75,发现仍然支持 H_{1-1}、H_{1-2}、H_{1-3}、H_2 这四种类型。整体一致性略有下降,整体覆盖率略有增加。然后,随机选取两例病例并移除。解决方案仍然是相似的,这表明研究结果仍然是稳健的。

第三节 研究讨论

一、人员高素养和服务高质量是高水平治理的关键

成人在线教育领域,高水平治理的实现尤为依赖于人员的高素养和服务的高质量。这两个要素不仅是推动行业发展的核心动力,更是确保学习者获得优质教育体验的关键。

高素养人员对于成人在线教育领域至关重要。这里的"高素养"不仅体现在教育者的专业知识和技能上,更要求他们具备深厚的教育情怀、良好的职业道德和不断学习的精神。一个高素质的在线教育团队,能够深刻理解成人学习者的需求和特点,为他们量身定制个性化的学习方案,提供及时、有效的学习支持。同时,他们还能够积极面对行业变革,不断更新教育观念,引领行业向更高水平发展。

服务高质量是成人在线教育领域高水平治理的显著标志。优质的服务意味着在线教育平台要始终关注学习者的学习体验和成长发展。这要求平台不仅要提供丰富、优质的教育资源,还要建立完善的学习支持体系,为学习者提供全方位、个性化的服务。通过优化学习流程、提高服务质量、增强服务响应速度,确保学习者能够在轻松愉悦的氛围中高效学习,实现个人价值的提升。

案例 X3 和案例 X7 都是成人在线教育智慧治理方面的杰出代表。开放大学采用两级统筹(国家开放大学和各省级开放大学)、多级办学(按照国家、省、市、县分级)体系,形成"全国一盘棋"的一体化办学格局,其业务指导关系明确,分工协作,共同承担人才培养的任务。开放大学一直以来强调培养高质量的教师队伍,提出一揽子方案:一是做好教师队伍建设规划,提升教师数字素养,提高教师的线上线下教学能力、资源建设与学习支持服务能力;二是加强骨干教师队伍建设,鼓励在教育教学改革和学科前沿的创新性研究;三是加大高层次人才引进力度,优化高层次人才引进机制,引进一些人才急缺领域的国际知名专家,践行"因需施教"理念;四是完善教学团队运行机制,确保分级教学无缝衔接、有机融合,确保教学实施扎实有效。学校非常重视学习支持服务,一是深入认识和研究学生的特点,突出课程和资源的有用易学,以学生学习行为为主线,进行程序化与选择性并行的任务驱动性学习,满足学生自主学习需要,着力激发并保持学生的学习动机,提高学生的学习能力和学习效果;二是提供多层次、多形式和多类型的学习支持服务,包括全程提供多元的实时和非实时、人工和机器的学习支持服务,满足学生的学习需求,为自适应学习和个性化学习创造条件。当然,人员高素养和服务高质量的相关要素还需进一步挖掘,本书的第五章和第六章将重点研究。

二、良好的政策环境和技术支持助推高水平治理

良好的政策环境是成人在线教育健康、稳定发展的基础。政策环境的优化包括制定符合在线教育特点的法律法规,明确在线教育平台的运营规范和标准,保护学习者的合法权益,以及为在线教育企业提供必要的政策扶持和税收优惠等。在这样的政策环境下,成人在线教育平台可以更加专注于教学内容和教学方法的创新,提升教育服务质量,满足学习者的多样化需求。

技术支持是提升成人在线教育智慧治理水平的关键。随着信息技术的不断发展,云计算、大数据、人工智能等先进技术被广泛应用于在线教育领域,为提升治理效果提供了有力支撑。通过技术手段,可以实现

教育资源的优化配置,提高学习过程的个性化程度,优化学习体验和效果。同时,技术支持还可以帮助在线教育平台建立高效的管理和监督机制,确保教育服务的规范性和质量。

案例 X1 是中国大学慕课项目,它由直属于教育部的高等教育出版社旗下的公司"爱课程网"与网易云课堂联合推出的,承担国家精品开放课程项目的视频公开课和资源共享课的建设任务。良好的政策环境与知名互联网公司的强大技术支持,让该项目成为国内"开课高校和课程数量上均遥遥领先"的平台。[①] 有统计显示,大量的成人学习者在该网站学习,他们提出"让每一个有提升愿望的用户能够学到中国知名高校的课程,并获得认证"。

三、构建成人在线教育智慧治理的多要素协同机制

人员素养、服务质量、政策环境和技术支持四个要素应相互支持、相互促进,形成联动效应,共同推动成人在线教育智慧治理的发展。人员与技术相结合,提升从业人员的素养以适应数字化转型需要,为学习者提供更优质的服务。政策与技术协同,政策环境应鼓励技术创新和应用,同时技术支持也应符合政策要求,确保在线教育在合法、合规的轨道上发展。在优化服务流程的同时,还应该注重提升服务质量,确保学习者获得良好的学习体验。

不论是案例 Q1—Q3 还是 X2,它们都立足于人员高素养和服务高质量,同时发挥政策环境优势,积极运用智能技术提升成人在线学习效果。案例 Q5 和案例 X8 在确保人员和服务高水平条件下,相比较其他案例,虽然存在政策环境和技术支持的短板,但是依旧实现了高水平治理的目标。案例 X9—X12 在调查中发现人员和服务的问题,但是它们曾经取得过良好的成绩,也给成人学习者留下良好口碑,希望它们能够协同推进治理要素,重新为广大成人学习者提供优质服务。

---

① 吴锦辉.我国主要慕课(MOOC)平台对比分析[J].高校图书馆工作,2015,35(1):11-14,40.

第五章　成人教育教师数字化转型胜任力研究

　　第四章提出成人教育人员高素养是高水平治理的关键。近年来,联合国教科文组织、国际电信联盟和联合国儿童基金会联合发布了《教育数字化转型:学校联通,学生赋能》(The Digital Transformaton of Education:Connecting Schools,Empowering Learners),关注教育的数字化连通。欧盟发布了《数字教育行动计划(2021—2027 年)》(Digital Educatoin Action Plan 2021—2027),提出"发展高绩效数字教育生态系统"和"提高数字化转型的数字技能和能力"两大战略及十三项行动计划。我国颁布的《中国教育现代化 2035》等一系列政策文件,以及 2022 年全国教育工作会议提出的实施教育数字化战略行动,都体现了教育者数字化转型势在必行。教师作为成人教育的关键要素,亟须从符合数字时代发展的现实需求出发,发展教师综合性和竞争性的数字素养,胜任成人教育数字化转型。

　　然而,成人教育教师存在四方面的数字化转型困境。第一,教学能力不充分,包括导学能力不充分、问题分析能力不到位、自身教学能力没有明显提升。① 教师对学习目标、学习内容、知识结构、学习方法、学习评价都缺乏清晰的了解,对学习资源的获取和使用缺乏清楚的认知。第二,研究水平不高。成人教育教师在迷茫中负重前行,教师的学术职业发展也在尴尬的处境中游走于学术边缘地带。② 比如,研究的理论性、科学性、推广性三方面的成效处在较低水平,缺乏实践性反思和理论性的提炼和概述,所要研究的问题不够深刻,无法适应数字社会。第三,发展水平不均衡。成人教育教师遇到体制机制层面的障碍,政府和单位资源投入不足或不到位,考核评价机制与教师实际工作、人才引进机制与社会认同均存在失衡状态。③ 第四,教学评价不精准。成人学校过去采用形成性考核作业本、测试题、终考测试、课堂在线论坛(BBS)等形式来评价学生的学习情况,以文本数据为主,形式单一且反馈滞后,难以持续追踪学生的学习状态。

　　面对上述困境,研究者并没有关注到成人教育教师数字化转型胜任力的发展。本书从教师数字素养、数字胜任力角度出发,发现一些学者混淆了数字素养、数字胜任力的概念④⑤⑥。斯皮泰里(Spiteri)等研究者

---

① 刘永权,武丽娜,邓长胜.我国开放大学师资队伍建设研究:基于教师分类与角色定位的视角[J].中国远程教育,2015(2):45-55,79.

② 孙传远,李爱铭,董丽敏.开放大学教师学术职业发展的困境与出路[J].中国远程教育,2021(1):27-36.

③ 吴韶华.制约开放大学师资队伍发展的突出问题与对策[J].中国远程教育,2016(10):51-57.

④ Krumsvik R J. Digital competence in the Norwegian teacher education and schools[J]. Högre Utbildning, 2011, 1(1): 39-51.

⑤ Maderick J A, Zhang S, Hartley K, et al. Preserve teachers and self-assessing digital competence[J]. Journal of Educational Computing Research, 2016, 54(3): 326-335.

⑥ Tsankov N, Damyanov I. Education majors' preferences on the functionalities of e-learning platforms in the context of blended learning[J]. International Journal of Emerging Technologies in Learning, 2017, 12(5): 202-209.

建议要认真对待这些能力概念的发展，多用批判性角度来进行辨析。[①]
现有的教师数字胜任力模型和框架有上百种，但其表述和定义众说纷
纭。[②] 克鲁姆斯维克（Krumsvik）认为，教师数字胜任力包括基本数字技
能、教学的信息与通信技术（information and commumcation technology，
ICT）胜任力、学习策略以及数字教育。[③] 但是因斯特福德（Instefjord）等
人指出克鲁姆斯维克的胜任力框架不能提供充足的细节，引入技术熟练
度要素，与教学融合、社会意识一起组成新的模型。[④] 此外，一些国际组
织或国家都发布了教师数字胜任力框架，将胜任力构成要素分成三类：
教师的知识技能态度、教育教学活动开展情况、教师所扮演的角色。从
这些模型或框架来看，教师数字化转型胜任力绝对不是知识或技能这么
简单，而至少还应包括教学策略、元认知能力、转型意识等。郑旭东在他
的博士论文中面向中国中小学教师构建了数字胜任力模型。[⑤] 谢建着眼
教师精准教学能力构建相应模型。[⑥] 郑旭东与谢建都进行了问卷检验，
但他们的研究结论不适用于高校教师。范建丽等瞄准未来教师所需具
备的能力和素质，提出教师数智胜任力模型[⑦]，该模型虽紧跟当下数智时
代，但其构建的模型未得到各类教育的实践检验，是否适合在成人学校中应

---

① Spiteri M，Rundgren S C. Literature review on the factors affecting primary teachers' use of digital technology[J]. Technology，Knowledge and Learning，2018，25(1)：115-128.

② 布朗，肖俊洪.数字素养的挑战：从有限的技能到批判性思维方式的跨越[J].中国远程教育，2018(4)：42-53.

③ Rokenes F M，Krumsvik R J. Prepared to teach ESL with ICT? A study of digital competence in Norwegian teacher education[J]. Computers & Education，2016，97：1-20.

④ Instefjord E，Munthe E. Preparing pre-service teachers to integrate technology：An analysis of the emphasis on digital competence in teacher education curricula[J]. European Journal of Teacher Education，2016，39(1)：77-93.

⑤ 郑旭东.面向我国中小学教师的数字胜任力模型构建及应用研究[D].上海：华东师范大学，2019.

⑥ 谢建.教师精准教学能力模型构建研究[D].长春：东北师范大学，2020.

⑦ 范建丽，张新平.大数据＋智能时代的教师数智胜任力模型研究[J].远程教育杂志，2022，40(4)：65-74.

用存在疑惑。

因此,成人教育教师数字化转型胜任力是一个值得研究的话题,需着眼于教师的思想和行动上。本章在认清转型困境的基础上,基于若干理论模型,厘清教师数字化转型胜任力的内涵,综合比较全球数字化转型胜任力标准规范。首先,采用叙事行动研究法析出数字化转型胜任力元素;其次,采用行为事件访谈法挖掘数字化转型胜任力的核心指标,构建数字化转型胜任力模型;最后,基于问卷调查的方法检验模型的成熟度,进而提出成人教育教师数字化转型胜任力培育策略。

第一节 研究基础:基于理论和研究框架

一、理论基础

胜任力模型是胜任力理论的核心。莱尔(Lyle)等指出,胜任力模型通常由知识、技能、动机、特质和自我概念五要素组成。[①] 其中以"冰山"模型和"洋葱"模型应用最为广泛[②],见图5-1。"冰山"模型将胜任力包含的要素比作冰山,海平面以上部分包括知识和技能,不可见部分包括自我概念、特质、动机等,其中至少有四分之三属于不可见的。[③] "洋葱"模型由内向外分别为特质和动机、自我概念和态度价值观、知识和技能,越靠近中心越难发展。

同时,胜任力构成要素之间存在因果联系。[④] 不能忽视动机和符合

① 萧鸣政.人员素质测评理论与方法[M].北京:北京大学出版社,2011.

② Spencer S, Spencer L M. Competence at Work:Models for Superior Performance[M]. New York:John Wiley & Sons,1993.

③ Pershing J A. Handbook of Human Performance Technology:Principles, Practices,and Potential[M]. San Francisco:Pfeiffer,2006.

④ 斯潘塞,斯潘塞.才能评鉴法:建立卓越的绩效模式[M]. 魏梅金,译. 汕头:汕头大学出版社,2003.

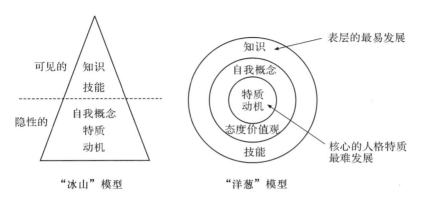

图 5-1　"冰山"和"洋葱"模型

岗位要求的特质而去构建胜任力模型。由此得出三点启示：第一，要关注教师数字化转型意图与特质，不能只关注知识、技能层面的表现；第二，要全面客观地认识教师数字化转型胜任力，从外部和内部视角来分析运作机制；第三，教师数字化转型胜任力是指向优秀绩效的实现，构成要素应该是关键的、核心的。

　　另外一个重要的理论基础是技术—绩效模型（technology-penformance chain，TPC），如图 5-2 所示。它讲的是技术选择和实施对绩效产生的影响。古德林（Goodhue）等将任务—技术匹配理论（task technology fit，TTF）和倾向—行为理论（type a behavior pattern，TAB）结合，提出技术与任务相匹配的各种因素，分别是任务特征、技术特征、技术采纳者的特征，以及社会规范、情感、习惯、便利条件等。① 技术—绩效理论突破了"技术决定论"的局限，找到了任务需求、个人能力和技术之间的深层关系，追求三者之间在达成绩效目标上的匹配与协同，其关键在于是否发挥个体的主观能动性和综合能力，也就是胜任力理论中的"可见"和"不可见"层面的能力。因此我们在构建教师数字化转型胜任力模型时，需要对教师数字技术、教育任务、个体特征、态度行为等内容

---

① Goodhue D L, Thompson R L. Task-technology fit and individual performance[J]. Mis Quarterly，1995，19(2)：213-236.

展开综合分析,而非单一维度的论述。

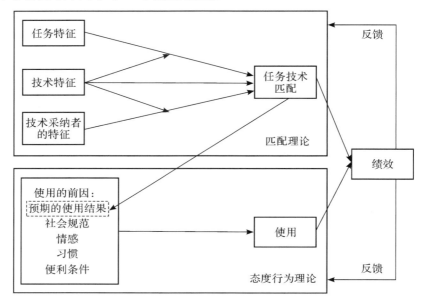

图 5-2 技术—绩效模型

除了上面两种理论,我们还需要经典的教学设计理论、智力发展三元理论等作为指引。经典的教学设计模型包含分析、设计、开发、实施、评价等五个环节,它展现了教师教学的基本环节,反映了教师胜任教学活动的基本能力维度,可以为教师数字化转型胜任力的构成要素研究提供基本的理论支持。斯滕伯格的智力发展三元理论从情境、信息加工机制、经验、认知的相互作用来说明人类的智力行为[①],指导我们要结合人的智力活动内部机制来解释教师的数字化转型胜任力的运作机制,关注元认知层面的能力,要聚焦于数字环境、教学活动、个体特质三者间的互动,达成教师胜任数字化转型过程中的教学目标。本书在研究方法选择过程中,还会参考一些理论,在此不予赘述。

---

① 塞西.论智力:智力发展的生物生态学理论[M].王晓辰,李清,译.上海:华东师范大学出版社,2009.

二、教师数字化转型胜任力的内涵

教师是教育数字化转型的首要因素和关键力量。其中,教育数字化转型是数字技术融入人类教育领域并且从根本上转变其结构形态、运行模式、行为观念的变化过程,不同于教育信息化,它不仅要改变教学手段和技术,更重要的是满足学习者人性化、多样化的个性发展,构建新型教育生态。[①] 而教师的数字化转型是将数字技术融入教师职前职后一体化发展的学习变革、治理重塑和服务创新,赋能教师终身学习与发展。[②] 在教育数字化转型深入发展的当下,教师数字化转型的探索和研究还有很多可以做,比如胜任力研究。

胜任力(competency)是指在特定的组织环境、文化氛围与工作活动中能够显著区分绩效优秀者与绩效普通者的个体特征,既包括动机、态度或价值观,也包括任何可以被测量和计数的知识或行为技能。[③] 胜任力有以下四个特点:第一,具有多层次、多维度,既包括个人具备的潜在特质,又包括显性的个体行为;第二,具有动态性,受到工作环境和岗位特征的影响;第三,与个体绩效紧密联系,可以用来区分组织中的绩效优秀者与普通者;第四,可被观察和测量。教师胜任力是指在学校教育教学工作中能将具有高绩效表现的优秀教师与绩效表现一般的普通教师区分开来的个体潜在特征,主要包括能力、自我认识、动机和相关人格特点等个人特性。[④]

教师数字化转型胜任力研究是基于教师素养、教师数字能力、教师数字胜任力等相关的研究而逐步深入的。其中,教师素养亦可称作"教

---

① 朱永新,杨帆.我国教育数字化转型的现实逻辑、应用场景与治理路径[J].中国电化教育,2023(1):1-7,24.

② 祝智庭,林梓柔,魏非,等.教师专业发展数字化转型:平台化、生态化、实践化[J].中国电化教育,2023(1):8-15

③ Spencer L M, Spencer S M. Competence at Work: Models for Superior Performance [M]. New York: John Wiley & Sons, 1993.

④ 徐智华,葛俏君,甘杰.高校教师胜任力模型研究述评[J].现代教育科学,2012(5):166-172.

师专业素养",被看作"教师有关教学的知识、能力、信念的集合"。随着社会科学技术进步,教师素养的内涵日益丰富,从媒介素养、计算机素养、信息素养、数字素养再到现在的智能素养等,如图 5-3 所示。当前,数字技术与教育教学融合,推动教育范式、组织架构、教学过程、评价方式等方面的创新与变革。[①] 人工智能时代,教师面临数字化转型,需要具备知识、能力、思维、文化与人工智能融合发展理念,要理解和掌握人工智能技术及其教育应用的基础知识、实施智能化教育教学并促进教师专业发展的核心能力、对待智能教育的理性态度与合乎伦理道德的实践等方面的内容。需要指出的是,胜任力与素养的本质差异是:素养往往指向一般或基础的能力特质,而胜任力指向具体的职业(比如教师)或相关的、关键的、核心的高级能力特质,指向卓越目标或优秀绩效的实现。因此,本书认为教师数字化转型胜任力的表述更为贴切。

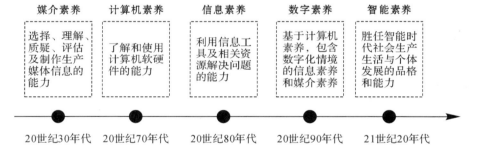

图 5-3　教师素养的内涵发展

　　教师数字化转型胜任力的相关研究仍处于起步阶段。卡尔瓦尼(Calvani)等人认为,数字胜任力是指能够以灵活方式探索新的技术环境,分析、选择和批判地评价数据和信息,挖掘技术潜力以代表和解决问题,建立共享和协作的知识,同时培养责任、权利和义务的意识。[②] 尽管

　　① 祝智庭,胡姣.教育数字化转型的本质探析与研究展望[J].中国电化教育,2022(4):1-8,25.

　　② Calvani A,Cartelli A,Fini A,et al. Models and instruments for assessing digital competence at school[J]. Journal of E-learning and Knowledge Society,2008,4(3):183-193.

他们概括了数字胜任力内涵特征,并且提出了以技术、认知、伦理以及三者整合的能力模型,但是该模型并非专门针对教师群体,且并未明确指出深层素养等特质。阿拉-穆特卡(Ala-Mutka)在前者基础上加入了 ICT 内容,既是对数字胜任力定义的丰富,更强调了高层次使用信息通信技术[1],但同样缺少对教师数字化转型方面的论述。周跃良等人提出,教师需要具备与人工智能协同工作的素养,应重点转型基于创造性的教育软素养,诸如创造性思维、情感、审美等[2],才能更好地胜任教师职业需求。综合来看,教师数字化转型胜任力可以被定义为:教师应当具备的,应用数字技术开展教学活动,最终实现优秀教学目标的能力特质,这些能力特质包含与数字化教学相关的意识、知识、技能、动机、态度、价值观和个性素质等。

三、教师数字胜任力框架概述

为了进一步找到核心范本与关键参考,我们采用"教师＋数字化＋能力或素养或胜任力＋标准或模型或框架"的关键词组合,搜索了 Web of Science、Springer、Scopus 和 CNKI 数据库,提炼出世界范围内 12 种最有影响力的教师数字胜任力模型或框架,如图 5-4 所示。

2017 年,联合国教科文组织发布教师信息通信技术能力框架第三个版本,将教师使用信息技术的能力分为三个层次,即知识获取、知识深化和知识创造,梳理出教师工作的六个实践维度,包括理解信息技术教育应用的政策、课程与评估、教学方法、数字技能应用、组织与管理、教师专业学习,构建了包含 18 项能力的标准。[3] 该框架为今后发布的教师数字

---

① Ala-Mutka K. Mapping digital competence:Towards a conceptual understanding [R]. Technical Report,European Commission Joint Research Centre Institute for Prospective Technological Studies. Luxembourg:Publications Office of the European Union,2011.

② 周跃良,吴茵荷,蔡连玉.面向人机协调教育的教师教育变革研究[J].电化教育研究,2022(10):5-11.

③ 兰国帅,张怡,魏家财,等.提升教师 ICT 能力驱动教师专业发展:UNESCO《教师 ICT 能力框架(第 3 版)》要点与思考[J].开放教育研究,2021,27(2):4-17.

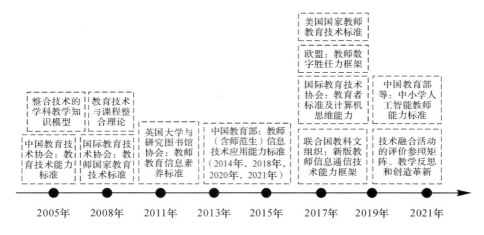

图 5-4　最受关注的教师数字胜任力标准

素养和能力框架奠定基础。随后,美国国家教师教育技术标准(2017)从赋能专业发展和促进学生发展两个维度,分成学习者、领导者、设计者、分析者等角色,描述了教师应具备的数字化专业素养。[①]

　　欧盟教师数字胜任力框架(2017)更加全面和细致。[②] 它从教师专业胜任力、教师教学胜任力以及促进学习者的数字胜任力三个维度,界定了教师在专业化参与、数字资源、教学与学习、评价、赋能学习者领域应具备的能力。随后,一些欧洲国家相继提出了教师数字素养框架。比如,挪威的框架从知识、技能、能力三维度描述教师应该达到的素养标准,涵盖学科基本能力、社会中的学校、伦理、教学法与学科教学、学习中的领导力、互动和沟通、改革和发展七个领域。该框架倡导教师兼具专业化与数字化的胜任力,教师发展全面指向"全人化"人才培养,聚焦教师赋能学生高阶技能发展的能力,以及关注数字欺凌问题和培养合格的数字公民。再如,西班牙通用教师数字胜任力,其涵盖信息和数字素养、沟通与协作、数字创建、信息安全、问题解决等五大胜任力领域,具体包

---

　　① 冯仰存,钟薇,任友群.美国国家教师教育技术新标准解读与比较研究[J].现代教育技术,2018,28(11):19-25.

　　② Redecker C. European Framework for the Digital Competence of Educators (DigCompEdu)[R]. Seville:Joint Research Centre,2017.

含 21 项能力,充分利用教师自评工具促进教师专业发展。①

中国教育部先后发布的《中小学教师信息技术应用能力培训课程标准(试行)》(2014 标准)、《师范生信息化教学能力标准》(2018 标准)、《职业院校数字校园规范》(2020 规范)、《中学教育专业师范生教师职业能力标准》(2021 标准)对老师的态度与知识、数字素养、教学实践技能、自主学习和发展能力、研究和沟通能力等方面做了清晰的描述,强调不同专业教师职业基本能力的数字素养要求,在教师数字素养差异化发展方面卓有成效。②

围绕成人教育教师数字素养的研究还没有得到应有的重视。③ 我们在中国最大的学术数据库 CNKI 搜索关键词"成人教育教师＋数字化＋能力或素养或胜任力＋标准或模型或框架",仅检索到若干篇有价值的文献,分别发表于《中国远程教育》《成人教育》《职教论坛》等中文核心期刊。国家开放大学教师发展中心通过组织远程教育专家、成人教育办学体系教师及管理者代表等,运用集体座谈、专家访谈等多种研究方法提炼了成人教育教师典型教学工作任务,构建了成人教育教师能力素质模型,包括道德与价值观、专业知识、技能与能力等 47 种能力。④ 江苏开放大学采用个案研究方法,在教师的知识、技能、情感态度素养之外融入与学校、社会有关的道德政治因素。⑤ 以上两项研究虽涉及教师能力素养,但与数字化转型的关系不大,参考意义有限。广西开放大学的研究认

---

①　The National Institute of Educational Technologies and Teacher Training. Common Digital Competence Framework for Teachers[EB/OL]. (2017-01-26)[2024-04-12]. https://intef. es/Blog/common-digital-competence-framework-for-teachers/.

②　仇晓春,肖龙海.教师数字胜任力框架研究述评[J].开放教育研究,2021,27(5):110-120.

③　江欢.中老年教师专业发展的困境与纾解:基于开放大学转型发展的思考[J].教师教育论坛,2019,32(7):28-32.

④　冯立国,刘颖.开放大学教师教学能力标准研究[J].中国远程教育,2017,509(6):64-72.

⑤　管玲俐.开放大学教师专业发展的个案研究:以 H 开放大学为例[J].成人教育,2014,34(6):44-46.

为,人工智能可以为教学提供精准的教学资源推荐、智能化的教学设计、数据化的教学管理和个性化的教学支持服务,因此成人教育教师要在教学方式、教学角色、教学评价和数字素养方面迎合技术发展的潮流。[①] 浙江开放大学的研究,同样着眼于智能时代的教师专业发展,与其他研究不同的是,该研究整合人工智能技术的学科教学知识"AI＋TPACK"模型,为当前成人教育教师提升信息化教学能力、取得专业发展提供了一条新的分析进路。[②] 上述文献尽管各自提供了成人教育教师数字胜任力框架构建的方略,但仍有部分不足。第一,成人教育教师面临人工智能与远程教育相互融合的诸多现实问题,需要寻找合理的理论依据和可行的实践案例。第二,研究缺乏从教师个体生命角度全面关注教师数字化转型,研究手段有待创新。第三,尽管研究者认同教师数字化转型源于人工智能等新技术的助推作用,但是忽略了新技术的复杂性和适用性。第四,以人工智能为代表的新技术需要与人类教师协同配合才能发挥最大价值[③],而智能设备与教师协同应用层面的探究不足,所要反思的伦理问题也没有加以论述。

四、教师的角色转型

不管是国外还是国内,人们都会畅想未来教师角色转型。阿内特(Arnett)认为,未来实施的教学模式可以充分发挥计算机和教师的优势,以便人类教师专注于他们认为最有价值的事务。[④] 顾小清等分析人工智能可以胜任的工作:处理教育信息的智能助手、"随叫随到"的学习伙伴、

---

① 韦书令,文梦丹,刘权纬.人工智能视域下开放大学教师的信息素养提升:挑战、技术支持与实施策略[J].成人教育,2020,40(10):22-29.

② 虞江锋,张吉先.AI-TPACK理论框架下开放大学教师的专业发展分析[J].职教论坛,2022,38(4):103-109.

③ 姚玲.人工智能时代职业教育人才培养的升级表征与发展路径[J].职教论坛,2019,702(2):22-27.

④ Arnett T. Will Computers Replace Teachers? [EB/OL]. (2013-08-26)[2024-08-03]. https://www. christenseninstitute. org/blog/will-computers-replace-teachers/? sfs ＝ Thomas ＋ Arnett&sf paged＝15.

辅助个性化教与学的智能导师等。① 余胜泉系统论述了人工智能教师的未来角色,比如可自动出题和自动批阅作业的助教、学习障碍自动诊断与反馈分析师、问题解决能力测评的素质提升教练等。② 北京大学学习科学实验室主任尚俊杰在《未来教育重塑研究》一书中构想了关于人类教师、人工智能教师以及理想的人机协同教师达成目标的形态,可以在此基础上,参考近期教育人工智能的理论和实践进展,描画成人教育教师的理想型。③ 据此,我们整理了一份表格,如表 5-1 所示。

表 5-1　不同类型的教师

指标		人类教师	人工智能教师	人机协同教师	智能时代成人教育教师的理想型
备课		能够在局部范围内找到合适的教学资源	能够触达任何教学资源,但未必适合学生	能够找到世界上合适的教学资源	能够获取广泛、合适的教学资源
		能完成比较优秀的教学设计	能完成教学设计,但是距离优秀有比较大距离	能完成优秀的教学设计	能够完成适合成人学生的教学设计
教学		精心讲授,控制进度,容易理解	可以进行精心讲授,但是难以随机调整讲解进度	精心讲授、循序渐进、很大程度降低理解难度	精心讲授,按需调节,最大程度降低理解难度
		能够组织适合学生的教学活动	很难组织有效教学活动	能够很好地组织讨论、发言等活动	能根据成人特征组织教学活动和真实情景教学
		能够回答部分学生的疑难问题	能够回答学生的各种问题	能够轻松回答学生的各种问题	能够随时随地回答各种问题
		能够有效地管理课堂	很难实现课堂管理工作	能够自如地管理课堂	能灵活自如地管理课堂,尤其是线上课堂

①　顾小清,易玉何.智能时代呼唤教师角色转型[J].中小学数字化教学,2019(1):23-26.

②　余胜泉.人工智能教师的未来角色[J].开放教育研究,2018,24(1):16-28.

③　尚俊杰.未来教育重塑研究[M].上海:华东师范大学出版社,2020.

续表

指标		人类教师	人工智能教师	人机协同教师	智能时代成人教育教师的理想型
作业		难以针对学生布置个性化的作业	能够针对学生情况布置作业	能够布置针对性很强的个性化作业	能够布置满足成人个性需求的作业
		能够认真批阅作业，但是需要耗费大量精力	能够快速、精确批改学生作业，但是主观题打分会有偏差	能够认真、精心批改每一份作业	能够高效、准确批改每一份作业，并确保学生改正错误
学生发展支持		难以及时发现学生的学习问题，难以及时干预	能够及时发现学生的学习问题和学习障碍，给予提醒纠正	能够及时发现学生的学习障碍，并给予及时干预	能及时并准确发现学生的学习障碍，及时干预
		难以及时指导，但是指导效果有保障	能够及时指导和答疑	能够及时给予学生正确的指导和答疑	能够远程进行恰如其分的指导
		需要借助教学平台给予学生有建设性意义的远程性评价与总结性评价	能够给予学生客观、公正的过程性与总结性评价	能够给予学生客观、公正并且具有建设性意义的过程性评价和总结性评价	能够给予学生全学习过程的评价和提升建议
		能够帮助学生制定符合个人发展的生涯规划	难以做到适合每个学生的生涯规划	能够协助学生制定个性化的生涯规划	能协助成人完成学习目标，成为人生伙伴
情感支持		能够深入了解学生情感情绪问题，但是需要花费精力	难以了解学生的情感情绪问题	能深入了解学生的情感情绪等心理问题	能深入了解学生的情绪情感，建立情绪数据库
		能够给有需要的学生提供个性化支持	难以给学生提供情感情绪支持	能够给学生提供个性化的情感支持	能随时随地给予学生个性化情感支持
		可以进行面对面指导	不能面对面支持	能够面对面支持	能够远程或面对面支持
个人魅力		知识量有限，但是够用	无所不会	知识面广、精深	知识面广而精，实践性强

续表

指标	人类教师	人工智能教师	人机协同教师	智能时代成人教育教师的理想型
个人魅力	精神属性强,感染学生	无法表现精神属性	精力旺盛、精神属性满格	精力旺盛,精神力强
	形象魅力强、影响学生	形象魅力弱	形象儒雅、阳光、满满正能量	开放包容、有教无类、敬学广惠①

第二节　要素析出:基于叙事行动研究

近年来,教育研究者逐渐重视教师实践中发展形成的知识,其中叙事行动研究被证明是推动教师素质提升的有效途径。② 北京大学陈向明教授认为,"叙事行动研究"是在"叙事"的基础上增加了"行动"的成分。③叙事行动研究落实到教育研究领域,有以下几方面的意义。第一,由于教师采取了行动干预,他们更加真切地认知到自己讲述的故事主题和其教育意义;第二,基于第一点的认知,教师的教育反思来得更加准确和深入;第三,基于第二点的作用,教师对解决问题的信心和能力提升了;第四,通过叙事行动的方法,教师可以利用探究的结果去改进自己的教学。

一、叙事行动研究的理论依据

叙事行动研究的理论基础包含了跨界学习理论、双环学习理论、三维叙事探究空间理论和生态系统理论等经典学习理论,见表 5-2。尽管以上理论对研究均有启发,但本书侧重于从跨界学习理论的视角来开展实证探究。

① 注:"敬学"出自《礼记学记》,"广惠"出自《逸周书文传解》,意为泛爱众、广施惠的精神追求。
② Craig C. Narrative inquiry in teaching and teacher education[J]. Advance in Research on Teaching, 2011, 13: 19-42.
③ 陈向明. 从"叙事探究"到"叙事行动研究"[J].创新人才教育,2021(1):50-56.

表 5-2 叙事行动研究的理论基础举例

理论基础	理论简述	代表性研究
跨界学习理论（主要包含三种具体学习理论的支撑）	①拓展学习理论表明，不同文化历史背景的学习者会跨越自己的学习领域，来到第三空间来协商客体，产生新的结果	恩格斯特洛姆（Engeström）①
	②情境学习理论表明，相对于学校教育，专业人才的培养更加适合在具体情境中进行	莱夫（Lave）和温格（Wenger）②
	③非共识合作学习理论是对②的拓展，指出学习者不需要有共识也可以相互合作	斯塔尔（Star）和格里斯莫（Griesemer）③
双环学习理论	学习者不仅可以调节行动策略，还可以调节信念和价值观来改变学习结果	阿吉里斯（Argyris）④
三维叙事探究空间理论	时间、地点、社会三个维度组合，构建一个更加完整的叙事探究空间	克兰迪宁（Clandinin）和康纳利（Connelly）⑤
生态系统理论	拓展了三维叙事探究空间理论，强调学习者成长来自个体与不同环境的相互作用	布朗芬布伦纳（Bronfenbrenner）⑥

二、研究设计

2020 年秋到 2021 年春的两个学期，我们持续进行观察了解，发现成人教育教师整合数字技术的实践经验比较丰富，但是与人工智能、虚拟仿真、教育大数据相关的高阶数字素养提升却显得迟缓。

---

① Engeström Y. Expansive learning at work：Toward an activity theoretical reconceptualization[J]. Journal of Education and Work，2010，14(1)：133-156.

② Lave J，Wenger E. Situated Learning：Legitimate Peripheral Participation[M]. Cambridge：Cambridge University Press，1991.

③ Star S L，Griesemer J R. Institutional ecology，translations' and boundary objects：Amateurs and professionals in Berkeley's Museum of Vertebrate Zoology，1907-39[J]. Social Studies of Science，1989，19(3)：387-420.

④ Argyris C. Double-loop learning，teaching，and research [J]. Academy of Management Learning & Education，2002，1(2)：206-218.

⑤ Clandinin D J，Connelly F M. Narrative Inquiry：Experience and Story in Qualitative Research[M]. San Francisco：Jossey-Bass，2000.

⑥ Bronfenbrenner U . The Ecology of Human Development：Experiments by Nature and Design[M]. Cambridge：Harvard University Press，1981.

　　2021年秋季学期,我们完成对我国东部Z省成人教育教师不同专业背景教师的调研访谈,筛选出在数字化转型进程中教学动机和教学能力较高的C老师作为研究个案。身为学校的资深老师,C老师长期从事开放教育教学工作,有近20年的教龄,且担任数门工科课程的责任教师,教学和管理水平高,获奖无数。尤其面临学校转型提升和数字化改革,C老师以积极主动的姿态拥抱变化,立足开放教育教学阵地,谋划教育教学创新举措,申报智能技术与开放教育相结合的教改课题,积极参加省、市教科所的科研项目并获得了优异成绩。2021年C老师依托多年经营的"优质课堂"名师工作室,成功申请到了Z省教育数字化转型方向的重点课题,在学校里引起比较大的反响。

　　我们对C老师进行追踪访谈和分阶段记录,利用其在"过程性"和"纵深性"方面的优势,从C老师的经历回答:成人教育教师为何迫切需要数字化转型? 怎么进行数字化转型? 如何培育数字化转型素养? 访谈过程中C老师甚至描画了成人教育教师的理想型,使数字化转型和素养培育更有方向。同时,C老师十分乐意开展叙事行动研究,接受教育研究者启发,提升自身的数字化转型素养,推动教学的数字化转型。

　　由于新冠疫情影响,线下访谈多数改成线上形式进行,只保留一次面对面访谈形式。根据罗柏茨(Roberts)等人的研究,线上访谈需要综合运用多种技术手段,且频次越多、效果越好。[①] 我们采用微信、邮件、腾讯会议等技术工具,一共分七次对C老师进行访谈,访谈时长累计4小时28分钟,整理出近3万字文本。此外,我们还搜集了访谈对象的电子教案、教学视频、研修心得、科研成果等资料,用来佐证访谈内容。

―――――――――

　　① Roberts J K, Pavlakis A E, Richards M P. It's more complicated than it seems: Virtual qualitative research in the COVID-19 era[J]. International Journal of Qualitative Methods, 2021, 20(5): 603-616.

三、案例分析

(一)意义建构:转型之动力

作为某成人高校工学科的核心成员之一,C老师连续几学期都上一门知识点多、操作性强的课程。为了尽可能上好课、获取最新的教学资源,C老师加入课程核心教学团队。根据教学计划,两次辅导课的内容为线下实践教学,但是因为新冠疫情反复,学校要求如没有特殊原因则统一改为线上教学。C老师说:"考虑到课程的特殊性和实践课的重要意义,我向学校申请保留一次实践教学课,最终获得了批准。"实践课中,学生将学到的核心知识进行应用,但因为实践设备欠缺、课时安排有限等因素,仅有个别学生完成实际操作,长此以往,教学问题会越来越严重。

开放教育大规模开展线上教学是常态也是特色,线上线下融合是趋势。线上辅导课配合学生平时的线上自学进行,在一定程度上缓解了学生的工学矛盾,但这种形式对教学效果的把控存在盲区,实践类课程尤其受影响。C老师设想根据学生的认知水平,要求学生反馈个性化的学习效果。"我每次在在线辅导课以后,会安排一次形成性测试,检验学生的掌握程度。从效果看,学生通过率比较高,作业平均成绩在80分以上……但是,我仍然担心学生的学习成绩。"除了平时的作业,C老师还会组织线上同步答疑活动,来弥补辅导课课时量不足的问题,但很多学生抱着应付心态,复制已有的问题或者答案。这样下去,学生学习的状态和效果会越来越差。

除了教师,转型动力还来自成人学生。教师在设计学习活动时,需要提供开放和轻松的学习环境,注意帮助学习者克服生理与心理障碍,提高学习效率,节省学习时间。C老师分享道:"带了多届学生,比较清楚他们的学习情况,我的经验是,线上进行针对性的教学设计,用先进的远程教育理论和成人学习理论来设计学习,要增强学生对学习的参与感和趣味性,又要保证学习质量,所以实际操作比较烦琐。"

（二）视角再造：转型之方向

研究过程中，C老师明显意识到老路走不通，必须要转型。他实施了一项教改项目，利用学校新平台进行成人学习活动改造。"为了适应新学习平台，我近一个学期都在试验……此前带过几届学生，他们的在线学习问题比较多，表现在信息素养和学习习惯较差、在线学习活动参与度低、重视知识听讲而忽视能力提升、同学之间或者跟老师之间沟通很少。"C老师借鉴了芬兰学者恩格斯特洛姆提出的文化历史活动理论，针对成人在线学习存在的问题，构建了一个成人在线学习活动设计模型，并且归纳出详细步骤。基于学校新的平台和数字化转型新形势，C老师重新设计了四门专业课的线上学习活动。"我打算以此为转型方向。这项改革还在进行中，目前为止进行了一阶段的教学实践，搜集了这四门课程的数据。我计划经过两个学期的改革试验后，形成更加适合成人工科类学生的线上教学模式。"

为了能够继续提升自己的业务水平，C老师不仅积极参与教师培训项目，还有意识地针对自身薄弱环节重点突破。学校每学期都会组织教师参加线上教研活动，每次活动持续半小时，一方面课程团队老师可以相互学习和研讨，另一方面学生也可以观摩每次活动。刚开始接触教研活动时，C老师基本上是走过场的心态，效果不好。为了在有限的时间里提高研修效果，学校融入数字技术，再造教师研修模式，让老师都可以露脸、发言、研讨。C老师补充说："我当前的目标是专业和课程的数字化转型，不久前参加了教育局主办的数字化转型培训班，学到了凯勒（Koehler）和米什拉（Mishra）提出的TPACK理论（整合技术的学科教学法知识），也想进一步实践。"成人教育教师对其在教学实践中形成的TPACK实践性知识的独特价值缺乏深入认识，也缺乏与其他高校教师乃至更大范围的学术共同体的深入交流。"我一直认为，要突破开放教育系统的局限，不仅要内部学习，更加要与其他高校教师互通有无，这样才是有意义的转型。"

（三）实践重构：转型之窍门

当代建构主义理论认为：意义建构和视角再造以后，便是实践的重构。随着研究的深入，C老师尝试从实践上推动专业和课程的数字化转型。

当下成人教育系统处在信息化到数字化过渡的发展阶段。信息化的核心是把业务流程"搬运"到网上，实现降本增效。数字化要将分散的业务数据打通，将标准化数据做成组织的关键资产，从而驱动业务变革。远景发展模式应当使流程自动化、业务自驱动，系统不仅帮人"做"，还可以帮人"想"。新技术推进速度没有想象中这么快，业务流程数字化还在酝酿中，但是C老师选择精进自我。"我在一门课程中尝试使用大数据和人工智能技术来分析教学过程，也申报了数字化转型相关的课题。"大致的做法是：基于理论研究和实践调研，借用教育人工智能（人机协同）理念构建开放教育教学分析框架，结合市场上比较成熟的机器视觉分析技术和自然语言处理技术，成人教育教师与机器协同开展教学分析。经过上述的教学分析，研究人员可以获得教师授课数据、学生听课数据、课堂交互质量、知识图谱及教学诊断和评价数据等，借此可以突破开放教育教学资源短缺、评价困难、管理烦琐、旧分析方法局限大的困境。"研究的第一阶段基本完成了，但是仅仅采用个案研究局限较大，推广难度也比想象中大。一是机器分析成本较高，二是许多老师不愿意拿自己的课例作为分析对象，分析数据的安全性也存在一定隐患，使用人工智能技术的风险需要预先评估。但是我认为数字化转型的窍门便是智能技术。"

（四）理论升华：转型之胜任力

面对新一代产业人才缺口的现状和传统工程教育种种弊端，C老师计划按照"新工科"理念与数字化转型相结合的思路，重新设计专业规则。新形势下培养的学生不仅在某一学科专业上学业精深，还应具有学科交叉融合的特征；不仅能运用所掌握的知识去解决现有的问题，也有能力学习新知识、新技术去解决未来发展出现的问题,对未来技术和产业起到引领作用;不仅在技术上优秀,同时懂得经济、社会和管理,兼具良好的人文素养。[①] 人才培养要求提高了,教师也应该顺应这个变化。

综合前期文献研究和 C 老师的访谈内容,可提炼出成人教育教师数字化转型胜任力的 10 个特征要素。首先,教师应树立数字化转型的教育理念和态度,改变过去经验驱动的思考路径,养成合乎技术伦理的道德规范。其次,要重视技术情境的教学实践,要练就创造性混合教学能力、教学改革和科学研究能力、数字化教学发展能力。最后,借鉴社会智能三维模型框架[②],人类教师应该与人工智能互相学习、互为提升,从而加快数字化转型进程。尽量发挥教师与智能体的协同优势,实现人机协同的教学设计、教学实施、教学管理和教学评价。

第三节 模型构建:基于行为事件访谈的研究

一、研究准备

行为事件访谈法是一种调查研究方法,旨在收集有关受访者的行为事件的信息。作为构建胜任力模型的重要工具之一,行为事件访谈法是目前公认的最有效的信息采集方法。[③] 为了方便编码者对访谈文本进行编码和分析,我们先对每一项胜任力特征进行了定义与等级描述,示例如表 5-3 所示。

---

① 夏建国,赵军.新工科建设背景下地方高校工程教育改革发展刍议[J].高等工程教育研究,2017(3):15-19,65.

② 吴茵荷,蔡连玉,周跃良.教育的人机协同化与未来教师核心素养:基于智能结构三维模型的分析[J].电化教育研究,2021,42(9):27-34.

③ 裘烨真,皓妍.谈行为事件访谈法在胜任素质模型构建中的应用[J].国家林业局管理干部学院学报,2013,12(3):46-49.

表 5-3　胜任力词典示例

胜任力名称	人机协同教学实施能力
定义	熟悉人机协同的教学环境和智慧教学手段,能够运用人工智能、5G 技术、大数据等技术,实施备课、课程导学、线上线下教学、实践教学、学生学习分析和学习支持的综合能力
等级 1 (缺乏)	没有使用人工智能等技术手段协同教学,只是将一部分内容放在线上教学中,线上教学与线下教学在内容上缺乏联系
等级 2 (一般)	能够使用智能工具进行教学,但缺乏与课程的有机融合,为了尝新而用
等级 3 (良好)	能够有目的地选择与整合智能技术与教学活动,并设计相应的智能交互和评价环节
等级 4 (优秀)	能够灵活应用智能技术对所授内容与知识点进行分解重构,确定不同内容的展现形式,自适应学生的学习,实现精准教学

二、访谈对象选择

本研究选择 20 名某成人教育教师作为访谈对象,其中:男性 11 名,女性九名;理科八名,工科四名,人文社科八名。访谈对象被分为绩效优秀组和绩效普通组,在实施正式访谈时两组成员均不知道自己的组别。绩效优秀组教师应同时满足以下三个条件,绩效普通组教师只需满足第一个条件即可:第一,具有利用网络教学平台、慕课平台等信息媒介开设课程的经验,课程总课时不少于 32 课时;第二,至少完成了一项数字化转型相关的教改项目,且通过验收;第三,授课教师获得校级以上教学优秀奖励,且具有一定教学影响力。最后绩优组和普通组各有 10 名教师。

三、访谈内容与过程

访谈分两轮进行:第一轮从绩效优秀组中随机选取六名访谈对象进行行为事件访谈,第二轮对绩效优秀组另外四名访谈对象和绩效普通组 10 名访谈对象进行行为事件访谈,依据胜任力词典和两轮访谈结果提取胜任力关键特征因素。

本研究根据行为事件访谈的基本步骤和注意事项编制了《数字化转型中教师行为事件访谈提纲》。访谈均在受访者办公室进行,在正式访谈开始前我们会先向受访者说明访谈的目的,并在征得对方允许的情况下进行录音。

在访谈过程中,首先让受访者介绍自己的学科、专业、开展数字化转型教学的基本情况。然后,让受访者回忆自己在开展数字化转型的教学经历中印象最深刻的、最成功的和最具有挑战性的教学事件或教学环节。叙述方法采用 STAR 工具,共包括四个方面的问题,即情境(当时的情境是怎样的,都有哪些人参与?)、任务(您面临的主要任务是什么,想要达到怎样的目标?)、行为(您当时的感受是怎样的,您采取了哪些具体行动?)和结果(最后的结果如何,过程中又发生了什么?)。

我们首先让受访者尽可能确切回忆当时的对话、行动和结果,对受访者的评价基于其行为表现而非个人的主观感受或直觉。同时,对访谈期间受访者的一些行为表现,如逻辑、语速、情绪等进行记录,作为编码时的补充材料。每位受访者的访谈时长约 1 小时,访谈全过程录音,访谈后转换为 20 份访谈文本,其中绩效优秀组 10 份,绩效普通组 10 份,作为编码统计的原始数据。

第一轮编码:我们首先对六名绩效优秀组的教师进行访谈,并对访谈文本进行第一轮编码。由两名编码者成立编码小组,对六份访谈文本进行独立编码与归类,统计和比较编码结果的一致性,对不一致的地方进行讨论,提高编码的一致性水平。通过第一轮编码,共新增了三项胜任力特征,分别是数字设备应用能力、数字资源选择能力、教师软素养,我们对这三项胜任力的定义及等级做出描述。

第二轮编码:我们对剩下的四名绩效优秀组教师与 10 名绩效普通组教师分别进行访谈,并对 14 份访谈文本进行编码。采用主题分析法与内容分析法,判断文本中关键教学事件或环节中体现出的胜任力特征。

四、统计结果与分析

(一)两组访谈长度差异分析

对绩效优秀组(简称绩优组)和绩效普通组(简称普通组)教师的平

均访谈时长和文本长度进行独立样本 t 检验,统计结果为:绩优组平均访谈时长共 53.25 分钟,文本共 13020 字符;普通组平均访谈时长共 48.16 分钟,文本共 9516 字符,两组没有显著差异($p>0.05$)。因此,可排除访谈长度对两组胜任力分析的影响。

(二)编码归类一致性与信度系数

归类一致性是指评分者之间对相同访谈资料的编码归类相同的个数占编码总个数的百分比。计算公式参照温特(Winter)的动机编码手册,即假设用 T_1 表示编码员 A 的编码总数,T_2 表示编码员 B 的编码总数,S 表示 A 与 B 编码归类相同的个数,则归类一致性的计算公式为:$CA=2S/(T_1+T_2)$。编码信度系数基于归类一致性系数而得,本研究参照董奇在《心理与教育研究方法》一书中提供的公式:$R=(n\times CA)/[1+(n-1)\times CA]$。[①] 其中,$n$ 表示编码成员数。表 5-4 为本研究中两名编码员编码结果的归类一致性系数与信度系数计算结果。

表 5-4　编码归类一致性系数与信度系数

被试编号	T_1(编码员 A)	T_2(编码员 B)	S(相同个数)	CA(归类一致性)	R(信度)
1	12	10	8	0.73	0.84
2	10	13	9	0.78	0.88
3	9	8	6	0.71	0.83
4	10	14	10	0.83	0.91
5	8	7	6	0.80	0.89
6	6	8	5	0.71	0.83
7	13	11	9	0.75	0.86
8	7	6	4	0.62	0.76
9	12	11	10	0.87	0.93
10	6	7	6	0.92	0.96
11	11	12	7	0.61	0.76

① 董奇.心理与教育研究方法[M].广州:广东教育出版社,1992.

被试编号	T_1（编码员 A）	T_2（编码员 B）	S（相同个数）	CA（归类一致性）	R（信度）
12	9	9	6	0.67	0.80
13	10	8	6	0.67	0.80
14	8	10	7	0.78	0.88
15	9	9	7	0.78	0.88
16	11	10	7	0.67	0.80
17	9	13	9	0.82	0.90
18	7	8	6	0.80	0.89
19	9	10	8	0.84	0.91
20	8	7	5	0.67	0.80
总计	184	191	141	0.75	0.80

如表 5-4 所示，CA 数值范围为 0.61—0.92，R 范围为 0.76—0.96。分别计算两名编码员在胜任力总频次、平均等级分数与最高等级分数上的 Pearson 相关系数，结果表明，两名编码员编码一致性水平较高，编码数据资料可靠。

（三）胜任力特征差异分析

本研究选取各胜任力特征的平均频次、平均等级分数、最高等级分数三项指标数据进行标准化转换，再使用独立样本 t 检验分析绩效优秀组与绩效普通组两个组别的差异。在进行独立样本 t 检验之前，需先检查两组的离散状态是否相似，即使用 Leven 法检验两组方差是否同质，如果 F 值达到显著水平（$p < 0.05$），则表示两组样本方差不同质。

分析结果如表 5-5 所示。可以看出，数字化转型理念和态度、经验与数据混合驱动、符合伦理的道德规范、创新性混合式教学能力、教学改革和科研能力、数字化教学发展能力、人机协同教学设计能力、人机协同教学实施能力、人机协同教学管理能力和人机协同教学评价能力共 10 项胜任力特征上的差异具有统计学意义（$p < 0.05$），而在数字资源选择能力、数字设备应用能力和教师软素养三项胜任力特征上的差异无统计学意

义,但绩效优秀组的平均得分要高于绩效普通组。因此本研究做出以下调整,减去第一轮访谈新增的"数字资源选择能力"和"数字设备应用能力"特征项。经过理论构想、叙事行动研究和行为事件访谈,本研究所构建的成人教育教师数字化转型胜任力模型包含数字化转型意识、创新性教学与发展能力、人机协同素养三个核心维度以及 11 项胜任特征,随即构建初版成人教育教师数字化转型胜任力模型(见图 5-5)。

表 5-5　绩优组与普通组三项指标差异比较

特征项	平均频次			平均等级得分			最高等级得分		
	绩优组	普通组	t 检验	绩优组	普通组	t 检验	绩优组	普通组	t 检验
数字化转型理念和态度	2.11	1.18	2.35*	2.31	1.25	5.02**	3.11	1.67	2.19**
经验与数据混合驱动	2.22	1.32	2.74*	1.63	1.17	2.81*	2.56	1.38	3.16**
符合伦理的道德规范	3.12	2.43	2.85*	2.42	1.68	4.48**	4.57	2.49	3.92**
创新性混合式教学能力	2.88	2.31	1.36	2.51	1.68	4.22**	4.23	2.14	3.48**
教学改革和科研能力	2.11	1.32	3.61**	1.68	1.33	1.97	2.45	1.56	2.78*
数字化教学发展能力	2	1.34	2.50*	1.95	1.35	2.92*	2.81	1.48	3.29*
人机协同教学设计能力	2.44	1.32	3.23*	2.3	1.25	5.03***	3.12	1.17	3.20**
人机协同教学实施能力	2.33	1.5	2.08	2.2	1.58	2.58*	3	1.83	2.23*
人机协同教学管理能力	3.22	2.33	2.75*	2.41	1.67	4.37**	4.56	2.61	3.42**
人机协同教学评价能力	2.21	1.34	3.46**	1.62	1.09	3.58**	2.17	1.16	3.64**
数字资源选择能力	3.01	2.73	0.79	2.25	2.01	1.87	4.12	3.56	0.75
数字设备应用能力	1.56	1.34	0.81	1.45	1.25	0.92	1.81	1.65	0.23
教师软素养	1.56	0.5	3.74**	2.2	1.23	5.01***	4.13	2.34	3.08**

注:* 表示 $p<0.05$,** 表示 $p<0.01$,*** 表示 $p<0.001$。

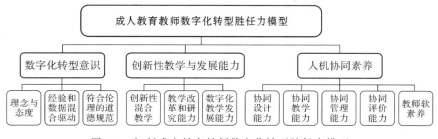

图 5-5　初版成人教育教师数字化转型胜任力模型

第四节　模型检验：基于问卷调查数据

为了研究成人教育教师数字化转型胜任力水平、检验模型的稳定性和鉴别力，我们主要依据教育部发布的《教师数字素养》标准，以及成人教育教师教学能力标准和郑旭东博士编制的《教师数字胜任力调查问卷》，编制调查问卷，对华东地区具有代表性的八所开放大学进行调查。

一、量表与问卷编制

根据理论模型，量表主要由三个部分组成，对应三个核心维度。数字化转型意识中，"数字化转型理念和态度"包括四道题目，"经验和数据混合驱动"包括两道题目，"符合伦理的道德规范"包括四道题目，该部分的命题主要参考了《教师数字素养》标准。创新性教学与发展能力中，"创新性混合式教学能力""教学改革和科研能力"各包括两道题目，"数字化教学发展能力"包括四道题目，该部分的命题主要参考《教师数字素养》标准和成人教育教师教学能力标准。人机协同素养中，"人机协同教学设计、实施、管理、评价能力"各包括四道题目，"教师软素养"包括六道题目，该部分的命题主要参考了《教师数字素养》标准和郑旭东博士编制的《教师数字胜任力调查问卷》中的自评部分。

量表均采用李克特五点计分，"1"表示非常不同意，"2"表示不同意，"3"表示不确定，"4"表示同意，"5"表示非常同意。除了上述题目，本研究还对教师的地域、性别、年龄、教龄、职称等人口统计变量进行了测量。

二、数据收集与分析

本研究于 2022 年 12 月采用网络问卷形式向八所华东地区开放大学发布网络问卷,总共回收反馈问卷 268 份,有效反馈问卷 248 份,问卷有效率为 92.5%。调查返回的数据用于对模型维度和指标进行检验和修订,以及进一步对修订后的模型进行拟合检验。

（一）探索性因子分析

本研究使用统计分析软件 SPSS 和 AMOS,利用探索性因子分析法（exploratory factor analysis,EFA）分别对数字化转型意识、创新性教学与发展能力、人机协同素养三个子量表的结构效度进行检验。KMO 和 Bartlett 球形检验发现三个子量表的 KMO 值分别为 0.943、0.802 和 0.898,Bartlett 球形检验达到显著水平。采用主成分分析法抽取共同因素,以方差最大正交旋转作为转轴方式,数字化转型意识子量表因子分析结果显示,特征根大于 1 的因子共有三个,符合量表设计维度,三个因子能够解释总变异量的 69.742%。创新性教学与发展能力量表因子分析结果显示,特征根大于 1 的因子共有两个,与量表设计维度有所差异,包括"教学改革和科研能力""数字化教学发展能力"两种胜任力特征,能够解释总变异量的 51.774%。人机协同素养子量表因子分析结果显示,特征根大于 1 的因子有三个,与量表设计也有差异,分别为"教师软素养""人机协同教学实施能力""人机协同教学评价能力",能够解释总变异量的 75.164%。

（二）信效度分析

根据探索性因子分析后形成的维度划分,分别计算三个子量表内部各维度的克伦巴赫信度系数（Cronbach'α）,结果表明,各维度的信度系数均在 0.9 左右,各题目之间均具有较好的内在一致性,量表信度良好。在内容效度上,本研究借鉴已有量表,结合本研究语境进行改编,经过调查对象测试,具有较好的内容效度。在结构效度上,通过探索性因子分析,三个子量表各维度包含的题目对各个因子的负荷介于 C.656 与

0.849之间,解释变异量分别达70.980%、69.778%和53.619%,证明量表具有较好的结构效度。

用验证性因子分析法(confirmatory factor analysis,CFA)对模型进行拟合检验。根据探索性因子分析抽取出的因子,构建数字化转型意识、教师创新性教学与发展能力、人机协同素养三个子量表验证性因素分析的概念模型图,并通过最大似然法对模型进行估计。将三个子量表中各维度得分与总分之间进行相关性分析,计算Pearson相关系数,结果显示各维度和总分之间存在显著的正相关关系,统计显著性水平均达0.01。对专业价值观模型整体适配度统计量进行拟合检验,卡方与自由度比值(χ^2/df)为4.326,小于5;渐进残差均方和平方根RMSA为0.058,大于0.05的理想值,但小于0.08的中等适配水平;在其他适配度指标方面,RFI为0.915,NFI为0.936,IFI为0.922,CFI为0.925,TLI为0.939,数值均远高于0.9。这说明,数字化转型意识CFA模型与实际观察数据的适配情况良好。用同样的方法对创新性教学与发展能力、人机协同素养两个模型进行拟合检验,首先将"创新性混合式教学能力"合并到"人机协同教学实施能力",然后将人机协同教学设计能力、人机协同教学实施能力、人机协同教学管理能力三项综合评估,统一成"人机协同教学能力"。经过适当调整,测量模型具有较好的收敛效度。

(三)量表与模型修订

经过调查数据验证,数字化转型意识子量表中指标与题项保持不变,在第二个子量表中,根据因子分析结果将原有的三个指标改为两个指标,分别是"教学数字化革新能力""数字化研修能力",综合考虑后将第二个核心维度改为"教师革新与发展能力"。在人机协同素养子量表中,根据因子分析结果将原有的五个指标改为三个指标,分别是"教师软素养""人机协同教学能力""人机协同评价能力"。表5-6展示了数字化转型胜任力特征的统计整理过程。经过修订后的成人教育教师数字化转型胜任力模型包含三个核心维度及八项胜任力特征(见图5-6)。

表 5-6　数字化转型胜任力特征整理统计

研究过程	特征数量	研究方法	修订说明
理论构想		文献研究	
叙事行动研究	10	深度访谈、主题分析、内容分析	提炼 10 项
第一轮访谈编码	13	行为事件访谈、主题分析、内容分析	新增三项
第二轮访谈编码	11	行为事件访谈、主题分析、内容分析、相关分析	减少两项
问卷调查	8	信度分析、效度分析、因子分析	合并两项，修改名称四项

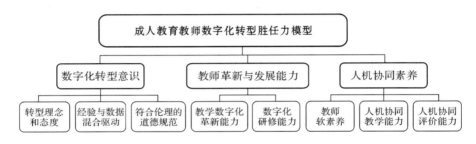

图 5-6　调整后的成人教育教师数字化转型胜任力模型

第六章　成人在线教育服务质量研究

第一节　在线教育服务质量概念模型

第四章提到,成人在线教育服务生态是影响治理水平的另一个关键,而服务质量是重中之重。成人在线教育的市场化程度越高,则在线教育机构的生存压力更大。尤其是随着高等教育的大众化以及教育作为一种服务的观念逐渐深入人心,使得在线教育机构更迫切地需要从学生的视角审视自身提供的教育服务质量,并从质量提升的过程中获取长期的竞争优势。反观国内的理论研究,在线教育服务质量虽然引起了部分学者的重视,但是对其几乎未开展深入的研究,尤其是对在线教育服务质量概念模型方面目前几乎未涉及,这给实务界带来了莫大的困扰。

本书摒弃传统教育质量研究的思路,借鉴商业组织服务质量的成果来思考在线教育质量,旨在廓清在线教育服务质量的具体构成,为在线教育机构清晰地理解学生感知服务质量、强化服务质量的管理提供了理论依据。

一、顾客感知服务质量

顾客感知服务质量的研究源于产品质量、满意度以及服务质量研究的差异范式(disconfirmation paradigm)。格罗路斯(Grönroos)首先提出了完整的感知服务质量模型,他认为服务质量是感知服务和期望服务比较的结果,包括技术质量和功能质量(北欧模型)。[①] 美国服务质量研究小组的帕拉苏拉曼(Parasuraman)、蔡特哈姆尔(Zeithaml)、贝里(Berry)三位学者(简称PZB)同样认为,服务质量是期望服务与感知绩效之间的差异,但内涵却与北欧模型有较大的差异。PZB提出的服务质量模型(SERVQUAL)包括有形性、可靠性、保证性、移情性、响应性等五维度并从期望和绩效两个维度进行测量(美国模型)。[②] 格罗路斯的北欧模型和PZB的SERVQUAL模型成为此后感知服务质量研究的基础,一些学者对SERVQUAL模型进行了进一步修正以适应不同的行业,另一些研究者则继续在北欧模型的基础上进一步拓展。如比特纳(Bitner)认为服务质量还应包括有形环境要素。[③] 拉斯特(Rust)和奥利费(Oliver)在技术质量和功能质量基础上也纳入了环境要素,并提出了包括服务产品、服务过程和服务环境在内的三因素模型。[④]

卡曼(Carman)首先意识到顾客在进行服务质量评价时会将服务质量的初级维度(primary dimensions)进一步分解为子维度(sub dimensions)。[⑤] 达布霍尔卡(Dabholkar)等也认为,将服务质量的初级维

① Grönroos C. Service quality model and its marketing implications[J]. European Journal of Marketing,1984,18(4):36-44.

② Parasuraman V A,Zeithaml V A,Berry L L. A conceptual model of service quality and its implications for future research[J]. Journal of Marketing,1985,49(4):41-50.

③ Bitner M J. Servicecapes:The impact of physical surroundings on customers and employee[J]. Journal of Marketing,1992,56(2):57-71.

④ Rust R T,Oliver R L. Service Quality:New Directions in Theory and Practice[M]. Thousand Oaks:Sage Publications,1994.

⑤ Carman J M. Consumer perceptions of service quality:An assessment of the SERVQUAL dimensions[J]. Journal of Retailing,1990,66(1):33-55.

度分解为不同的子维度更符合顾客感知复杂性的特点,他进一步指出服务质量包括三个层次:顾客对服务质量的总体评价、初级维度和子维度,即服务质量是其初级维度和子维度的高阶因子。[①] 布雷迪(Brady)和克罗宁(Cronin)比较了北欧模型、SERVQUAL 模型和三因素模型,并在三层次分析模型基础上提出,服务质量包括交互质量、环境质量和结果质量等三个初级维度。交互质量指员工与顾客的交流以及服务交换中的关键因素,包括员工的态度、行为和专业性等三个子维度;环境质量指服务环境,包括环境(如室内温度、背景音乐等)、空间设计(如布局、风格、实用性和美感等)和社会因素(如顾客数量、顾客类型和顾客行为等);结果质量是指服务结束后留给顾客的服务产品,包括等待时间、有形性和情感结果。布雷迪和克罗宁参照 SERVQUAL 模型,分别利用可靠性、响应性和移情性等三个关于服务接触的评价用语来测定和说明服务质量各子维度。

二、研究设计

(一)研究模型

从本质上来看,在线教育仍然是服务的一种类型,其本质与商业组织的服务无异,因此在线教育服务质量的概念研究仍然可以建立在现有服务质量尤其是在线教育服务质量的基础上。从在线教育服务质量的模型结构层次来看,我们赞同卡曼提出的对服务质量是一个多层次的概念模型的观点,尤其是达布霍尔卡等以及布雷迪和克罗宁所认为的服务质量包括顾客对服务的总体评价、初级维度以及子维度,而从国外大量的服务质量研究成果来看,这种观点也得到了充分的实证支持。具体到在线教育而言,教育服务的结果、服务的过程以及服务的环境也在相关的研究成果中得到了大量的体现。因此本研究认为在线教育服务质量

---

① Dabholkar P A,Thorpe D I,Rentz J O. A measure of service quality for retail stores:Scale development and validation[J]. Journal of the Academy of Marketing Science,1996,24(1):3-16.

应当包括结果质量、交互质量和物质环境质量等三个初级维度,这不仅符合商业组织服务质量的研究成果,更是建立在现有在线教育服务质量的研究成果基础上,如图 6-1 所示。其中,DEQ 为在线教育服务质量,OUQ 为结果质量,INQ 为交互质量,PEQ 为物质环境质量,KNA 为知识获取,ABE 为能力提高,VAL 为情感结果,ATT 为态度,BEH 为行为,EXP 为专业性,HAR 为硬件设施,STR 为网络资源,SOF 为社会因素,R 为可靠性,SP 为响应性,E 为移情性。

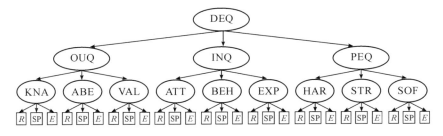

图 6-1　教育服务质量模型

(二)变量测量

模型表明,知识获取等九个子维度分别通过可靠性、响应性、移情性等三个指标进行测量,因而无须重新设置测量指标。在线教育服务质量、结果质量、交互质量、物质环境质量等四个潜变量则根据布雷迪和克罗宁、沙伊克(Shaik)、方宇通以及黄复生的研究问卷进行改编。因此,在探索性研究中仅针对四个潜变量共设计 15 个测量指标,各测量指标均采用从完全赞同(7 分)到完全不赞同(1 分)的李克特七级尺度进行衡量。变量指标初步设计后,采用焦点小组法进行初步讨论。埃德蒙兹(Edmunds)认为,焦点小组成员应该包括 5—6 名受访者。[1] 本研究设置了两个焦点小组,每个焦点小组包括五名不同年级、专业的在线教育学生,并根据小组的讨论结果修正测量指标的数量和表达方式。问卷初步

---

① Edmunds H. The Focus Group Research Handbook[M]. Chicago:NTC Business Books,1999.

设计后,对宁波广播电视大学的 150 名经管类在线教育学生进行预调查,并结合 SPSS 因子分析的载荷值进行数据净化(因子载荷小于 0.4 或者两个因子的载荷均超过 0.4,则该测量指标被剔除)。测量指标经过上述净化,在剔除了四个与对应潜变量因子载荷低于 0.4 的测量指标后形成正式调查问卷。正式调查问卷包括测量指标和学生相关信息两部分,其中测量指标包括在线教育服务质量的两个指标,结果质量、交互质量以及物质环境质量各三个指标,以及从可靠性、响应性、移情性三方面测量九个子维度的 27 个指标,共计 38 个测量指标;受访者信息则包括性别、专业类别、年级、学习状况以及年龄。

(三)数据收集与样本概况

本研究选取浙江省内的浙东、浙北和浙南的三所开放大学及其下属学院的学生作为研究样本。对在校学生采用分层抽样和整群抽样的方式进行抽样,对已毕业学生则由原班主任采用电子邮件群发的形式进行调查。三校共发放问卷 500 份,回收问卷 465 份,有效问卷 442 份,由于问卷的发放及回收中有各分校站点相关教师的协助,因此保证了问卷的回收率和有效率。

样本概况如下:在性别方面,男生占 28.51%,女生占 71.49%;在专业类别方面,经济管理类占 35.52%,理工类占 33.03%,文史类占 31.45%;在年级方面,一年级占 28.51%,二年级占 26.70%,三年级占 15.61%,四年级及以上占 13.35%,已毕业学生占 15.83%;在学习状况方面,优秀的占 8.14%,良好的占 14.25%,一般的占 35.52%,差的占 24.66%,很差的占 17.43%;在年龄方面,18—25 岁的占 40.50%,26—35 岁的占 44.34%,36—45 岁的占 12.22%,46 岁及以上的占 2.94%。

三、数据分析

(一)测量模型

1. 正态性检验

本研究采用 AMOS 软件的最大似然估计(maximum likelihood

estimation，ML)法进行数据分析，研究证实 ML 法在大多数情景下其参数估计结果比其他方法更具解释力，但使用 ML 法的前提是数据必须符合多变量正态性假定。根据克兰(Kline)的建议，变量偏度值小于 3、峰度值小于 20 即表明数据呈正态分布。[①] 本研究的正态性检验结果显示，各变量偏度值介于－0.025—0.413，峰度值介于 0.401—2.139，因此数据满足正态性假定，可以进行参数估计。

2. 信度

研究通过计算组合信度系数来检验信度，研究表明组合信度能有效避免克伦巴赫系数(Cronbach'α)所要求的潜在变量对各测量指标影响相同的假设。按照习惯性判断标准，组合信度应在0.6以上。经计算，13个潜变量组合信度系数介于0.81—0.91，具有较高的信度。

3. 效度

本研究各变量误差方差均大于 0，各变量标准化因子载荷介于0.72—0.94，标准误介于 0.048—0.237，满足黑尔(Hair)所提出的检验建构效度前所应具备的条件，因而可以进一步检验聚合效度和区别效度。经检验，平均方差萃取值(average variance extracted，AVE)介于0.62—0.77，满足福内尔(Fornell)和拉克尔(Larker)提出的检验聚合效度时所要求的因子载荷大于 0.7、AVE 大于 0.5 的要求，因此各变量具有较高的聚合效度。区别效度则通过比较各变量的 AVE 及变量间的共享方差进行，本研究各变量的 AVE 介于 0.62—0.77，共享方差介于0.12(HAR-EXP)—0.66(PEQ-VAL)，除了 HAR 的平均方差抽取值(0.62)略低于 PEQ-VAL 的共享方差，其余各变量 AVE 均大于变量间共享方差，具有较高的区别效度。效度分析结果如表 6-1 所示。

---

① Kline R B. Principles and Practice of Structural Equation Modeling[M]. New York：Guilford Press，1998.

表 6-1　效度分析

变量	均值	标准差	组合信度	因子载荷	t 值
OUQ	3.92	1.30	0.86	0.73—0.93	4.10—6.69
INQ	3.93	1.23	0.87	0.72—0.94	5.65—5.82
PEQ	2.61	1.26	0.87	0.78—0.91	5.43—5.53
KNA	3.33	1.28	0.87	0.72—0.90	6.26—12.21
ABE	3.30	1.33	0.91	0.80—0.90	7.70—8.70
VAL	4.20	1.40	0.86	0.77—0.87	5.84—5.87
ATT	4.78	1.15	0.90	0.81—0.94	7.87—10.35
BEH	4.57	1.08	0.89	0.84—0.89	7.12—7.64
EXP	3.98	1.25	0.85	0.72—0.91	5.78—6.49
HAR	4.81	1.01	0.83	0.78—0.80	6.78—8.88
STR	4.51	0.96	0.81	0.79—0.86	6.77—8.89
SOF	3.88	1.15	0.88	0.78—0.89	6.54—9.01
DEQ	4.69	1.09	0.87	0.87—0.89	9.16—10.42

（二）结构模型

在线教育服务质量是一个多维的分层概念，从结构方程模型分析技术的角度来看，本研究的概念模型可以看成是一个三阶模型，即在线教育服务质量是初级维度的高阶因子、各初级维度是子维度的高阶因子、各子维度是三个服务接触测量指标（S、SR、E）的高阶因子。由于目前尚未有文献对三阶模型进行分析，而整体概念模型的适应性又是本研究检验的重点，因此在对模型进行整体检验前，需进行两项补充检验。借鉴达布霍尔卡等的数据分析过程，本研究首先检验三个初级维度，而后检验九个子维度，不同的是本研究在此基础上进一步检验总体模型，以完成三阶模型的检验，如图 6-2 所示。因此，模型的适应性决定了测量变量有效衡量初级维度以及变量（R、SP、E）支持子维度的程度。

第一阶段中，首先对结果质量、交互质量、物质环境质量等三个子维度进行二阶模型检验，目的在于检验三个子维度是否能恰当地衡量在线

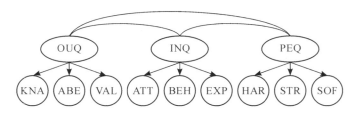

图 6-2　变量模型

教育服务质量。经 AMOS17.0 检验,该模型卡方值为 7.39,卡方与自由度之比为 1.85,小于门槛值 2;显著性水平 p 大于 0.05,表明观测数据与假设模型导出的方差—协方差矩阵相等,接受预设模型。[①] GFI、NFI、CFI 也均达到理想标准(见表 6-2,Model1),因此图 6-2 所示模型检验通过。

　　第二阶段对九个子维度进行检验。前文研究模型显示各子维度均有来自 SERVQUAL 模型的三个固定测量指标,因此九个子维度共有 27 个测量指标。检验结果显示,卡方值为 470.64,卡方与自由度之比为 1.59,p 大于 0.05,GFI、NFI、CFI 等指标均达到理想标准(见表 6-2,Model2),该模型同样较好地得到了验证。最后,对总体模型的检验同样显示模型具有较好的适应性。虽然 NFI 指标未达到理想要求,但指标值(0.88)仍接近 0.9 的评价标准(见表 6-2,Model3)。此外,各路径系数的 t 值均显著且在设定的显著性水平 0.001 下得到检验。从以上分析结果来看,结构模型分析结果较好地支持了在线教育服务质量概念模型,即在线教育服务质量是一个包括三个初级维度、九个子维度在内的分层模型,而在在线教育服务质量的评价中可以采用可靠性(R)、响应性(SP)和移情性(E)等三个表示接触性的指标进行具体测评。

　　① 吴明隆.结构方程模型:AMOS 的操作与应用[M].2 版.重庆:重庆大学出版社,2010.

表 6-2　模型检验

模型 ($n=442$)	χ^2	df	p	GFI (>0.9)	NFI (>0.9)	CFI (>0.9)	SMEA (<0.08)
Model1	7.39	4	0.12	0.98	0.96	0.98	0.02
Model2	470.64	296	0.08	0.93	0.91	0.96	0.06
Model3	860.78	453	0.16	0.90	0.88	0.93	0.07

四、研究结论

学术界关于在线教育质量的研究成果早已不胜枚举,而从服务的观点对成人在线教育质量进行研究,尚未出现令人信服的研究成果,尤其是在实证研究方面目前仍举步维艰,相关的成果也屈指可数。本研究正是在这样的背景下进行了实证研究,并提出了成人在线教育服务质量的多维分层模型。

首先,成人学生从结果质量、交互质量和物质环境质量等三个维度对在线教育服务质量进行感知。由此可见,学生对在线教育服务质量的感知是多元的,包括了有形感知和无形感知。而在三个初级维度中,结果质量最能影响在线教育服务质量,其与在线教育服务质量的相关系数为 0.74。该结果表明,学生接受在线教育的主要目的是获取知识、提升能力。物质环境质量与交互质量对在线教育服务质量的影响系数次之,分别为 0.56 和 0.49,表明硬件设施和网络资源在在线教育服务质量中的重要性高于与教师、管理人员的交互。由于在线教育是一种准分离的教育类型,学生的主要学习方式是借助在线教育学习支持服务进行的自学,与全日制教育存在较大的差异,因此也可以解释硬件设施、学习资源等学习环境的重要地位。

其次,学生对结果质量、交互质量和物质环境质量的感知同样是一个多元的复杂过程。在实际的感知中,三个初级维度可以进一步分解成九个子维度,所有这些维度构成了学生对在线教育服务质量的总体感知。从现有的研究成果来看,本研究模型中的其他子维度均不同程度地得到了其他学者的支持,而结果质量中的情感结果和物质环境质量中的社会因素则尚未体现在相关的研究中。我们认为,本研究的研究视角是纯粹从学生感知的角度出发,完全借鉴了商业组织服务质量的研究成果,更多地考虑了学生的在线教育服务体验,而服务质量是一种认知判断,因此出现情感结果和社会因素两个子维度也在情理之中。

最后,服务接触在在线教育服务体验中具有核心地位,而不同子维度的接触重点不同。在在线教育服务中,学生同样会从 SERVQUAL 模型所强调的可靠性、响应性和移情性等三个接触性角度进行感知。但是从三个接触性指标在不同子维度的因子载荷来看,其重要性显然不同。如可靠性在知识获取中的因子载荷最高,表明学生在知识获取中更注重知识的完整和准确;而在态度这一子维度中,响应性的因子载荷最高,表明学生更注重教师、管理人员服务的响应性。

第二节　成人在线教育服务质量影响因素

近年来,成人在线教育机构纷纷强化自身的服务质量管理并在学生入学、面授辅导、服务态度、网络资源等各方面践行服务的理念,以教学质量为支撑,以服务质量求发展。因此,改进服务质量、提高学生满意度是当前在线教育机构管理的重点之一。同时,学术界也开始关注在线教育服务质量并出现了一些有代表性的观点,但尚未有关于在线教育服务质量方面的实证研究成果,更未能有效界定在线教育服务质量的影响因素,从而使在线教育机构在实践中难以把握学生的基本要求。本研究旨在通过实证研究,厘清在线教育服务质量的影响因素以及各因素的重要性程度,以期为在线教育机构提高服务质量提供理论保障。

在线教育顾客的界定是在线教育服务质量研究的基础,一般认为高等教育(包括在线教育)的顾客有政府、高校管理人员、教师(学术研究人

员）以及作为一个整体的学习者及其家庭、雇用单位和社会。① 而在所有
这些顾客中，最基本的顾客便是学生，这种理念与发达国家教育服务质
量研究中所秉持的理念是一致的。② 因此，在线教育必须坚持以顾客为
关注焦点，在在线教育质量管理中强化顾客意识、确认顾客权益、识别顾
客需求、全面满足和评价顾客需求。③ 然而不同的顾客对在线教育质量
的要求不同，因此在线教育机构必须在所有的顾客中选择最重要、最直
接的顾客，并将其满意度、学习要求与学校的发展结合起来。

顾客的界定是在线教育服务质量研究的起点，而在线教育服务相关
概念的界定则是深入研究的关键。武丽志认为，在线教育服务是"准公
共产品"，兼有公共产品和私人产品的特征，具有个人和社会双重收益的
特点。在线教育组织提供的各项服务都可以分解为显性服务、隐性服
务、物品、环境等要素，这些构成了在线教育完整的服务产品。④ 全日制
高等教育服务具有生产和消费的不可分离性，而在线教育中的教师与学
生间存在"准分离"的特征，在在线教育中除了有教师授课等即时性服
务，还有诸如网络课件、教材等具有传统产品属性的服务。也就是说，在
在线教育中既提供纯粹服务，也提供产品，因此在线教育服务质量较之
其他高等教育更复杂。哈维（Harvey）和格林（Green）认为，教育服务质
量应该从五个方面来理解：额外的（与卓越有关）、完整性或一致性、满足
需求、币有所值、创造力培养。⑤ 从在线教育的特点来看，在线教育服务
质量包括结果质量、过程质量、非预期质量，并有多样性、复杂性、过程

① Weaver T. What is good of higher education? ［J］. Higher Education Review，1976，10(1)：3-14.

② Hill F M. Managing service quality in higher education：The role of the student as primary consumer［J］. Quality Assurance in Education，1995，3(1)：10-21.

③ 袁彩哲.电大远程教育贯彻"以顾客为关注焦点"的思考［J］.江苏广播电视大学学报，2007(4)：13-16.

④ 武丽志.定位与构成：远程教育服务的产品研究［J］.广州广播电视大学学报，2008(2)：5-9.

⑤ Harvey L，Green D. Defining quality［J］. Assessment ＆ Evaluation in Higher Education，1993，18(1)：9-26.

性、发展性的特点。① 从具体的实践来看,在线教育服务质量包括标准化服务(网络课程建设、网络学习支持平台建设、基础设施建设、专业化师资队伍建设、内部管理的非过程性服务和管理服务、学习服务、情感服务、附加的过程性服务)和应学生要求的个性化服务。② 同时,史蒂文森(Stevenson)和桑登(Sanden)认为,在线教育机构应在学生入学前准确地感知学生的期望并调查、反映以及回应这些期望。③ 此外,在在线教育服务质量的测度方面,沙伊克等首先分析了在线教育服务质量的差距,并在借鉴了 SERVQUAL 模型的基础上开发了在线教育服务质量的测度方法(DL-sQUAL)。④ 而在在线教育机构服务发展战略方面,沙伊克则较为全面地讨论了在线教育机构如何使用关系营销模式进行招生以及如何降低学生的辍学率。⑤

二、研究设计

(一)研究基础

1. 在线教育的产品是教育服务

传统的教育理论认为教育的产品是学生,这种理论无法解释在线教育中的成人学生通过自己付费的方式购买作为产品的自身这一悖论,而教育服务理论认为教育产品是教育服务,是商品,也是一种活动,这种活动具有服务性或者劳务性。⑥ 具体到在线教育服务,它包括有形产品的

① 丁新,武丽志. 远程教育质量:一种服务的观点[J]. 中国远程教育,2005(3):14-18,78.

② 褚夫梅. 我国现代远程教育服务质量标准研究[D]. 武汉:华中师范大学,2007.

③ Stevenson K, Sander P. Improving service quality in distance education[J]. European Journal of Open and Distance Learning,1998,1:12-18.

④ Shaik N, Lowe S, Pinegar P. DL-sQUAL:A multiple-item scale for measuring service quality of online distance learning programs[J]. Online Journal of Distance Learning Administration,2006,9(3):34-42.

⑤ Shaik N. Marketing distance learning programs and courses:A relationship marketing strategy[J]. Online Journal of Distance Learning Administration,2005,8(3):67-75.

⑥ 靳希斌. 论教育服务及其价值[J]. 教育研究,2003(1):44-45.

提供(如教材以及各类网络课件)和在线教育机构与主要顾客间的交互(如答疑咨询、管理服务等)。

2.学生是评价在线教育服务质量优劣的直接主体

既然在线教育的主要产出是教育服务,那么在线教育服务质量的研究就应从顾客的角度出发。在在线教育众多的顾客中,学生是最基本的顾客,雇主和家庭对在线教育服务质量的要求可以体现在具有自我判断、自我主张的成人学生这一基本顾客中。同时,在线教育机构可以从学生的反馈意见中知晓所提供的教育服务是否使学生满意以及哪些方面有待改进。[①] 因此,在线教育服务的提供者应该提供符合学生需求的在线教育服务,即学生是评价在线教育服务质量优劣的直接主体。

(二)问卷设计

本研究的问卷在设计过程中参考了美国 Novel-Levitz 公司开发的《全国大学生满意度调查》和《加拿大安大略省职业技术院校绩效评价指标》的调查问卷,以及其他研究者对教育服务质量研究的问卷设计,同时召集部分受访学生进行小组讨论,由问卷设计者介绍在线教育服务质量的基本概念,引导学生对此进行思考并提出问卷指标的相应内容,在此基础上设计了 51 个指标。问卷的评价尺度采用李克特七级尺度,从最高 7 分到最低 1 分,分别代表从完全同意到完全不同意。此外,格罗鲁斯(Gronroos)认为,服务质量等于顾客期望与顾客实际感知绩效之差,然而就在线教育而言,顾客(学生)的期望首先是不明确的,学生感知的绩效也会因为感知对象的不同而有所差异,甚至这种差异在进行服务质量评价时根本无法调和,而仅从学生感知的角度进行在线教育服务质量评价可以避免学生在进行感知测度时不受期望值的影响。因此,在评价尺度中,本研究采用克罗宁(Cronin)和泰勒(Taylor)在采用服务绩效模型(SERVPERF)方法时提出的用顾客感知直接测度服务质量而非从期望

---

① Long P，Tricker T，Rangecroft M，et al. Measuring the satisfaction gap：Education in the market-place[J]. Total Quality Management，2001，12(7-8)：772-778.

和感知之差来测度。

问卷初步设计后以某省级成人高等学校会计学、工商管理和金融学三个本科专业为样本进行预调查,共发放问卷 120 份,回收 114 份,有效问卷 112 份。采用 SPSS 统计软件进行反复预检并结合预检结果删除因子载荷不符合标准的六个指标,同时结合受访学生对问卷所提出的问题修饰部分指标的文字表述后确定 45 个具体指标和两个总体服务质量评价指标。正式调查问卷包括三部分,第一部分是问候语,第二部分为具体测度指标,第三部分是受访者的基本信息。

(三)数据分析过程

本研究首先采用 SPSS 软件对收集到的数据进行因子分析,初步确定在线教育服务质量的影响因素,继而结合 AMOS 软件进行检验,如有必要将结合检验的结果修正因素的具体指标以最终确定在线教育服务质量的影响因素。最后,通过回归分析的相关系数来判定各因素对在线教育服务质量的影响程度。

(四)数据收集与样本概况

本研究的正式调查选取浙江省内的 NB 开放大学、TZ 开放大学、HZ 开放大学(包括三所大学的下属学院)的成人学生作为研究样本,其中对在校学生采用分层抽样和整群抽样的方式进行抽样,对已毕业学生则由原班主任采用电子邮件的形式进行调查。三校共发放问卷 300 份,回收问卷 242 份,有效问卷 236 份,占总体发放问卷的 78.67%,样本概况见表 6-3。

表 6-3 样本情况

变量	属性	样本数	占比/%
性别	男	47	19.92
	女	189	80.08

变量	属性	样本数	占比/%
专业类别	经济管理类	85	36.02
	理工类	80	33.90
	文史类	71	30.08
所在学年	第一学年	46	19.49
	第二学年	58	24.58
	第三学年	34	14.41
	已毕业	98	41.53

三、数据分析

(一)描述性统计分析

本研究对所涉及的具体测度指标采用 SPSS 软件进行描述性统计,计算出各指标的平均值和标准差以了解学生对服务质量的总体评价,见表 6-4。

表 6-4　描述统计

指标	均值	标准差	指标	均值	标准差	指标	均值	标准差
Q_1	4.2797	1.2506	Q_{16}	4.3363	1.1641	Q_{31}	4.7542	1.1665
Q_2	4.1737	1.1446	Q_{17}	4.0254	1.5735	Q_{32}	4.7160	1.3111
Q_3	3.4237	1.4016	Q_{18}	4.4087	1.1537	Q_{33}	4.8433	1.2770
Q_4	3.6645	1.2956	Q_{19}	4.4172	1.1506	Q_{34}	4.4025	1.3349
Q_5	3.6183	1.3008	Q_{20}	4.2882	1.1956	Q_{35}	4.1972	1.3032
Q_6	4.2844	1.5735	Q_{21}	4.2882	1.1956	Q_{36}	4.8469	1.2891
Q_7	4.7288	1.2914	Q_{22}	4.2881	1.2656	Q_{37}	4.5763	1.1626
Q_8	4.5508	1.0486	Q_{23}	4.5932	1.2324	Q_{38}	4.6314	1.1867
Q_9	4.1107	1.2533	Q_{24}	4.6775	1.1251	Q_{39}	4.7299	1.2830
Q_{10}	4.7274	1.1234	Q_{25}	4.3517	1.3109	Q_{40}	4.4043	1.1632
Q_{11}	4.5932	1.7791	Q_{26}	4.6271	1.2602	Q_{41}	4.5975	1.2006
Q_{12}	3.9531	1.1823	Q_{27}	4.6237	1.2684	Q_{42}	4.5169	1.1575
Q_{13}	4.5720	1.0989	Q_{28}	4.7415	1.1872	Q_{43}	3.8432	1.3864
Q_{14}	4.5339	1.0411	Q_{29}	4.7461	1.1845	Q_{44}	3.8729	1.1501
Q_{15}	4.1568	1.2225	Q_{30}	4.4703	1.1936	Q_{45}	4.1610	1.3303

(二)因子分析

在因子分析前,本研究首先对样本进行 KMO 测度和 Bartlett 球形检验,对问卷中的数据缺失值采用列均值进行替换。正式调查样本的 KMO 值为 0.926,Bartlett 球形检验的统计量为 11248.909,自由度为 990,显著性水平为 0.000。结果表明,KMO 样本测度结果显著,可以作因子分析。在因子分析中以载荷 0.4 作为判断标准,若同一个指标在不同因子的载荷上有两个以上大于 0.4 或在所有因子上的载荷均小于 0.4,则删除该指标。随后,本研究采用主成分分析法,经方差最大旋转、二十五步迭代,以特征值大于 1 为标准提取出七个公共因子,累计方差贡献率为 69.917%(一般认为,对探索性研究累计方差贡献率大于 50% 即可接受),如表 6-5 所示。

表 6-5 因子分析

因子	指标	测度内容	因子载荷	因子	指标	测度内容	因子载荷
1	Q_7	教师的专业知识	0.770	3	Q_{36}	网上课堂使用频率	0.667
	Q_8	教师的学术水平	0.730		Q_{37}	网上课堂资源	0.620
	Q_9	教师的研究能力	0.520		Q_{38}	资源使用有效性	0.717
	Q_{10}	授课准备和课堂组织	0.769		Q_{39}	论坛回复效果	0.719
	Q_{12}	授课水平	0.572		Q_{40}	网上课堂使用便捷性	0.715
	Q_{13}	因材施教	0.720	4	Q_{24}	教学信息传递及时性	0.446
	Q_{14}	授课能理论联系实际	0.692		Q_{26}	合理要求得到及时解决	0.762
	Q_{16}	激发学习兴趣	0.485		Q_{27}	学生疑问解答及时性	0.765
2	Q_1	教学设施齐全	0.664		Q_{28}	课程论坛回复及时性	0.807
	Q_2	仪器设备满足教学需求	0.583		Q_{29}	及时满足学生教学要求	0.802
	Q_3	功能设施完善	0.802				
	Q_4	校园环境优美	0.764				
	Q_5	安保措施得当	0.745				
	Q_{17}	图书资源丰富	0.596				

因子	指标	测度内容	因子载荷	因子	指标	测度内容	因子载荷
5	Q_{18}	教师、管理人员态度	0.780	6	Q_{31}	教师与学生沟通意愿	0.698
	Q_{19}	管理服务变化告知	0.777		Q_{32}	师生联系渠道通畅	0.612
	Q_{20}	疑问解决	0.839		Q_{33}	学习烦恼倾诉	0.640
	Q_{21}	教学信息变化告知	0.829		Q_{34}	知道教师联系方式	0.586
	Q_{22}	与管理人员交流愉快	0.422	7	Q_{43}	表达抱怨的渠道	0.701
6	Q_{25}	能有效联系到教师	0.563		Q_{44}	能倾听学生抱怨	0.815
	Q_{30}	与教师交流意愿	0.476		Q_{45}	积极解决学生抱怨	0.759

（三）因子检验与修正

因子分析是结合调查数据对在线教育服务质量影响因子的简单聚类，初步反映了影响在线教育服务质量的因素。为使影响因子更符合调查数据的实际情况，研究采用 AMOS 7.0 软件进一步检验因子分析的结果，并根据分析结果结合指标的实际含义删除或调整各指标在不同因子中的分布。初步检验，在显著性水平为 0.000 下，在线教育服务质量七个影响因素的卡方值为 1090.539，自由度为 499。虽然初步检验的显著性水平较高，但是卡方值较大，且自由度与卡方值之比为 2.185，大于可接受水平 2；均方根残差（RMR）和近似均方根残差（RMSEA）为 0.090 和 0.071，均大于可接受水平 0.05；拟合优度指数（GFI）、规范拟合指数（NFI）、增量拟合指数（IFI）和比较拟合指数（CFI）分别为 0.790、0.831、0.900、0.899，均小于（或等于）可接受水平 0.9。通过初步检验可知，因子分析的结果并不能完全反映样本的基本情况，因而结合修正值数（MI）和问卷中具体指标的含义，删除因子 1 中的指标 Q_9 和 Q_{12}、因子 6 中的指标 Q_{34} 以及因子 7 中所有相关指标，并调整剩余指标间的从属关系后在显著性水平为 0.000 下,卡方值下降至 489.333,自由度为 392,自由度与卡方值之比为 1.248,小于 2;RMR 和 RMSEA 为 0.045 和 0.032,均小于 0.05;GFI、NFI、IFI、CFI 分别为 0.972、0.927、0.985、0.984,均大于 0.9。由此可见,经过修正后的影响因素符合样本特点,即在线教育服务质量的六个影响因素符合调查分析的实际情况。

(四)因子理解与命名

对因子分析结果的实际理解需要高度的创造性、灵活性和对资料的熟悉程度,除了要观察因子负荷,还要结合有关的文献评论和理论研究。国外众多学者对教育服务质量组成因子进行了分析。[①②] 本研究在综合国内外现有研究的基础上结合指标的具体含义,对影响因子进行命名。

因子 1 命名为业务素质,该因子主要指教师,包括教师的学术水平和授课水平。人的因素是一切社会生产中最重要的因素,而在高等院校中教师的因素尤为关键。在 PZB 研究开发的 SERVQUAL 模型中,该因子是作为有形性中的部分,而高校特殊性决定了教师的业务水平是影响教育服务质量最重要的因子。

因子 2 命名为硬件设施,它基本上反映的是 SERVQUAL 模型中有形性影响因子的内涵,主要是为满足学生学习的各种硬件设施。

因子 3 命名为网络资源。在线教育具有师生准分离的特征,学生的学习主要通过网络来完成,网络教学资源的质量直接影响学习效果。因此,及时有效的网络教学资源以及教师与学生在课程论坛上的有效沟通对学生学习有重要作用。

因子 4 命名为及时性,即学校、教师对教学和管理信息以及其他与学生切身利益相关信息的发布是否及时。美国服务研究组合 PZB 在其开

---

① Oldfield B M, Baron S. Student perceptions of service quality in a UK university business and management faculty[J]. Quality Assurance in Education, 2000(2): 85-95.

② Kwan P Y K, Ng P W K. Quality indicators in higher education comparing Hong Kong and China's students[J]. Managerial Auditing Journal, 1999, 14(1/2): 20-27.

发的 SERVQUAL 模型中将服务的及时性作为五个测量维度之一。在线教育在本质上是教育服务的一种,准确、高效、及时的服务是顾客满意的先决条件。

因子 5 命名为管理沟通,在线教育中学生与学校的沟通要比全日制教育更为困难,而各种通信方式的沟通效果也远差于当面沟通。此外,成人学生有工作和家庭的双重压力,他们的关注焦点也并不像全日制学生般只将重心放在学习上。因此,管理人员能有效传达教学信息,将教学和管理的变化告知学生并对学生反映的问题做出有效的回答,使学生了解管理、教学上的相关信息。

因子 6 命名为师生交流,在服务质量的研究中,有学者将反应性、保证性和移情性项目合成的因子定义为"互动质量",指服务产生于人际互动。从在线教育的特点来看,学生在面授课之余与教师的沟通是其快速有效解决学习疑问、了解专业特点、满足工作要求的方式;而授课教师友善的态度、准确的回答是学生满足这种需求的关键。

（五）因子重要性检验

为进一步检验六个影响因素对在线教育服务质量的重要性程度,本研究采用 AMOS 7.0 软件进行回归分析,以六个因素为自变量,以在线教育服务质量的总体检验指标 Q_{46}—Q_{47} 为因变量,以回归分析的标准化系数高低作为评判影响在线教育服务质量重要程度的标准。经检验,在显著性水平为 0.000 下,业务素质、硬件设施、师生交流、网络资源、管理沟通、及时性等六个影响因素的标准化系数分别为 0.876、0.823、0.809、0.791、0.774、0.680,其对应的 t 值分别为 11.898、10.984、11.099、9.160、8.190、9.072。由此可见,业务素质、硬件设施、师生交流是影响在线教育服务质量高低的重要因素,而网络资源、管理沟通、及时性则次之。

（六）信度与效度

1.信度

本研究采用 Cronbach'α 值以及折半相关系数来检验问卷的信度,

Cronbach'α 值大于 0.7 就表明具有较高的信度。经检验,六个影响因素的 Cronbach'α 值均大于 0.8,体现了较高的信度。

2.效度

本研究的问卷在设计过程中参考了国内外相关学者对在线教育服务质量的研究成果以及《全国大学生满意度调查》和《加拿大安大略省职业技术院校绩效评价指标》,并在此基础上结合了相关专家和学生的座谈意见,具有较高的内容效度。卡方值和自由度检验证实,在线教育服务质量的六个影响因素的相关指标均符合要求,具有较高的结构效度。

四、小结

首先,在线教育服务质量的影响因素包括业务素质、硬件设施、网络资源、及时性、管理沟通、师生交流等六个方面,其中既包括纯粹服务的提供,也包括网络资源等具有产品特性的商品提供,即学生对在线教育服务的要求是全方位、多维度的。其次,在线教育服务质量的六个影响因素中,教师的业务素质、教学等所用的硬件设施以及师生交流是学生最关注的三个因素,而网络资源、管理沟通、及时性三个影响因素则次之。最后,从在线教育服务质量的业务素质、硬件设施、师生交流三个影响因素并结合问卷的实际指标来看,其较为明显地表现出全日制高等教育服务质量的特征。从实践来看,部分学生确实存在轻网络资源、自主学习,重面授辅导、教师讲解的现象。

第三节 成人在线教育服务质量评价模型

传统的教育质量评价以行政部门或学校为评价主体,随着高等教育服务理论逐渐深入人心,在线教育的质量观也由传统的"学生产品观"向"教育服务观"转变。在线教育的特殊属性,使得在线教育机构可以采用顾客感知服务质量理论对在线教育进行评价,即在线教育服务质量评价。由此可见,在线教育服务质量的评价更多借鉴服务管理的相关理论,它的有效开展将有利于在线教育机构转变管理观念,采用服务质量的理论管理在线教育服务从而提高在线教育机构的服务能力,提升在线教育机构的竞争力。

我们从教育服务理论和顾客感知服务质量理论出发,认为在线教育的基本产出是在线教育服务,在线教育服务质量评价的主体是学生,评价对象是包括结果质量、交互质量和环境质量在内的在线教育服务质量,最后提出了在线教育服务质量评价的模型和因子载荷加权的服务质量评价方法,为相关机构有效管理在线教育服务提供了理论保障。

一、在线教育服务

作为一种教育服务,高等教育市场化的观念在市场经济的迅猛发展中得到进一步强化。靳希斌认为,教育产品不是物,而是一种活动,即教育服务,这种服务具有服务性或者劳务性。教育产品是商品,它具有使用价值和价值,教育服务在市场交换中形成教育市场。① 由此可见,高等教育的产出之一是服务,即高等教育服务,而不是所谓的学生产品。高等教育服务这一产品具有非实物使用价值,只要它是为交换而生产的就是商品,就具有使用价值和价值二重性,其价值是教育服务产品生产者(教育机构)劳动耗费的单纯凝结,是教育工作者劳动创造的,并不是从任何别的领域转移或者再分配过来的。②

在线教育作为高等教育的一种特殊形式,同样适用于教育服务理论。在线教育教学过程中的教材、音像资料、学习资料等有形产品的提供也是为了无形服务的有效提供而生产的,因此,在线教育的基本产出仍然是在线教育服务。在线教育学习者牺牲的货币成本、闲暇时间、潜在经济利益和大量的精力消耗并不是为了获取教材、作业、网上资源等有形产品,更不是为了购买自己,而是通过学习后提高专业技能、增强自身的素质,从而提高人力资源价值,取得更好的发展前途或者满足自身

---

① 靳希斌.论教育服务及其价值[J].教育研究,2003 (1):44-45.

② 田汉族.教育服务理论提出及其实践价值[J].大学教育科学,2005 (5):5-11.

对知识的渴求。同样,在线教育机构设计人才培养方案、提供完善的学习支持、合理组织教学等的目的是满足学员在任何时间、任何地点学习,这本身就是一种服务。[①]

　　在线教育机构提供的服务通常是一个连续、系统的过程。在线教育机构为学员提供的核心服务是教学支持服务(包括面授教学、网上教学、教学管理等)。作为服务的一种特殊类型,在线教育服务首先具有服务的最基本特征,即无形性。在在线教育服务的提供过程中,虽然有教材、音像资料等有形物品的提供,但它们是伴随着教育服务的有效开展而存在的,是教学服务的载体,并非在线教育的基本产出。从另一个角度来说,学生在接受在线教育服务前,往往无法确定他们能得到什么样的服务,因此,无形的服务非常抽象,难以描述。在线教育服务的第二个特性是差异性,即在线教育机构提供的服务不完全相同,具体表现为服务的内容、途径和方法及其结果不同。以在线教育服务的直接提供者教师为例,不同的教师讲授同一内容显然具有较大的差异,而同一批学生在其经历的整个教学服务过程中也会接受不同的教育服务。服务和消费的不可分离是在线教育服务的第三个特性。实物产品可在生产和消费之间的一段时间内存在,而服务的生产和消费却不能分离。在在线教育中,教师与学生虽然在空间上进行了分离,但是分离的仅仅是传统意义上的师生互动。从在线教育的服务整体来看,在线教育学习者参加远程学习的整个生存期,既是服务的提供过程,又是服务的消费过程。

二、在线教育服务质量评价的主体和对象

(一)在线教育服务质量评价的主体

　　一般而言,高等教育服务质量的评价主体有四类:高等教育机构的主管部门、高等教育服务提供者、高等教育服务的消费者(学生)、社会公众。目前,高等教育质量评价的主体主要是前两者,他们同时也制定各

---

① 丁新,武丽志.远程教育质量:一种服务的观点[J].中国远程教育,2005(3):14-18,78.

类标准和评价指标、评价方法，或定期或不定期地对高等教育质量进行评估、考核，因此，以这两者作为评估的主体在现实条件下实现得较多。社会公众由于不是高等教育的直接购买者，难以直接体验高等教育的服务质量，因此，难以成为评估主体。

随着教育服务理念的普及，学生逐渐将在线教育作为一种服务而将自己置于天然的消费者地位，具有在线教育服务质量评价的心理优势。因此，学生是在线教育服务质量评价的重要主体，在线教育机构的一切活动必须以学习者满意为关注焦点展开，满足学习者明确或者潜在的学习需求，这既是在线教育服务质量管理的出发点，也是归宿。①

（二）在线教育服务质量评价的对象

在线教育服务质量评价的对象是在线教育服务质量，具体指在线教育机构提供的全部内容，包括在线教育服务的结果（结果质量）、在线教育服务的过程（交互质量）、为保障服务有效开展的物质环境（环境质量）。

1. 结果质量

结果质量与格罗路斯所定义的技术质量内涵一致，指服务过程结束后留给顾客的服务产品。从在线教育的现实情况来看，结果质量则是接受在线教育的学生在其学业结束后的一种价值增值，是一种相对水平的提高，即学生接受学业后在理论知识和实践技能上的进步，包括知识获取和能力提高。

学生接受远程教育首先是为了获取知识，直观的体现便是获取文凭，这与商业组织的顾客得到的服务结果在本质上是一脉相承的。其次是提高解决问题的能力，如果知识的获取能够用文凭这一显性要素进行衡量的话，能力的提升则无法量化，它更多的是学生在实践中自我效能的感知或一种主观评价。

① 武丽志.远程教育的服务性分析[J].开放教育研究,2006(6):41-44.

2. 交互质量

交互质量指在线教育服务传递的过程,即在线教育服务质量是如何通过服务接触而被学生有效感知的。这里的交互是指学生围绕知识获取、能力提升而与教师、管理人员、网络资源发生的交互,这种交互既可以是实时的,也可以是非实时的。交互质量包括教师的态度、行为和专业性。比特纳(Bitner)认为,态度和行为显著地影响了顾客对过程质量的感知。[①] 而在沙伊克(Shaik)等对在线教育服务质量的研究中则将态度和行为称为沟通。[②] 虽然在名称上有差异,但是两者所指向的内容是一致的。

交互过程中另一重要因素是教师、管理人员、网络资源的专业性。教师的专业性主要影响了在线教育相关的课程设置、网络资源建设进而影响在线教育质量。[③] 这种专业性对教师而言便是自身的专业素质,对管理人员而言是指为学生及时、准确、完整地解决其问题的能力,对网络资源而言是指其明确的指向性,即网络资源能否解决学生实际的学习问题。因此,态度、行为和专业性等三者构成了交互质量的全部内容,这与黄复生的"教学服务""管理服务""学习资源",方宇通的"业务素质""管理沟通""师生交流"以及沙辛(Sahin)的"灵活性",在内容指向上是一致的,不同的仅是表达的差异。

3. 环境质量

有形环境质量是影响服务评估的基本因素,由于服务相较于有形产品的特殊性使得环境在服务传递中的地位更加突出。同时,服务的无形性并要求顾客参与服务生产的过程,使得环境显著作用于顾客对服务接

---

① Bitner M J. Evaluating service encounter: The effects of physical surrounding and employees[J]. Journal of Marketing, 1990, 54(2): 69-81.

② Shaik N, Lowe S, Pinegar P. DL-sQUAL: A multiple-item scale for measuring service quality of online distance learning programs[J]. Online Journal of Distance Learning Administration, 2006, 9(3): 34-42.

③ 杨天阳. 电大远程开放教育质量的影响因素与对策[J]. 继续教育研究, 2012 (1): 83-86.

触的总体评价。在在线教育中,包括教学设施设备在内的硬件设施是物质环境质量中的关键,这与沙伊克等人的研究结论一致。当然从在线教育的实践来看,网络资源(包括学习文本资料、各类流媒体课件以及学习论坛等)是保证学生正常学习的另一环境资源。

三、在线教育服务质量评价的比较

在线教育服务首先与企业服务具有共同的特性,其结果评价自然也有相似之处;但它同时也是服务在在线教育领域的拓展,是一种特殊的服务,因此,有其自身的本质特征。对在线教育服务质量评价与企业服务质量评价的比较有助于在线教育机构认清评价的目的与意义,借鉴服务质量的评价方法以适应在线教育服务质量的评价。

(一)服务质量评价的联系

1.评价内容的一致性

在线教育服务是一个包括教育服务的准备、实施在内的一系列过程,其具体质量包括结果质量、交互质量和环境质量,这与企业服务质量的评价内容一致。

2.评价方法的相通性

服务质量是一种顾客的主观感受,不论是企业服务质量还是在线教育服务质量,既然评价的主体都是消费者,那么,对服务质量的评价都会涉及对服务的期望和实际感知的服务绩效,尤其是后者。因此,在评价方法上,在线教育服务质量的评价与企业服务质量的评价有相通之处。

(二)服务质量评价的差异

1.评价主体的心理状态不同

企业服务的接受者均是有过同样或者类似的消费经历并具有较为成熟的消费心理的顾客,而在线教育服务的接受者虽然也具有一定的实践经验,但是他们对在线教育这一特殊的服务类型显然缺乏足够的认识,对于这类服务的消费心理也不甚成熟,而这又直接影响到测量结果的准确性。此外,就实际情况而言,虽然成人学生具有更强的消费者意识,但从现实情况来看,学生普遍存在被动管理的现状,使得学生尚无意识主动地参与在线教育服务质量的评价。

2.服务周期不同

在线教育的服务周期从时间跨度上看需要经历若干年,如果将整个求学时间作为一个消费周期,那么,学员对教育服务的实际感受绩效是在不断发生变化的,这也直接影响到评价结果的可靠性。如果将某一个具体的服务内容(如一门课程的学习)的提供作为一个服务周期,那么,存在的最大问题在于学生参与了在线教育消费后,其结果质量在哪里?因此,在线教育服务质量的长周期使得学生的消费心理不断发生变化,从而影响单一评价主体对服务质量评价的一致性。

3.消费频率不同

对于同一种教育层次而言,学生一般仅接受一次教育服务(如学生一生只接受一次正规的本科教育),既然消费频率低,那么,学生对在线教育服务质量的认识往往是不清晰的,这便影响了在线教育服务质量评价的客观性。而一个顾客可以不止一次地接受同一个企业的同种服务,相对于在线教育服务的内容,它们更易于评价。因此,消费频率影响了消费者评价的客观性。

四、在线教育服务质量评价的模型及方法

(一)远程服务质量评价的模型

在线教育服务质量的评价与企业服务质量的评价虽然有相似之处,但最明显的差异在于消费的周期,而消费周期的长短使得学生在进行具体的评价过程中难以做出合理的判断(大部分学生在没有毕业以前难以对在线教育服务质量进行全面客观的估计),继而影响到服务质量评价。而在线教育服务质量的构成内容繁杂,难以用简单的评价指标进行评判。因此,在具体的评价过程中可以根据其组成内容并结合学生接受服务的整个阶段将在线教育整体服务质量分解为若干相对分离的部分(单项服务)进行评价(例如可以将某一门课程、某一次社会实践活动、某一次管理服务作为一个评价对象)。

　　对单项在线教育服务而言,根据被广为接受的"认知—情感—行动"模型,在线教育中的单项服务质量决定了学生满意度,继而影响行为意图,这一结论也被服务营销领域的文献理论证实。也就是说,学生对单次在线教育服务的消费决定了学生对该次服务的满意度,进而影响到下一次重复消费行为(指心理意愿而非实际接受与否,因为从现实情况来看,无论学生愿意与否,他们都必须接受此项服务)。

　　从在线教育总体服务质量来看,学生重复购买的意愿取决于学生对某一次教育服务质量的满意程度,该次教育服务质量的满意程度取决于学生对该次教育消费的评价结果。

　　因此,在线教育服务总体上可以看成是众多单项在线教育服务组成的在线教育服务链(见图 6-3)。其中,箭头代表作用机理,即在同种类型教育服务的消费过程中,上一次的购买意愿决定了下一次的服务质量评价的心理状态,而在不同类型的教育服务消费中则不存在这种关系;虚线框则分别代表了某类特定的服务质量或整体的在线教育服务质量。

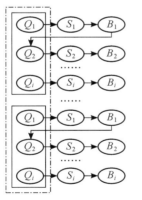

注:□为某类特定服务质量评价
　　□为远程教育总体服务质量评价
　　Q、S、B 分别代表服务质量、学生满意和行为意图

图 6-3　在线教育服务链

　　在线教育服务质量内容的复杂性使得学生对在线教育服务质量的评价也呈现出多元的特性,即学生对在线教育服务质量的评价是分类别的,学生首先对不同类型的在线教育服务质量进行分类评价,而不同内

容的在线教育服务质量评价结果便构成了总体服务质量。不同的是,各类别服务质量在该评价主体的结果中占不同的权重。

(二)在线教育服务质量评价的方法

服务质量的评价方法有 SERVQUAL、SERVPERF、加权绩效、归因模式等,但就实际的操作来看,前两者使用的范围更广并在不同的行业得到了实证验证。SERVQUAL 建立在服务质量是顾客期望与顾客感知绩效的差异这一基础上,然而就在线教育而言,学生的期望首先是不明确的,学生的绩效感知也会因为对象的不同而有所差异,甚至这种差异在进行服务质量评价的时候根本无法糅合。同时在同一次评价过程中,既涉及期望的测量又涉及实际感知绩效的测量,在时间的先后顺序上是说不过去的。因此,采用期望和感知绩效的差异来评价在线教育服务质量存在逻辑上的矛盾。SERVPERF 则仅从实际感知对服务质量进行评价,实证研究结果也表明,SERVPERF 无论是在信度、效度还是在稳定性方面都优于 SERVQUAL,即对同一服务而言,对实际感知进行测量要优于对期望和绩效差异的测量。① 因此,在线教育服务质量的评价也应当仅测量学生的实际感知。

在具体的测量内容上,应结合在线教育服务质量的结果质量、交互质量和环境质量分别编制量表。在量表中应清晰地列示在线教育服务质量的具体内容,通过学生的打分实现对具体内容的评价。此外,由于在线教育服务质量的评价具有过程性和复杂性的特点,因此,需要对学生在不同阶段的不同内容进行分别测量,以实现在线教育服务内容测量的完整性和一致性。

在线教育服务质量评价的实施机构也可以通过因子载荷确定权数

---

① 方宇通.顾客感知服务质量评价方法的实证比较:对 SERVQUAL 和 SERVPERF 的再探讨[J].宁波工程学院学报,2012(4):53-57.

的方式来确定总体服务质量。[①] 若以 W_i 表示维度 i 在总体服务质量上的权数，H_i 为第 i 个指标的学生平均评价分，则某一维度内的权数和为 1，各维度的权数和也为 1，而在线教育服务质量（aLSo）可以按照式（1）计算出在线教育总体服务质量。

$$aLSo = \sum W_i \times (\sum W_i \times H_i) \tag{1}$$

换成百分制后，在线教育服务质量＝（aLSo/最高评价尺度）×100。

为得到权数 W，可以采用一阶和二阶验证性因子分析的因子载荷来获取权数，在一阶因子分析中，若设定 L_i 为第 i 个评价指标在第 i 个维度上的因子载荷，d_i 为第 i 个维度，则有 $H_i = L_i \times d_i + a$。归一化后，各指标在其维度上的权数如式（2）：

$$W_i = L_i / \sum L_i \tag{2}$$

同时，若设定 L_i 为维度 i 在在线教育总体服务质量上的载荷，则有 $d_i = L_i \times So + a$。归一化后，各维度在总体服务质量上的权数如公式（3）：

$$W_i = L_i / \sum L_i \tag{3}$$

通过以上对不同评价指标、不同维度进行权数的处理得到百分制的在线教育服务质量总体评价结果。

在线教育服务质量评价有利于在线教育机构明确服务质量的改进方向，对在线教育服务质量评价的主体主要是学生；评价的内容则包括结果质量、交互质量和环境质量。在在线教育服务质量的具体评价中可以设置不同的指标内容并采用仅测量学生实际感知进行评价。同时，在线教育机构也可以采用一定的方法确定各指标、各维度的权数以确定在线教育总体服务质量。

五、小结

以上研究成果对在线教育机构具有一定启示意义。首先，成人在线

---

① 方宇通.基于因子载荷加权的城市公共交通服务质量评价[J].长春理工大学学报（社会科学版），2012（8）：113-114，193.

教育是一种服务,具有服务的基本属性,其评价主体是学生。因此,成人在线教育机构应当将自己置于服务提供者的位置,提供完善的、既符合教育教学目标又能有效满足学生对在线教育服务的需求。其次,成人在线教育服务不仅仅是教学服务,还包括为有效开展教学服务而提供的管理服务、支持服务、校园文化等。从一级维度来看,在线教育服务质量包括结果质量、交互质量和环境质量,与企业服务质量的内容基本一致,因此,企业服务质量管理方法同样可以用于在线教育机构。最后,成人在线教育服务质量的评价可以借鉴企业服务质量的评价方法。在确定了相应的权数后,在线教育机构可以了解总体服务质量状况,明确服务质量改进的方向,也有利于不同机构之间的比较,从而提升自身的服务管理能力。

第七章　成人在线教育智慧治理的路径探索

第一节　加快在线教育工作者数字化转型

基于第五章的研究,本书提出以积极态度迎接数字化转型、提升数字化教学革新能力、发展教师软素养等八种成人在线教育教师数字化转型素养培育策略,以期为成人教育工作者数字化转型发展提供新思路。

一、数字化转型的意识塑造

（一）积极态度迎接数字化转型

成人教育教师既是推动教育数字化转型的重要力量,又是教育数字化转型的服务对象和受益者,教师的数字化转型素养全面提升是当务之急。成人教育教师首先要用积极态度拥抱数字化转型,推进数字化全面赋能成人在线教育综合治理新局面。《国家开放大学综合改革方案》指出,要积极主动适应数字化、智能化、终身化、融合化教育发展趋势,通过改革和优化开放教育办学体制机制,解决定位不清晰、体系不健全、质量不高等问题。教师作为成人教育核心要素,应该主动顺应国家赋予学校的定位和要求,适应新时代的教育发展趋势,跳出原有体系来发展技术应用的框架,实现"数字颠覆"。

（二）经验和数据混合驱动

教育部印发的《关于加强新时代教育管理信息化工作的通知》指出,要利用新一代信息技术提升教育管理数字化、网络化、智能化水平,推动教育决策由经验驱动向"经验＋数据"混合驱动转变、教育管理由单向管理向协同治理转变、教育服务由被动响应向主动服务转变。成人教育教师与数字化转型发展同向同行,积极转变思维,在教学和管理中探索应用智能技术,"经验＋数据"混合驱动,解决教师实践与发展中评价不精准、支持不到位等难点问题,使决策更准确、管理更高效、服务更主动。

（三）合乎伦理的道德实践

成人教育教师在开展智能教育教学实践过程中要遵循伦理道德规范,以学习者为中心应用人工智能技术、加强数据管理与人工智能技术治理、尊重学习者和教师的自主性等。教师需要用理性视角和观念对待数字化转型和人工智能与教育教学融合。第一,教师要充分认识人工智能在教育中的技术优势及其潜在风险,明晰人工智能教育应用带来的伦理道德问题,避免"唯技术主义";第二,教师要理性看待自己的职业角色,认识到教师无法被人工智能取代的必然结果,处理好教师与人工智能之间的协同关系;第三,教师要理性地对待和评估人工智能教育应用的影响,深刻理解并发挥教师个人魅力。[①] 实践过程中,教师的智能设计应合乎伦理,要公平、透明、可审核;人工智能的开发应该为人所控、以人为本;人工智能的部署和应用要服务于人,并以增强人的能力为目的。

---

① 秦丹,张立新.人机协同教学中的教师角色重构[J].电化教育研究,2020,41(11):13-19.

二、创新性教学与发展能力提升

(一)提升数字化教学革新能力

为使成人教育教师在智能教育环境下有效实施教学活动,首先需要提升智能教育应用方案的设计能力,主要表现为教师能准确选择资源、工具和方法设计智能教育环境下的教与学过程。其次需要提升智能教育的实施与管理能力,主要表现为精确收集、处理、分析教与学过程数据,并据此优化教学,基于智能技术开展个性化教学与服务等。最后,教师要提升智能教育的诊断与评价能力,主要表现为利用智能技术和教育大数据对学习者画像、教与学过程进行个性化诊断和评估等。

(二)进阶数字化研修能力

成人教育教师应用智能技术对原有研修模式进行流程再造,"匠才模式""应用科学模式""反思模式"自成一体,通过有智能体指导的网络课程设计与建设,实践与反思相结合为基本研修环节,借助教学督导员点评目标达成度、专家点评师生行为、主讲教师自评的多维评价方法开展研修活动,对成人教育教师的专业知识、教学水平、服务能力、资源设计和制作技术等各个方面进行提升,注重团队和教师的内涵式发展,通过团队教师的示范作用辐射到各个教学点。[①]建设顺应新时代的成人教育教师团队。

三、人机协同的智能素养培育

(一)发展教师软素养

引导成人教育教师通过自我参与和转化,将个人情感与审思融入教育教学中,形成自身的教育实践智慧,从而促进学生的情感、审美等社会性成长。智能教育时代,唯有激发教师的自我主体意识和生命价值,才能避免被机器取代和异化。在教师培养目标中提出的立德树人意识、课

---

① 贺桂英.基于任务驱动和 MOOC 学习的开放大学教师研修模式探索与研究[J].高教探索,2016(1):120-123.

程思政设计能力、教师终身学习能力等均可归为教师的素养范畴,此类能力在人机协同时代需被强调和重视,并且应与知识教学能力进行有机融合,构建相应的培养方案。同时,要塑造将教育任务在人与智能机器之间合理分配以实现最优教育效果的意识与能力,包括人机协同的教育价值观、意识、知识与技能,以及对人机协同教育实践的反思。[①]

(二)改革人机协同教学模式

教师不再是掌握预设知识的权威象征,而是学习共同体,成为学生的学习伙伴,在鲜活的教育场域中贡献智慧,教学成为一个多模式的、创新的过程。要引导成人教育教师利用智能技术打破传统的教育实践模式,实现线上线下、虚拟与现实相融合的教育实践教学。比如,通过借助VR等技术建构虚拟的实训场景,为成人学生提供丰富多样的虚拟资源和仿真环境,使其获得足够丰富的人机协同工场实践训练。在崭新的教学模式下,教师引导学生在现实或仿真情境中以实践问题为导向,通过人工智能生成内容(artificial intelligence generated content,AIGC)等技术手段进行自主学习、协作探究、参与知识生产活动,并内化成自身的智慧。[②] 学生在实践训练各环节中产生的数据都能够被保存下来,智能化平台通过数据分析和挖掘,诊断学生实训中存在的问题,并推荐相应的案例资源,形成学习闭环。

(三)构建人机协同评价体系

成人教育教师使用智能技术将解决传统教育评价的单向度和低效问题。各级各类监测系统为教师成长过程性数据的精准收集与深度分析提供了前所未有的支撑。智能技术使得粒度更细、范围更广、精度更

① 王良辉,夏亮亮,何文涛.回归教育学的精准教学:走向人机协同[J].电化教育研究,2021,42(12):108-114.

② 李白杨,白云,詹希旎,等.人工智能生成内容(AIGC)的技术特征与形态演进[J].图书情报知识,2023,40(1):66-74.

高的教学数据可以被采集。① 人机协同评价体系通过基本信息数据库、教学状态数据库、教育研修数据库、教学质量数据库,连续采集教师从入职以来的数据,建设教师成长性评价体系,实现对每个教师培养过程的个体化跟踪,及时对可能出现的问题进行引导,最终实现全过程评价。

总之,教育数字化转型倒逼成人教师转型,传统的教师专业发展模式已经不适应新的需求,也无法培育适应新时代的成人教育师资。人工智能时代,成人教育教师需要塑造积极和理性的数字化转型意识,提升教学革新和发展能力,培养与智能体协同工作的能力以及教师本身的软素养,走出成人教育教师群体能力不充分、研修不高效、发展不均衡、评价不精准的困境,更好应对未来成人在线教育教师队伍高质量建设的诉求。

第二节　完善成人在线教育服务生态

基于第六章的研究,我们提出构建良好在线教育服务生态的核心是成人在线教育服务质量是如何被感知的。我们的研究有助于在线教育管理者理解学生对在线教育服务质量体验的感知形成过程,给在线教育机构带来了全新的治理启示。

第一,在线教育机构不仅应重视教育服务的结果,也要兼顾教育服务提供的过程。在线教育服务质量所包括的三个初级维度表明,成人不仅重视在线教育服务的结果,同时也关注与教师、管理人员的沟通以及为有效学习所设立的物质环境。因此,在线教育的结果(人才的培养)虽然仍是在线教育机构重要的任务,但是同时也需要重视师生交互等过程质量以及物质环境质量,而从服务质量的视角来看,前者正表明了服务

① 王小根,单必英.基于动态学习数据流的"伴随式评价"框架设计[J].电化教育研究,2020,41(2):60-67.

是被传递的过程。从这个意义上来说,在线教育服务质量和商业组织的服务质量在本质上是一致的,它不仅需要注重服务的结果,也需要重视服务提供的过程。

第二,大力提升在线教育服务体验。从研究的结果来看,学生的感知均通过表示服务接触的响应性、可靠性和移情性等三个因素进行。因此,在线教育机构在提供服务的过程中应不断提升学生的服务体验。从学生的角度来看,不同机构提供的在线教育服务没有本质的区别,因此在线教育更应注重为学生提供高效的服务体验以培养良好的市场口碑。

第三,在线教育机构应对学生进行精细化管理。从战略的角度来说,在线教育机构可以通过学生对问卷的回答结果来划分不同的学生类型。有些学生可能更注重知识获取、技能提升等结果质量,而有些学生则更注重与教师、管理者的交互沟通过程。因此,在线教育机构应针对不同的学生逐渐开展精细化管理以培养忠诚的学生顾客、创建良好的在线教育市场效应。

为了让成人学生更好地感知在线教育服务,应提供更加高质量的在线教育服务,规范服务质量评价体系。首先,要加强在线教育服务的全面质量管理。在线教育在我国构建终身教育体系,建设全民学习、终身学习的学习型社会,以及促进人的全面发展、将人口大国建设成人力资源强国的目标中起着举足轻重的作用。从在线教育机构的微观层面来看,在线教育机构应加强在线教育服务质量的全面管理,从教师管理、设施设备等的硬件资源到网络资源、管理服务等软性服务,只有切实加强全面的质量管理才能有效提高在线教育的服务质量并获得学生的认可。其次,有重点、有层次地提升服务质量。在线教育机构应该加强师资管理,针对不同的专业、课程,合理地选配一批高质量的教师充实到一线教师队伍中,同时改进诸如硬件设施、校园环境、图书资源、教师素质等一切与学生直接接触服务的质量。再次,要强化学生学习方式教育,重视网络资源利用。在线教育最大的优势是克服了全日制教育在时间和空间上的限制,使得师生之间能在"准分离"的状态下接受高等教育,学生通过利用网络资源进行自主学习,结合在线教育机构提供的面授辅导来答疑解惑。因此在线教育机构应在日常的管理和教学中积极引导学生进行自主学习,强化网络资源的使用,使在线教育机构的网络资源这一具有优势的服务内容给学生带来更多的价值增值。

更重要的是,需要构建由政府、企业、学校和社会组织等多方共同参与的成人在线教育协同治理体系。该体系旨在实现成人在线教育资源整合、多方利益协调、市场秩序规范、教育质量提高的体系。体系的构建不仅有助于提高成人在线教育的整体水平,还可以为成人的学习和发展提供更加优质的教育服务。下面将从成人在线教育协同治理体系的构建和实施策略两个方面进行详细阐述。

从政府层面而言,政府在成人在线教育协同治理体系中扮演着重要的角色。政府需要制定相关的法规和政策,规范成人在线教育市场秩序,保障消费者的权益。同时,政府还需要引导和支持成人在线教育的发展,通过财政资金、税收优惠等措施,鼓励企业、学校、社会组织等参与成人在线教育的建设。此外,政府还需要加强对成人在线教育的监管,确保其符合国家教育方针和法律法规的要求。

从企业层面而言,企业是成人在线教育市场的重要参与者。在协同治理体系中,企业需要遵守相关法规和政策,保证成人在线教育的质量和服务。同时,企业需要加强与政府、学校、社会组织等的合作,共同推动成人在线教育的创新和发展。此外,企业还需要加强对用户需求的调研和反馈,不断完善产品和服务,提高用户体验和满意度。

从学校层面而言,学校是成人在线教育的重要提供者。在协同治理体系中,学校需要加强与政府、企业、社会组织等的合作,共同制定成人在线教育的发展规划和质量标准。同时,学校需要加强师资队伍建设,提高教师的信息化素养和教学水平。此外,学校还需要加强对学生的管理和服务,保障学生的学习权益和安全。

从社会组织层面而言,社会组织在成人在线教育协同治理体系中具有重要作用。一方面,社会组织可以作为政府和企业之间的桥梁和纽带,促进信息共享和沟通协调;另一方面,社会组织可以代表消费者的利益和声音,参与成人在线教育的决策和监督。同时,社会组织还可以发挥自身的专业优势,为成人在线教育提供技术、质量评估等方面的支持。

　　政府、企业、学校、社会组织等需要建立合作机制,明确各自的角色和职责。一是通过定期召开联席会议、签订合作协议等方式加强信息共享和沟通协调,共同推动成人在线教育的发展。建立有效的合作机制,还需要制定具体的合作计划和实施步骤,明确合作目标、任务分工和时间节点等细节问题,以确保合作的顺利进行。二是政府需要加强成人在线教育的质量监管,建立健全质量评估体系和监督机制。通过实施定期评估和专项检查等方式,督促企业学校等提高成人在线教育的质量和服务水平。建立完善的信息反馈机制,及时收集和处理消费者对成人在线教育的反馈和建议,从而更好地满足市场需求和保障消费者的权益。现在这部分工作可以让智能机器去完成,且更加不容易出错。三是需要共同探索创新发展模式,比如人和智能机器协同工作,推动成人在线教育的创新和发展。不仅可以推广"互联网＋教育"模式,使线上和线下教育相融合,还可以针对成人推广多模态学习分析、学习者画像、在线学习行为分析、个性化自适应学习、学习成就与风险预测等学习分析技术。四是政府、企业、学校、社会组织等需要优化资源配置提高资源的利用效率。例如,可以通过共建共享的方式降低建设和运营成本,可以通过合作开发的方式提高产品的技术含量和竞争力,可以通过市场化的方式实现资源的优化配置等。结论与王运武等①、刘宇②的研究相似,总之,建立协同体系需要各方面的努力和合作,需要制定科学合理的计划和机制,以完善成人在线教育服务生态。

---

① 王运武,洪俐,陈祎雯,等.教育应急治理及教育治理现代化的困境、挑战与对策[J].中国电化教育,2020(12):63-68,98.

② 刘宇.协同治理视角下辽宁省高校在线教育质量保障研究[D].大连:大连理工大学,2018.

第三节 构建成人在线教育政策法规体系

我们的智慧治理模型显示,良好的政策环境是成人在线教育健康、稳定发展的基础。政府在支持成人在线教育发展方面扮演着极其重要的角色,需要明确自身的定位和责任,采取一系列政策措施和规划,推动在线教育事业蓬勃发展。只有政府扮演好引导者和协调者的角色,才能有效推动在线教育的发展,促进教育现代化,推动社会进步。

一、角色定位

政府应担负起引领和规范的责任,制定相关政策和法规,推动在线教育市场的有序发展。一方面,政府应该制定针对成人在线教育的政策和规划,明确发展目标、政策导向、支持措施等,为在线教育的发展提供指导和支持。另一方面,政府部门要加强对在线教育市场的监管和执法工作,建立健全监管制度,防范和打击不法行为,保障市场秩序和消费者权益。政府可以发挥资源整合和协调作用,推动教育资源的共享和优化配置,促进在线教育的资源整合和互联互通,并且通过财政扶持、税收政策等方式,支持在线教育企业和机构的创新发展,推动教育科技的应用和创新。政府还可以推动国际合作和交流,促进成人在线教育的国际化发展,提升我国在线教育的国际影响力和竞争力。

二、政策措施

在治理过程中,政府在各治理主体中处于统筹地位。成人在线教育治理过程中一切工作的开展,均以政府的宏观决策为前提,政府需要做到以下几方面工作:首先,政府需要加强在线教育发展总体规划,将在线教育服务设计、开发、传播、管理、维权等纳入发展规划,明确规定在线教育治理的重点,统筹学校、校外培训机构、互联网企业、在线教师、消费者等的利益分配,明确政府责任的范围和边界,合理分配政府职责,厘清政府、市场、社会之间的关系,倡导社会、家庭、个人责任。其次,政府可以优化教育法规,明确成人在线教育的管理机构、监管标准、质量评价等,保障在线教育的质量和效果。再次,政府可以加大财政支持,增加对在线教育的财政投入,设立专门资金支持在线教育发展,为在线教育企业和机构提供必要的资金支持。政府还可以推动教育科技创新,支持教育科技企业和机构开展科技创新,推动在线教育平台的技术升级和服务改进,提升在线教育的体验和效果。最后,政府需建立协调管理机制,成立国家在线教育治理委员会或领导小组,加强在线教育市场监管,加强跨部门协调联动,对在线教育机构资质、课程培训材料及在线教育师资进行定期备案审查,在资源开发与开放、市场监管等方面压实政府主体责任。总之,政府是在线教育治理不可或缺的主体,作为一切治理工作的前提,政府的宏观决策影响着整个治理工作的进程与效率,需要的是政府对在线教育治理工作的整体布局与系统规划,厘清各阶段治理工作重点,保证在线教育治理工作稳步进行。

三、完善法治

政府需要完善法律法规和政策建设,出台在线教育治理相关法律法规政策文件,明确在线教育机构的准入标准、质量标准、处罚标准和退出机制,完善相关法律法规。尤其可以完善民办教育领域的法律体系,推动校外在线教育行业的健康发展。同时要加大在线教育执法力度,建立健全的执法机构和执法程序,对违反在线教育法律的行为进行惩处,维护法律权威和效力。本部分将探讨如何完善成人在线教育立法,以适应和促进成人在线教育的快速发展,同时分析当前立法存在的问题和未来发展趋势。

目前,世界各国都在积极推动成人在线教育的立法工作。然而,成人在线教育的跨地域性、交互性、灵活性和个性化等特点,使得其立法难度较大。尽管如此,一些国家已经取得了一定的进展。例如,美国、英国、澳大利亚等国家通过制定相关的法律、法规和政策,逐步完善了成人在线教育的立法。此外,一些国际组织如联合国教科文组织等也在积极推动全球范围内的成人在线教育立法工作。

　　然而,从全球范围来看,成人在线教育立法还存在以下问题:一是立法的不确定性。许多国家缺乏明确的法律规定,使得成人在线教育处于法律真空状态。二是缺乏协调性。各国政治、经济和文化等方面的差异,使得成人在线教育的立法存在较大的差异,导致跨国协调难度较大。三是隐私保护不足。由于成人在线教育需要收集和使用大量的个人信息,如何保障学习者的个人隐私成为一个重要的问题。

　　完善成人在线教育立法面临着多方面的挑战。首先,如何保障学习者的权益是立法面临的重要挑战。这包括如何确保学习者享有平等的受教育权、如何保护学习者的个人隐私、如何提供有效的学习支持和反馈等。其次,如何规范教育机构的责任也是立法需要解决的问题。这包括如何保证教育质量、如何维护教育公平、如何保障学习者顺利获得学分和学位等。最后,如何与其他相关法律相协调也是重要的挑战。例如,如何与知识产权法、网络安全法、家庭教育法等相关法律相衔接和配合等。针对上述挑战,具体可以采用以下做法。

　　第一,建立完善的法律体系。为了完善成人在线教育立法,需要建立完善的法律体系。这包括制定全国性的法律法规和政策文件,明确规定成人在线教育的地位、性质、管理体制和运行机制等方面的问题。同时,各省市也需结合本地区的实际情况,制定相应的地方法规和政策,以确保成人在线教育的顺利发展。

　　第二,强化教育机构的责任与义务。为了保障学习者的权益,教育机构需要承担相应的责任和义务。例如,教育机构需确保教育质量的稳定和可靠;合理设定学习者的入学条件和毕业标准;提供必要的支持和服务;保护学习者的个人隐私等。立法应对此做出明确规定,并制定相应的惩罚措施。

　　第三,与其他相关法律进行协调。完善成人在线教育立法需要与其他相关法律进行协调。例如,在知识产权方面,应明确规定如何合理使用和保护知识产权;在网络安全方面,应建立数据保护和信息安全的标准和规范;在家庭教育方面,应制定相应的指导和支持政策等。

第四,加强风险防控。在大数据时代,数据的高度依赖性必然伴随着数据安全问题的产生。成人在线教育治理中各主体的数据隐私难以保证,容易出现数据保密措施不当导致的用户个人隐私泄露、窥探个人隐私的问题,甚至引发网络诈骗和恶意网络攻击的问题。为防范和治理数据风险,成人在线教育治理需要健全和规范数据流通共享和数据权利义务的相关法律法规,强化数据安全方面的治理,确立数据安全防护能力标准,实现数据安全风险总体可控。

第四节　完善成人在线教育智能平台

本书的智慧治理模型还提到,技术支持是提升成人在线教育治理水平的关键。成人在线教育智能平台作为技术支持的集成者,已成为备受关注的教育治理路径。利用大数据技术促进在线教育治理由经验治理走向数据驱动的治理模式;运用区块链技术促进治理由单中心走向多中心分散治理;运用人工智能技术促进治理由传统人工治理走向智能治理;运用云计算技术的加密算法保障治理数据安全。本节旨在探讨运用新兴数字技术,来完善成人在线教育智能平台,提高用户体验和学习效果,并提供了典型的实践案例,帮助读者理解这部分内容。

一、大数据技术

大数据技术的快速发展改变着我们的社会治理方式。在我国,大数据已经成为推动政府和各领域发展的重要引擎。大数据技术与在线教育治理的结合,为提升在线教育的管理效率、优化资源配置、改善教学过程等方面提供了新的可能性。2015年发布的《促进大数据发展行动纲要》加速了我国大数据产业的发展步伐,特别在政务和教育领域取得了显著成果。《"十四五"大数据产业发展规划》则进一步明确了加快数据汇聚、强化数据处理能力、加强高质量数据治理等目标,为大数据在各领域的应用指明了方向。教育是社会的重要组成部分,教育治理现代化是保障教育质量和公平的关键之一。大数据技术为成人在线教育治理赋能,使其向着更加精准、科学、高效的方向迈进。

大数据技术不仅可以帮助在线教育实现数据的全面、实时采集,还可以通过数据挖掘和分析技术提升教育决策的准确性。建立在线教育治理大数据一站式服务平台,实现在线教育治理数据信息的互联互通和共享,有助于消除信息不对称现象,提高教育治理的效率和透明度。教育机构备案、师资认证、课程资源等数据的集成和验证可以实现资源的优化分配,推动教育行业的精细化管理。此外,大数据技术还可以提供监督服务,通过对在线教育数据的监督和分析,及时发现问题并采取措施进行调整,确保在线教育的质量和安全。实现在线教育决策的精准化和科学化,有助于提升在线教育的整体水平,为教育领域的发展注入新的动力。

在推动在线教育治理现代化的过程中,大数据技术为在线教育提供了新的思路和方法,促进了教育治理的精细化和智能化。在线教育平台可以利用大数据技术进行用户画像分析,个性化推荐学习资源,提高教学效果;还可以通过数据分析评估学生学习情况,及时调整教学方案,提升教学质量。随着大数据技术的不断发展和普及,成人在线教育治理的精准化和科学化将得到进一步提升。政府、企业和教育机构需要共同努力,共同推动大数据技术在在线教育治理中的应用,实现在线教育的健康可持续发展。通过大数据技术赋能,在线教育治理将实现数据驱动的智能化运作,为教育领域的现代化发展提供有力支持。

二、区块链技术

区块链技术作为一种去中心化的分布式记账本技术,在教育治理中具有许多优势和潜力。区块链不仅可以促进教育治理结构的扁平化,还可以提高治理过程的透明度和安全性,以及促进教育执法的智能化。通过区块链的应用,可以为教育领域带来变革,推动成人在线教育治理朝着更加智能、高效、公正的方向发展。

区块链技术的核心特点之一是去中心化，它构建了一个由各个节点组成的平等网络，解决了信息不对等和信任问题。在传统的在线教育治理模式中，政府往往扮演着主导角色，市场和社会的参与程度较低。而利用区块链技术赋能在线教育治理，则可以实现政府、学校、行业、师生等各个治理主体之间的分散化和扁平化。通过共识机制，各节点可以实现集体决策，并建立可信任的网络，以促进交易的快速、透明进行。这种新型的在线教育治理模式，将更好地保障各方的合作共赢，推动整个教育系统朝着更加民主、开放的方向发展。另外，区块链技术还具有可追溯性和防篡改的特性，可以为在线教育治理决策提供数字化证据，确保治理决策的精准性和公正性。通过建立在线教育治理区块链，可以实现决策的追溯和溯源，防止决策的误判和滥用。同时，区块链技术的应用还能够实现在线教育治理决策的快速传播和共识达成，确保各治理主体都能及时了解最新的治理动态，推动整个教育系统的发展与进步。近年来，一些区域已经开始尝试将区块链技术与其他领域结合，以推动治理结构的扁平化和优化。例如，广东推出了"公共资源交易＋区块链"项目，通过区块链技术优化招投标领域的营商环境，实现数据共享的便捷和安全，推动办事结构和流程的简化，确保交易的公平和安全。这种做法不仅在商业领域取得了成功，也为在线教育治理提供了借鉴和启示。

三、人工智能技术

《中国教育现代化 2035》和《高等学校人工智能创新行动计划》提出，要利用网络教育和人工智能的优势，构建基于信息技术的教育服务供给方式和教育治理新模式，加快推进现代化的教育管理与治理体系，推动管理精准化和决策科学化。人工智能作为引领未来的核心技术，能够为教育治理带来新思路，促进教育服务供给转型，提高教育治理效率，增强教育治理能力，并呈现出人性化和价值化的潜力。人工智能独有的智能信息收集与筛选、自动识别和自主决策能力，有助于解决信息超载与稀缺问题，自主适应复杂情境和快速变化的教育治理决策需求。随着大数据、物联网和云计算等技术的发展，人工智能可以更加精准地记录政府、市场、学校、社会等治理主体的数据，超越个人治理能力和经验的限制，借助人工智能的智能化灵活性，结合数据挖掘、模式识别和机器学习等技术，不断提升整体在线教育治理体系的智能化水平，全方位提高在线教育治理效能。

一方面，人工智能助力协同治理。人工智能的应用可以促进跨部门间数据共享与业务联动，推动治理形式和服务方式的转变。通过智能分析和协同的过程，人工智能可以为参与主体提供适应性的响应与反馈，支持各主体协同互动的关键节点。人机协同的新型协同方式也助力了成人在线教育治理工作，这部分内容会在本章第三节着重论述。另一方面，人工智能助力高校治理。人工智能技术推动了新的治理模式，使各种治理主体能够在物理世界和数字世界的交互中实现多样功能，给成人在线教育领域带来自动采集、即时风险感知、精准科学决策和智能监管等方面的创新。特别是借助数据分析、机器学习等技术，有效实现了时空超越，为治理工作提供全天候、无时空限制的智能服务。

四、云计算技术

近年来，国内多地积极推动云计算数据中心的建设，旨在提高政务处理能力和数据安全性。与此同时，云计算技术也被广泛应用于成人在线教育治理，为保障治理数据的安全发挥着重要作用。

首先，云计算技术在在线教育治理中可以有效保护各主体的隐私数据。通过采用基于共享密钥和公开密钥加密算法的方式，可以限制数据的访问权限，防止隐私数据的泄露。常见的数据访问控制策略包括基于身份认证的访问控制和基于属性加密的数据访问控制。这些控制措施可以确保数据的安全传输和访问，保护用户隐私信息不被未授权用户获取。其次，基于云计算的数字签名技术可以有效保证数据的完整性。数字签名可以为数据传输过程提供验证和保护，确保数据在传输过程中不被篡改，同时还可以确认数据传输的双方身份，有利于数据的追踪和溯源，增强数据传输的可靠性。最后，云计算中的冗余备份机制可以保障数据的可用性。通过实施冗余备份，重要数据可以在系统发生故障或数据丢失的情况下进行恢复,保证数据的完整性和持续可用性,避免数据的丢失和损坏,从而促进在线教育治理数据的安全化。

国家早在相关政策中就提出了"增强云计算服务能力"的重要性,为整个数据安全保障工作奠定了基础。在逐步建设健全的云计算基础设施和安全体系的过程中,云计算技术将持续为在线教育治理提供更加全面、高效、安全的数据保护措施,推动在线教育管理与服务水平的不断提升。通过不断完善和加强云计算技术在在线教育治理中的应用,可以更好地应对数据安全的挑战,确保在线教育平台的正常运行和数据的安全保障。

【实践案例】国家开放大学推出全民终身教育平台

党的二十大报告明确提出,"推进教育数字化,建设全民终身学习的学习型社会、学习型大国"。教育部 2022 年工作要点也强调了实施国家教育数字化战略行动的重要性。国家开放大学积极响应这一号召,坚定落实教育数字化战略,于 2022 年 5 月 20 日正式上线了全民终身教育平台,旨在用数字化的方式满足社会大众多元化、个性化的学习需求,为构建"人人皆学、处处能学、时时可学"的学习型社会贡献智慧和方案。

为了推进终身教育体系的构建、完善全民终身学习的机制,国家开放大学在"一路一网一平台"数字化转型的基础上,研究制定了终身教育平台建设方案。截至 2023 年 5 月,该平台利用数字技术推动终身教育的创新与发展,汇聚了国家开放大学与网易云课堂、喜马拉雅等 10 个合作平台的 63 万个优质课程,累计时长超过 8 万小时,涵盖了生活技能、兴趣爱好、职场素养、职业技能、老年学习以及学历继续教育等多个领域。

经过一年运营,终身教育平台取得了显著的成果。它不仅为学习者提供了超过 2600 万次的学习服务,还举办了近 30 场专题活动,吸引了超过 500 万个用户参与。用户在该平台的累计学习时长已经超过 15000 小时,这充分显示了用户对平台的持续关注和高昂的学习热情。同时,该平台还与 1000 所知名院校和教育机构建立了合作关系,共同开发并提供各类优质学习资源,充分体现了其开放性和包容性。

为了满足用户移动学习和灵活学习的需求,国家开放大学终身教育平台的移动端 App 也同步上线。这一举措极大地满足了用户"时时在线"的学习需求,进一步增强了平台的用户黏性。此外,平台还引入了智能客服助手的功能,为用户提供及时、精准的问题解答和解决方案。

在服务国家战略、促进教育公平方面,国家开放大学终身教育平台也积极承担社会责任。针对中老年人的学习特点,平台构建了老年人保护系统,推出"关怀模式",并为老年人提供简单易操作的在线学习服务。同时,平台还开设"智慧助老"专栏,帮助老年人掌握网上学习、智慧出行、手机购物等方面的知识和技能。

在课程设置方面,该平台不仅关注专业知识的学习,还注重社会关怀和时政教育。平台上线了"奋进新征程,建功新时代,学习贯彻党的二十大精神"课程专区,并设立多个栏目和专题视频课程,旨在帮助全社会深入理解和贯彻党的二十大精神。此外,平台还开设了"社区教育老年教育万门开放课程学习活动专区"和"防疫为你守护健康课程专区",提供丰富的课程资源和专业的防疫知识及心理辅导。

国家开放大学终身教育平台在数字化时代背景下,充分利用先进的数字技术手段为全民终身学习提供了全方位的支持和服务。它不仅打破了地域和空间的限制,实现了优质教育资源的共享互通,还通过不断创新和优化服务,提高了数字化教育教学的水平和质量。未来,该平台将继续秉持初心使命,把握时代需求,为构建全民终身学习的学习型社会做出更大的贡献。

第八章　成人在线教育智慧治理设计

第一节　成人在线教育资源规范设计

宁波市在 2015 年 3 月 1 日颁布实施《宁波市终身教育促进条例》,其中明确指出"逐步整合各类信息化学习教育资源,为市民开展个性化学习提供服务""鼓励各类学校和教育培训机构利用通信网络、广播电视网络和计算机网络等开放教育课程,提供教育资源,促进终身教育发展"。该条例为成人在线学习、终身学习提供了政策保障。然而,当地的成人在线学习资源建设现状与政策相关要求相距甚远。本书以视频类学习资源为研究重点,根据国家精品视频公开课拍摄制作技术标准(修订版)、国家开放大学视频课件制作技术标准等文本,结合终身学习资源建设的实践经验,特别梳理了适合成人在线教育的视频类学习资源建设规范。

一、成人在线学习资源建设流程

为做好视频类学习资源的建设工作,本书制作了视频类学习资源建设工作流程及要求表(见表 8-1)。

表 8-1　视频类学习资源建设工作流程及要求

序号	工作流程	要求	工作岗位
1	制订计划	提出资源建设需求,填写《部门视频类学习资源建设需求表》	各课程主讲教师、所属部门负责人
2	明确制作任务	课程教学设计	各课程主讲教师
3		根据《视频类学习资源演示文稿(PPT)文件制作规范》制作电子讲稿	
4		协商拍摄计划,填写《视频类学习资源拍摄预约表》	技术人员、各课程主讲教师
5	录制前一周	检查和修改课程电子讲稿	各课程主讲教师、技术人员
6		协定录制方案,填写《视频类学习资源制作脚本》	
7	录制前	调试电子讲稿	各课程主讲教师、技术人员
8		调试设备、灯光、场景	
9		课程制作教师补妆	
10	录制中	教师根据课程教学设计进行授课	各课程主讲教师、技术人员
11	录制后	剪辑视频,并将初剪样片发送给课程制作教师审核	技术人员
12		授课教师检查视频文件的画面、语音,填写《视频类学习资源检查表》,技术人员根据要求进行修改	各课程主讲教师、技术人员
13		视频后期包装,成片输出	技术人员
14		元数据填写:《单个视频元数据格式》或《系列视频元数据格式》	各课程主讲教师
15		根据《视频类学习资源字幕(唱词)文件制作规范》进行字幕(唱词)填写	
16	发布	存储备份,转码并上传至数字学习资源库	技术人员
17		网上教学平台中相关视频资源引用或者直接上传视频资源	各课程主讲教师

二、主讲教师规范细节

本部分为录制时主讲教师需要遵行的规范。

（一）录制前的准备

仪容规范上，要求教师在讲课时仪容端庄，穿戴得体、大方，所穿服装应与所处的背景颜色对比度较大，且不宜穿着带条纹图案的服装，不宜佩戴明显的饰物。发型自然、简便、整洁，前额发不超过眼眉毛。

讲授内容务必使用电子演示文稿。演示文稿应尽量简洁概要，每篇字数不宜过多，不宜太满，应尽量选择适当的字体和字号，文字和背景对比明显。排版应整齐美观，不能超出画幅范围。电子演示文稿长宽比设为 16∶9。去除演示时的音效，以免影响和干扰教师讲课的音频效果。

录制前，教师应对电子演示文稿进行认真的检查，确保没有错误，并在录制前不少于三个工作日提交技术人员。教学相关辅助工具及资料，教师需将电子演示文稿导入授课计算机中，使之处于待演示放映状态；将需要在课堂中使用的书籍、资料、纸笔及其他辅助教学工具及资料置于讲台上方便自己拿到的地方（以免在上课时需要用到这些东西，中断讲课，影响课件质量）。

教师与技术人员参与录制测试，教师应提前到教室进行录制前准备。取景测试：通过灯光、背景的布置，以及适当调整主讲教师的位置和角度，确保最佳取景效果。音量测试：通过麦克风试讲，确定最佳的麦克风摆放位置及音量数设计。整体录制效果测试：主讲教师通过试讲，录制一小段音视频，检测整体的音视频效果、屏幕捕获等情况是否处于最佳状态。

（二）录制时的规范

教师讲授的教学内容，以一个课时（一讲）为单位。时间控制在 30 分钟以内，并以某一章、节或知识点的结束为结束，有明显的结束语和一至两分钟的休息时间，以方便后续环节的剪辑；微视频控制在 10 分钟左右。

教师讲课可以有站姿、坐姿选择。坐着讲课时，应坐姿端正，上半身的二分之一高于讲台，切不可趴在讲台上讲课；站着讲课时，应站稳站直，胸膛自然挺起，不要耸肩，或过于昂着头。需要在讲台上走动时，步幅不宜过大、过急。

教师肢体语言的使用,需要配以适度的手势来强化讲课效果,手势要得体、自然、恰如其分,要随着相关内容进行。讲课时忌讳敲击讲台或做其他过分的动作。教态要从容、自然、亲切、精神饱满。

讲课时语速适中,声音清晰、洪亮。

板书有条理,书写清楚、有力;电子板书宜使用书写板。

有安排学生听讲的课程,宜将学生集中坐在教室前面几排,前几排不宜出现空位,并须维持良好的课堂纪律,保持教室安静。若有师生互动环节,请在录制前与技术人员说明,发言的学生需手持专用的无线话筒发言,以保证声音录制质量。

（三）录制后的规范

视频类学习资源录制完成后,教师需对视音频文件进行仔细检查,并按规定的格式记录检查结果,填写视频类学习资源检查表,若发现有内容讲解等方面的错误,需要修改或重新录制,须及时向技术人员反馈、商议。

技术人员应指导课程制作教师完成字幕的编写工作。教师自行记录整理字幕,并进行认真核对,经审核无误后,提交给技术人员进行后期合成工作。

录制结束后,教师需填写课件相关元数据表:"单个视频元数据格式"或"系列视频元数据格式",交技术人员备份、留档。最后的视频类学习资源由技术人员负责后期加工、编辑、上传。

（四）规范细节补充

教师讲授时,如确实需要中断授课,应将所讲的那句话结束,在讲台前停留五秒左右后离开讲台。当重新开始授课时,按照教师授课规范,准备好后再进行授课。不可边做其他的事情边上课。

讲授时勿频繁喝水。如需喝水,应中断录制,等准备就绪后再继续录制,不可端着水杯讲课。尽量不要有掏耳朵、摸鼻子等不雅行为。上课时手机应关机。

安排学生讲课时,学生讲课应口齿清楚,语言简洁、明了。

如有技术问题,请及时告知技术老师,立即处理。

三、视频技术参数规范

（一）片头与片尾

视频类学习资源片头实践不超过 10 秒,应包括学校 LOGO、课程名称、讲次、主讲教师姓名、专业技术职务、单位等信息。

片尾包括版权单位、制作单位、录制时间等信息。

（二）技术指标

视频指标、音频指标、视频压缩指标、音频压缩指标的具体内容见表 8-2 至表 8-5。

表 8-2　视频指标

视频信号源	稳定性	全片图像同步性能稳定,无失步现象,CTL 同步控制信号必须连续;图像无抖动跳跃,色彩无突变,编辑点处图像稳定
	信噪比	图像信噪比不低于 55dB,无明显杂波
	色调	白平衡正确,无明显偏色,多机拍摄的镜头衔接处无明显色差
	视频电平	视频全讯号幅度为 1Vp-p,最大不超过 1.1Vp-p。其中,消隐电平为 0V 时,白电平幅度 0.7Vp-p,同步信号 −0.3V,色同步信号幅度 0.3Vp-p(以消隐线上下对称),全片一致

表 8-3　音频指标

音频信号源	声道	中文内容音频信号记录于第一声道,音乐、音效、同期声记录于第二声道,若有其他文字解说记录于第三声道(如录音设备无第三声道,则记录于第二声道)
	电平指标	−2dB——8dB 声音应无明显失真、放音过冲、过弱
	音频信噪比	不低于 48dB
	同步	声音和画面要求同步,无交流声或其他杂音等缺陷
	其他	伴音清晰、饱满、圆润,无失真、噪声杂音干扰、音量忽大忽小现象。解说声与现场声无明显比例失调,解说声与背景音乐无明显比例失调

表 8-4　视频压缩指标

视频压缩格式及技术参数	压缩格式	采用 H.264/AVC(MPEG-4Part10)编码、使用二次编码、不包含字幕的 MP4 格式
	码流率	动态码流的最高码率不高于 5000Kbps,最低码率不得低于 1024Kbps
	分辨率	(1)前期采用标清 4∶3 拍摄时,请设定为 720×576 及以上 (2)前期采用高清 16∶9 拍摄时,请设定为 1920×1080 及以上
	画幅宽高比	(1)分辨率设定为 720×576 的,请选定 4∶3 (2)分辨率设定为 1920×1080 的,请选定 16∶9
	帧率	25 帧/秒或 30 帧/秒
	扫描方式	逐行扫描

表 8-5　音频压缩指标

音频压缩格式及技术参数	压缩格式	采用 AAC(MPEG4Part3)格式
	采样率	48kHz
	码流率	128Kbps(恒定)
	声道	双声道及以上,必须做混音处理

(三)教学课件规范

教学课件应尽量简洁概要,每屏字数不宜过多,不宜太满,应尽量选择适当的字体和字号,文字和背景对比明显。排版整齐美观,不能超出画幅范围。电子演示文稿长宽比设为 16∶9。具体规范如表 8-6 至表 8-8所示。

表 8-6　界面设计

界面设计	整体效果	整体效果应风格统一,色彩协调,美观大方
	色彩	尽量采用与文字对比度较大的背景,如黑底白字、蓝底白字
	页边	每页(幅)四周留白,应避免内容顶到页(幅)面边缘,页(幅)底部需留充足空间,用于唱词字幕合成
	表格	尽量使用浅纯色背景,深色线条
	图片	尽量使用高质量图片,在同一页(幅)面上,不应将多张图片叠加在一起

续表

界面设计	强调内容	页(幅)面中的关键内容、定理、定义等宜通过设置亮色、加粗、下划线等方式,加以强调,刺激记忆。但同一页(幅)面上用于强调效果的方式不应超过三种
	页面大小	宽度与高度比例为 16:9 为宜

表 8-7　内容设计

内容结构设计	内容组织	每个页(幅)面呈现一个较为单一的内容
	内容层级	每个页(幅)面的条目不应超过三个层级结构,低一级的内容向右移动至少一个汉字
	条目	每一行呈现一项条目,对于复杂的短文应分解,用多项条目呈现
	符号使用	尽量使用各种符号简化文字描述
	内容讲演时间	每个页(幅)面内容讲演的时间不宜过长,以 1—2 分钟为宜

表 8-8　文字设计

文字编排	标题	标题应简洁、概括,一般不超过 10 个汉字长度,避免换行;不同级别的标题在文字大小和色彩设置上应有区别,同一级的标题要前后一致
	正文	文字简练、表意明确,每行不超过 24 个字;行距使用 1 行(默认值)或 1.5 行
	字符	尽量选取与背景颜色有较大反差的颜色,以突出讲稿的内容
	字体	应选择标准的常用字体(如黑体、宋体等),避免使用草体等不易看清的字体;对较细的字体应加粗,一般情况下不宜使用斜体字
	字号	标题字号不小于小初(36 磅),正文字号不小于小一(24 磅),注释字号不小于小二(18 磅)
	标点符号	应使用全角汉字标点符号

　　原则上,教学课件不推荐使用声音效果等,以免影响视频课件录制效果。如要使用声音则应尽量用舒缓、节奏较慢的音乐,不应过分激昂,避免喧宾夺主。

　　(四)外挂字幕制作规范

　　外挂字幕指视频课件在播放时要导入的字幕文件,形态上与视频文件分离。它的好处是，方便制作自己国家语言的版本。字幕文件与视频文件须使用相同的文件名、不同的扩展名（视频文件扩展名为 MP4，字幕文件扩展名为 SRT）。

字幕文件（SRT）可以使用 SrtEdit 等专用软件编辑。每屏只能出现一行字幕，且画幅比为 4：3 的屏幕上，每行不超过 15 个字；画幅比为 16：9的屏幕，每行不超过 20 个字。标点符号规定如下：只有书名号、书名号中的标点、间隔号、连接号、具有特殊含义词语的引号可以出现在唱词中。在每屏唱词中用空格来代替其他标点，表示语气停顿。所有标点及空格均使用全角格式。上字幕时，不能简单地按照字数断句，而应以内容为断句依据。

字幕中的数学公式、化学分子式、物理量和单位，尽量以文本文字呈现；不宜用文本文字呈现的，且在视频画面中已经通过 PPT、板书等方式显示清楚的，可以不加该行字幕。字幕文件需将视音频文件中教师和学生的发言完整、正确地记录下来。如果讲授过程中有个别遗漏的字词影响内容理解的，可以在括号内加以补全。

四、成人在线学习资源建设实践

宁波某成人高校面向学习者开发一门非学历课程，题目叫作"信息社会的全媒体生活"。课程概述为：在信息社会全媒体时代，老年朋友应该具备的媒介素养，了解信息社会和全媒体发展的概况，掌握数字媒体的使用，学会利用简单的媒体资源来优化自己的老年生活，并能正确判断和评价媒体信息，防止上当受骗。课程分为五讲内容，如表 8-9 所示。

表 8-9　课程内容

讲次	标题	简介	关键字
第一讲	信息社会和全媒体的概念	讲解信息社会和全媒体的概念，介绍现代社会人具备媒介素养的重要性	信息社会、全媒体
第二讲	传统媒体的全媒体化	讲解传统媒体的全媒体化的基本情况和老百姓由此可得到的益处，演示如何下载安装和使用传统媒体的手机 App	传统媒体、全媒体、手机 App

续表

讲次	标题	简介	关键字
第三讲	社交媒体的使用	讲解什么是社交媒体,演示 QQ 和微信的下载安装和使用	社交媒体、QQ、微信
第四讲	学会网上购物	讲解什么是网购和如何网购,演示如何下载安装和使用手机淘宝 App,提醒要规避网购陷阱	网购、淘宝
第五讲	学会辨别和评价媒介信息	讲解在使用媒介获知信息时要注意的问题,学会辨别和评价媒介信息	评价媒介信息

责任部门在上一个学期末填写新学期"部门视频类学习资源建设需求表"上报资源中心,分管领导签字,交由资源中心统一规划全校的资源建设任务。新学期初,课程主讲教师根据学院安排,对课程进行详细的教学设计,并且严格按照教学课件规范制作电子演讲稿,同时填写《视频类学习资源拍摄预约表》。该表包含教师姓名、建设部门、课程名称、总讲数、授课形式、拍摄时间等。

拍摄前一周,课程主讲教师与技术人员(团队)取得联系,协商拍摄计划,电子演讲稿交由技术人员检查和修饰。同时需耐心填写视频类学习资源制作脚本,脚本规定了拍摄过程中的画面形式、画面内容、台词以及具体注意事项,需要双方深入解读教学设计,做出最优的安排。一个好的制作脚本为后面的拍摄工作打下坚实的基础。

录制前,主讲教师与技术人员(团队)调试现场灯光、布景及录像设备,并且确保电子演讲稿能够正常播放。录制中,主讲教师需试讲一段内容,确保机器无误以后,方可开始完整录制。图 8-1 为这门课程录制前和录制中的场景,整个录制过程漫长而艰辛,需要双方默契配合与谅解。

录制完毕,技术人员按规定的时间进度完成初剪辑,交由主讲教师检查。此时,主讲教师需要仔细检查视频课件的画面、语音,填写视频类学习资源检查表。技术人员依照检查表的反馈结果,修改视频内容,然后统一包装(添加片头、片尾、音效、调色、调音、字幕条等),成片输出。成片在发布前再由主讲教师查看,组织听写字幕,并完成元数据表填写。

录制前

录制中

图 8-1　视频资源录制现场

这门课在 Canopus Edius 中进行剪辑和后期处理,使用 Photoshop 以及 After Effects 进行包装,使用 Srt Edit 制作字幕。

最后技术人员需要存储源文件、工程文件以及不同清晰度的版本,转码和上传到课程点播平台。这门课提供了三种不同清晰度的版本,分别是 1920×1080(1080P)、1280×720(720P)、720×576,前两种是高清格式,应用在网络课程和高清电视上;后一种是标清格式,应用在移动设备或标清电视上。

我们从成人在线学习资源建设流程、主讲教师规范细节、视频技术参数规范等,梳理成人在线学习资源建设规范,并且遵照规范进行《信息社会的全媒体生活》课程建设实践,取得了阶段性成果。希望本节内容能够引发人们对成人在线学习资源建设规范的思考,推进成人在线学习资源建设的科学发展。

第二节　成人在线学习的知识图谱设计

近年来,教育部发布的系列通知文件指出,要进一步优化在线教育资源使用。教育部办公厅颁布的《2017 年教育信息化工作要点》(教技厅〔2017〕2 号)提出组织实施在线教育普惠行动,深入落实《教育部关于加强高等学校在线开放课程建设应用与管理的意见》。教育部办公厅发布

《关于启动部分领域教学资源建设工作的通知》(教高厅函〔2020〕4 号),指出要面向有关高校专家和企业一线工程师广泛征求意见,研究制定覆盖知识领域、知识单元和知识点的相关领域知识图谱。建用并进,动态更新。将资源建设与资源使用相统筹,实现在资源建设中培养教师队伍,在资源使用中锻炼教师队伍。同时,建立科学的建设领域动态调整机制和资源的持续更新机制,提高资源服务支撑能力。《教育部关于加强新时代教育管理信息化的通知》(教科信函〔2021〕13 号)中强调充分发挥数据的作用,推动教育科学决策、精准管理和个性服务。

知识图谱(knowledge graph),或称为知识域可视化、知识领域映射地图,是显示知识发展进程与结构关系的一系列各种不同的图形,用可视化技术描述知识资源及其载体,挖掘、分析、构建、绘制和显示知识及它们之间的相互联系。[1] 通过对学校内部教育资源的结构化组织和管理,知识图谱可以帮助学校优化教育资源的配置,更好地满足学生和教师的需求。学校内部存在着各种知识资源,比如教学资源、科研资源等;学校外部也存在着各种知识资源,比如学术期刊、科技成果等。知识图谱可以将这些不同的资源整合到统一的系统中,实现知识的交流和共享,提高知识的利用效率。知识图谱有以下几方面的特征。

第一,实现精准教学。知识图谱可以记录学生的学习过程,对学生的学习情况进行分析,了解学生在哪些知识点上掌握得好、哪些知识点上存在困难。基于学生的学习情况,教师可以更加有针对性地进行教学,帮助学生更好地掌握知识。通过知识图谱对学生的学习过程进行记录和分析,教师可以清楚地了解学生所处的知识水平,从而有针对性地进行教学。例如,对于一些已经掌握了基础知识的学生,可以针对性地讲解更高级的知识点;对于还没有掌握基础知识的学生,可以重点讲解基础知识。

---

① 史忠植.人工智能[M].北京:机械工业出版社,2017.

　　基于知识图谱的分析结果,可以为学生推荐个性化的学习内容。[①]例如,对于掌握某些知识点较好的学生,可以推荐更高难度的学习内容;对于掌握某些知识点较差的学生,可以推荐更基础的学习内容。进而,知识图谱可以帮助教师确定教学的顺序。对于学科中的不同知识点和概念,知识图谱能够清晰地展示它们之间的关联和依赖关系,从而确定最佳的教学顺序。

　　第二,实现个性化学习。知识图谱可以将学科领域的知识按照层次结构组织,以便学生能够按照自己的需要和学习进度自定义学习路径。[②]学生可以根据自己的兴趣和知识水平选择适合自己的学习内容,而不是按照统一的课程进度表学习。

　　通过对学生学习情况和学习历史的分析,知识图谱可以推荐适合学生的课程和学习资源,以便学生能够更快地学习并取得更好的成绩。这样,学生可以省去在各种教材和网上课程中寻找适合自己的资源的时间和精力。

　　知识图谱可以跟踪学生的学习进度和知识水平,并根据学生的表现进行个性化评估。通过分析学生的学习历史和现状,知识图谱可以为学生提供个性化的学习建议,以帮助学生克服学习中的难点。

　　知识图谱还可以为学生提供学习互动的平台,帮助学生整理当前课程的知识点概况、学习进度,以及推荐学习的知识点,帮助学生自主学习以加深对知识的理解。

　　第三,学科知识图谱的作用。学科知识图谱可以将学科知识进行系统化的组织和分类,使得学生可以更加清晰地了解学科知识的结构和内在联系,从而更好地理解和掌握学科知识。进而可以帮助学生形成学科知识的框架,将零散的知识点有机地结合在一起,使得学生可以更加全

---

　　①　肖祯怀.基于知识图谱推荐系统的高校"汇编语言程序设计"课程教学改革[J].镇江高专学报,2024,37(1):101-105.

　　②　卢雯雯.基于知识图谱的陈述性知识自适应学习系统研究[D].大庆:东北石油大学,2023.

面地了解学科知识的本质和特点,从而更加深入地理解学科知识。

学科知识图谱还可以根据学生的学习情况和学科知识的特点,提供个性化的学习支持。[①] 例如,对于学生来说,学科知识图谱可以帮助学生发现学科知识中的关键点,针对性地提出问题和解决方案,从而帮助学生更加深入地理解学科知识。其可将不同学科之间的知识进行关联,提供跨学科的知识框架。这有助于学生理解不同学科之间的联系和关联,发现学科知识的共性和相似之处,从而更加全面地理解学科知识。此外,学科知识图谱可以促进教师的教学改革,帮助教师更加系统地规划和设计课程,优化教学方式和教学内容,从而提高教学质量和效率。

一、知识图谱构建与管理

课程知识图谱平台以课程为单位,提供自动或半自动地从课程的教学资源中抽取和融合课程知识点的机制和工具,为教师构建一个更高效地组织、利用并能持续更新扩展教学资源的平台,为学生提供一个更好获取和理解课程知识体系的平台。

课程知识图谱平台建设方案如图 8-2 所示。图中左侧表示课程知识图谱平台的架构,右侧表示课程知识图谱的组成结构。平台由数据层、模型构建层和应用层构成。课程知识图谱实体可以分为教学资源层、知识点层和课程层。

教学资源层指一门课程的教学资源,如教材、大纲、PPT、教案、课程视频等,以文本、图像、视频等结构化或非结构化形式存在。教学资源是课程知识图谱中数量最大的一部分,是课程知识图谱平台的数据来源和数据输入。

模型构建层提供构建课程知识图谱的技术支撑,通过课程知识抽取、命名实体识别、实体关系识别等技术,对教学资源进行抽取,得到课程中所包含的知识点以及知识点之间的关系,形成课程知识图谱的知识

---

① 赵宇博,张丽萍,闫盛,等.个性化学习中学科知识图谱构建与应用综述[J].计算机工程与应用,2023,59(10):1-21.

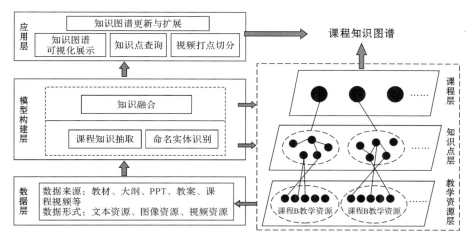

图 8-2　课程知识图谱结构

点层。通过知识融合，得到该课程的知识体系，将其表示成结构化形式并使用图数据库存储，最终构建出该课程的课程知识图谱。

基于课程知识图谱的应用包括知识图谱的可视化展示、知识点查询、课程视频打点切分以及知识图谱的更新与扩展，为教师在整个教学环节中利用课程知识图谱提供技术支撑和工具支持。成人在线学习的知识图谱构建和管理的主要功能如下。

（一）知识图谱框架管理

建立以成人学校的课程和知识点为体系的知识点架构进行后台知识图谱框架管理；支持对教务课程的课程类别、课程性质进行增删改查管理；支持按照学校不同专业关联不同的课程，生成学科知识图谱；支持为网络课程和教务课程建立独立的知识图谱，便于统一管理。

（二）课程知识图谱构建

成人学习的课程可进行知识点多层级架构，生成同级知识点、子级知识点、关联知识点等相关关系。可以利用知识抽取、命名实体识别、实体关系识别等技术，自动构建初始的课程知识图谱并智能导入，教师上传课程大纲、教材等，系统智能识别并构建生成知识图谱。

（三）课程知识图谱管理

知识点之间可进行前置关系、后置关系、关联关系的设置，支持给知识点打标签，自定义标签内容，支持给同一个知识点标记多个标签。

系统一般需要支持后台审核，审核通过才允许引用，并记录引用次数；支持跨课之间知识点进行关联，关联后可以进行专业下多门课程的知识点关联展示；支持教师调整知识点在课程空间菜单栏的显示顺序。

（四）课程知识图谱展示

系统支持根据知识树的关联关系，自动生成知识图谱网状结构，点击对应知识点即可查看知识点的相关资源，支持按照知识点的层级和标签两个维度进行知识点的筛选查看。

二、知识图谱应用

（一）教师教学管理

在课程知识图谱基础上，教师可以利用学科知识图谱把学科知识点与教材、讲义、习题等关联起来。根据教师的教学进度、教材版本，系统会持续推送符合教学需求的备课资源，同时基于知识图谱的搜索可以快速准确地得到教师所需的资源，以提升教师的备课效率和质量。除了备课，在智能组卷、考试分析中也可以利用学科知识图谱来作为背景知识辅助完成相关任务，极大地提升了教研的效率。这样的好处是，通过对学情的精准分析，系统进行相关的巩固练习题推荐，针对性地制定教学策略，提升教学针对性，进行精准教学，如图 8-3 所示。

在课前、课中、课后综合运用数据挖掘和智能化能力。课前，教师利用数据挖掘技术得到学生学情数据，制定教学策略，做到教学决策数据化。课中，教师利用制定的教学策略进行有针对性的教学，讲解知识点，分组讨论教学；利用知识图谱对知识内在的关联进行可视化，帮助学生构建对知识的深层次认知。课后，教师推荐相关课后习题，根据学生学情状况、学习能力，推荐个性化的针对性的练习题，巩固知识点。综上，教师要提升课堂教学的质量和针对性，将动态数据分析、动态学情诊断

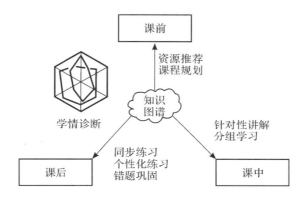

图 8-3 知识图谱的教学应用

贯穿教学全过程,实现因材施教,让教学决策数据化、智能化。[①]

知识图谱在辅助教学的应用中,辅助教师去完成备课、教研、出题、试题分析的工作。系统可以以推荐的方式为教师推荐同类相关的资料(教案、课程讲解规划、作业等)来提升教师的教学效率,基于图谱的搜索也可以更精准地返回所需内容。

(二)学生学习管理

系统支持学生查看课程知识图谱,并查看每个知识点的学习进度情况;支持学生按知识点进行课程任务学习,观看课程视频,阅读课程资料等;支持学生提交作业、考试,查看自己作答作业、考试题目的知识点掌握情况,并查看知识点推荐资源,巩固学习;支持学生按知识点从题库或错题本抽题,逐题自测。

三、知识图谱统计与分析

(一)教师端知识图谱统计

系统支持教师查看班级整体知识点分析统计,查看知识点平均完成率、平均掌握率、完成率分布和掌握率分布等;支持按知识点查看每个知识点的关联学习资源数、平均完成率、平均掌握率、课程资料数、课程资

---

① 王星.技术共生视角下智慧课堂构建逻辑研究[D].重庆:西南大学,2023.

料人均阅读情况等；支持查看单个知识点的班级统计分析详情和推荐资源，包括此知识点的平均完成率、最高掌握率、最低掌握率、平均掌握率，此知识点每个学生的完成情况和掌握情况、此知识点每个教学任务的平均完成情况和掌握情况等，以及查看此知识点的课程资源和系统推荐的拓展资源，支持教师添加拓展资源到课程，方便教师共享给学生阅读观看。

系统支持查看班级所有学生的知识点平均完成情况、平均掌握情况、课程资料阅读情况等；支持查看某一位学生某个知识点的统计详情，包括学生此知识点的完成情况、掌握情况、知识点关联的学习任务完成详情，以及查看此知识点的课程资源和系统推荐的拓展资源。

（二）学生端知识图谱统计

系统支持学生查看自己的知识点统计分析，包括每个知识点的完成情况、掌握情况、课程资料阅读情况等；支持学生查看自己单个知识点的统计分析详情和推荐资源，包括此知识点的完成情况、掌握情况、知识点关联的学习任务完成详情等。

系统可以基于知识图谱、数据分析技术，快速地检测定位学生的学习状况和薄弱点，基于对学生学情更加准确的判断，利用知识点之间的关联关系，包括前后序关系，可以合理地为学生做针对性的推荐，推荐相关的内容以及学习策略、学习路径规划。将精准检测、内容推送、路径规划，整个流程作为动态闭环，稳步提升学生知识掌握程度。系统能够精准检测学习水平，找到薄弱知识点。系统通过对学生过程化动态学习数据的自动分析，检测学生的学习水平，精确诊断学生的学习情况，并分析学生薄弱知识点。学习助手也会帮助学生整理当前课程的知识点概况、学习进度，以及推荐学习的知识点，帮助学生自主学习。

四、知识图谱智能路径规划与资源推荐

（一）智能路径规划

利用布鲁姆的教学认知模型可以帮助教师更有效地设计和实施课

程和教学活动。布鲁姆的教学认知模型是一种基于认知心理学的教学方法,它将学习过程分解为不同的认知层次,包括记忆、理解、应用、分析、综合和评价。这个模型可以帮助教师了解学生的学习进程,并在不同的认知层次上为学生设计相应的教学任务和评价方式,从而完成基于布鲁姆教学认知模型结合学生学习情况及底层的算法,给学生推荐个性化学习路径。

个性化推荐提供了一种解决学习者知识迷航问题的方法。个性化推荐策略可借助教育人工智能技术,结合学习者的学习行为记录与行为特点,帮助学习者了解当前知识点的前因与后果,明确学习路径,并为学习者提供合适的学习资源。这一策略必须尊重学习者的学情,并基于教学目标的要求而开展。因此,个性化推荐应基于学习者的学习情况及特点,自动地帮助他们选择适合的学习资源。个性化推荐和个性化学习指导是教育信息化发展到一定阶段的必然要求,是智慧教育环境建设的核心内容。

(二)资源推荐

基于知识图谱的资源推荐,为学习者提供了优质及个性化的学习资源,实现错题举一反三,使学习者摆脱题海战术,大幅减少学习者重复练习的时间和课业负担。基于知识图谱的推荐还可以从概念、前后序、属性等维度给予推荐结果解释。

基于知识图谱可以对教学资源进行标签化,理解学习资源所涉及的知识点,关联考点及考题。[①] 深度理解学习者输入的搜索内容,可以很好地实现语义搜索,精准地搜索到需要的资源。另外,利用知识图谱可以在学习者进行相关实体搜索时,展示跟该实体相关的图谱子图,让学习者能发现更多与该知识相关的知识,帮助学习者进行知识的关联和发散学习。

---

① 曹钢,梁宇.国际中文教育知识图谱的构建与应用:实现规模化因材施教的新途径[J].云南师范大学学报(对外汉语教学与研究版),2023,21(4):5-15.

第三节　成人在线学习活动设计

　　在线学习作为"互联网＋教育"的重要成果之一，在革新教育教学模式、提高教育公平公正水平以及贯彻终身学习理念等方面发挥重要作用。美国高等教育信息化协会在 2021—2023 年发布的《地平线报告》指出"高质量在线教学能够有效整合线上线下教学的优势"，教育工作者和学生以及管理人员需要更适应在线教学的方式，将其作为一种长期能力。①

　　学习科学的诸多研究表明，在线学习主要解决的问题不是如何呈现学习内容，而是优质的教学内容如何更合理地组织以促进学习的发生。②③④ 基于活动来组织在线学习符合人类的认知发展规律。无论是思维、智慧的发展，还是情感、态度、价值观的形成，都是通过主客体相互作用的过程来实现的，而主客体相互作用的中介正是学习者参与的各种活动。⑤ 学习活动可以促进学习者的主体性发展。⑥ 教育对象的发展归根结底要靠其内部活动和努力去获得，教育必须让学生作为主体去参与

　　① 闫寒冰，陈怡.何以实现高质量在线教学？——基于 2021、2022、2023 年地平线报告（教与学版）的多案例研究[J].现代教育技术，2023，33(7)：72-80.

　　② 高文.建构主义研究的哲学与心理学基础[J].全球教育展望，2001(3)：3-9.

　　③ 张浩，吴秀娟.深度学习的内涵及认知理论基础探析[J].中国电化教育，2012(10)：7-11,21.

　　④ 段金菊，余胜泉.学习科学视域下的 e-Learning 深度学习研究[J].远程教育杂志，2013，31(4)：43-51.

　　⑤ Thomas F P，Linda R T，Ulrich W，et al. Recent advances in intergroup contact theory[J]. International Journal of Intercultural Relations，2011，35(3)：271-280.

　　⑥ Irwin C，Ball L，Desbrow，B，et al. Students' perceptions of using Facebook as an interactive learning resource at university [J]. Australasian Journal of Educational Technology，2012，28：1221-1232.

活动,学生才能获得个体身心发展的内在动力。① 在线学习通过丰富的学习活动可以实现不同角色的社会性交互,提高学生的学习自主性,因此学习活动成为破解在线学习问题的重要解决思路。② 本节聚焦于成人学习者,从活动理论出发剖析新时期的在线学习,帮助教师拓展在线教育思路,促使学生有效学习,实现学校提质创优。本节关注的问题包括:当前成人在线学习存在的典型问题有哪些? 活动理论指导下的教育研究进展如何,对今天的成人在线学习具有哪些启迪? 如何进行成人在线学习活动设计? 依托开放大学融合平台开展成人在线学习过程应注意哪些情况?

（一）活动理论的基本内涵

活动理论是一个跨学科的理论框架。它通过关注人的意识与自然和社会现实之间的辩证关系将人类活动概念化,而这种关系是通过"工具"来作为中介物的。该理论的思想根源在于俄罗斯心理学的文化历史学派。③④ 根据这一心理学流派,活动可以被广泛认为是"一个人或一个集体在做某事",其中一个主体（一个人或一个集体）有目的地进行一项活动,以了解和改变对象（有形或无形的东西）。芬兰学者恩格斯托姆对维果斯基第一代活动理论模型进行了研究和发展,提出了第二代的活动理论模型,即为人所熟知的"三角模型"（见图 8-4）。⑤ 在这个模型中,主体是作用于客体的个人或群体;客体是问题、情况,是活动的支柱;共同

---

① 衷克定,岳超群.混合学习模式下学习者主体意识发展研究[J].现代远程教育研究,2017,29(6):48-56.

② Kirby K, Anwar M N. An application of activity theory to the "problem of e-books" [J]. Heliyon, 2020, 6(9): e04982.

③ Li L, Du K, Zhang W, et al. Poverty alleviation through government-led e-commerce development in rural China: An activity theory perspective [J]. Information Systems Journal, 2019, 29(4): 914-952.

④ Crawford K, Hasan H. Demonstrations of the activity theory framework for research in information systems[J]. Australasian Journal of Information Systems, 2006, 13(2): 49-68.

⑤ 于璐.列昂捷夫的活动理论及其生态学诠释[D].长春:吉林大学,2011.

体由主体以外的个人或团体组成,他们共享对象并构建自己独特的社区文化;工具包括将物体转化为结果的所有事物,可以是物理或心理工具;规则是限制活动的法规、法律、政策和实践;劳动分工是指在进行一项活动时,任务的划分以及角色和等级的结构。这六大要素组合起来形成了生产、交换、分配、消费四个子系统。最后的结果是主体作用于客体后的产物。21世纪初,恩格斯托姆在原有理论的基础上,分析了学校教育带来的种种弊端,提出利用"学习者集体"和"高级学习网络"突破学校限制,将活动联系起来,形成更大的活动系统。改进的活动理论增加了活动的开放性和活动之间的互动性,而高级学习网络可以理解为在线学习系统[①],如图8-5所示。

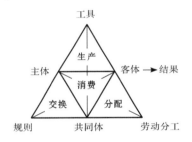

图8-4 三角模型

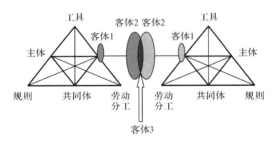

图8-5 活动理论模型

---

① Engestrom Y. Enriching activity theory without shortcuts[J]. Interacting with Computers,2008,20(7):256-259.

（二）成人在线学习现存的问题

1.信息素养和在线学习习惯较差

相比较全日制学生，成人学习者信息素养普遍不高，他们不是"数字原住民"，也没有很好的机会接受与信息素养有关的培训。另外，成人学习者的学习时间不固定，工作时间与学习时间矛盾突出，学习过程中抗干扰能力不足，学习过程容易受其他事务影响而中断，学习主动性和学习习惯较差。因此，成人学习者的在线学习效果不容乐观。除了给成人学习者配备讲课教师、课后辅导教师，学习平台本身要适合成人的学习特点。

2.在线学习活动参与度低

成人学习者偏重被动听课和写作业，过于依赖教师的"教"，对其他学习活动视而不见，学习主体认知不清楚。成人学习者适应线性的学习过程，学习行为主要受学习目标驱使，活动进程被分解成序列而机械进行。遇到学习困难时，成人学习者倾向于立即寻求教师的帮助，而不是通过参与学习活动自行解决或者求助于学习伙伴。

3.注重知识传输，忽视能力培养

传统远程教育模式强调知识被动传输，成人学校采用资源点播或者教师直播授课的形式组织教学，不利于培养学生适应工作实际和未来发展的能力。随着社会发展，未来知识记忆的工作会被人工智能取代，教育不能强调机械地、反复地工作，而应该重点训练学生的思维力、协作力和创造力。

4.学习共同体难以重建

线下开展教学活动，教师会有组织地引导学生开展学习，同学之间会互相影响。学习过程中，教师和同学在一定程度上起到监督和指导作用。在线教学因为教师与学生、学生与学生时空分离，教师很难了解学生的学习状态和学习程度，同学之间互帮互助也存在困境。师生之间原本应该组成紧密的学习共同体，学习内容应该经过系统组织，但是这一切都难以重建。

（三）国内外研究现状

随着信息技术发展，活动理论应用于在线学习。为了调查国外的研究情况，我们使用 Web of Science、Springer、Scopus 数据库，选择"Activity Theory""Online Learning"作为关键词进行检索，共返回 568 条数据，包含论文 537 篇，在线发表 32 篇，综述文章 28 篇，其中 2012—2021 年研究热度持续上升。从较早的文献看，列维（Levy）考察了活动理论在网络学习中的应用，以及网络学习小组的建立。[①] 卡拉萨维迪斯（Karasavvidis）详细论述了应该如何分析网络学习的各种矛盾。[②] 从最近的研究看，买买提（Maimaiti）研究了新冠疫情下使用基于 web 的视频会议系统的师生教学情况，从活动理论看教学中出现的矛盾点及处理意见。[③] 伊亚姆（Iyamu）等使用活动理论来指导信息系统研究。[④] 整体来看，国外研究起步早，发展快，并且渗透到学习分析等细分领域，但是目前还没有大规模的学习活动实践。

20 世纪末至 21 世纪初，国内出现活动理论指导下的教育研究。田慧生论述了活动教学思想的形成与发展、活动的内涵、活动教学的本质和特征以及活动理论与杜威理论的联系和区别。[⑤] 郑太年主要介绍了活动理论的发展过程以及在教育教学中的应用，特别是提出学习应成为一

---

① Levy Y. An empirical development of critical value factors (CVF) of online learning activities: An application of activity theory and cognitive value theory[J]. Computers & Education, 2008, 51(5): 1664-1675.

② Karasavvidis I. Activity Theory as a conceptual framework for understanding teacher approaches to information and communication technologies [J]. Computers & Education, 2009, 53(3): 436-444.

③ Maimaiti G, Jia C, Hew K F. Student disengagement in web-based videoconferencing supported online learning: An activity theory perspective[J]. Interactive Learning Environments, 31(8): 4883-4902.

④ Iyamu T, Shaanik A I. The use of activity theory to guide information systems research[J]. Education and Information Technologies, 2019, 24(1): 165-180.

⑤ 田慧生. 关于活动教学几个理论问题的认识[J]. 教育研究, 1998(4): 46-53.

种探究性的活动,学生通过积极参与和主动建构获得新知识。[①]　杨莉娟等结合建构主义理论,剖析了两种理论的内涵和特点,提出了建立在活动基础上的建构主义学习观。[②]　项国雄和赖晓云主要分析了学习活动理论对学习环境设计的影响因素并提出了设计过程。[③]　刘清堂等将活动理论与MOOC学习相结合,实践了以学习者为中心的教学理念,构建了MOOC环境下学习活动设计模式。[④]　赵呈领和徐晶晶深入探讨了翻转课堂中学习适应性与学习能力发展构成要素,提出学习活动设计可作为一种有效的教育干预策略。[⑤]　余胜泉和王慧敏着眼于新冠疫情环境,提出基于活动的在线学习组织模型,作为理想的解决方案。[⑥]　国内研究者从新型学习环境角度引入活动理论,开展了有益的实践探索。

综合国内外的理论和实践研究,我们可以总结出若干活动理论对成人在线学习的启示以及当前研究的不足。首先,学习活动与知识之间也存在着不断的反馈,成人学习活动应注重学习过程和学习任务的设计,以及对学习者的学习动机和学习状态的监控。其次,成人学习者可以通过与他人的互动来修正和加深对知识的理解,应该为在线学习设计更多的协作学习活动。再次,应当充分发挥学习平台的中介作用,比如构建在线学习网络来服务成人学习。另外,明确的学习规则、学习活动中的分工等都有助于成人学习。现有的研究对开放大学如何有效开展成人在线学习活动的关注较少。比如教学设计过程中,如何根据成人学习者特点和兴趣分配学习任务;如何发挥学习共同体中隐性规则的监督功

① 郑太年.从活动理论看学校学习[J].开放教育研究,2005(1):64-68.

② 杨莉娟.活动理论与建构主义学习观[J].教育科学研究,2000(4):59-65.

③ 项国雄,赖晓云.活动理论及其对学习环境设计的影响[J].电化教育研究,2005(6):9-14.

④ 刘清堂,叶阳梅,朱珂.活动理论视角下MOOC学习活动设计研究[J].远程教育杂志,2014,32(4):99-105.

⑤ 赵呈领,徐晶晶.翻转课堂中学习适应性与学习能力发展研究:基于学习活动设计视角[J].中国电化教育,2015(6):92-98.

⑥ 余胜泉,王慧敏.如何在疫情等极端环境下更好地组织在线学习[J].中国电化教育,2020(5):6-14,33.

能;如何通过学习平台来捕获学习者的行为表现数据,从而分析其内心活动等。以上问题都值得进行深入研究。

一、成人在线学习活动设计模型和设计步骤

活动理论为分析成人在线学习活动提供了一个完整的理论框架,用来较好解释学习活动中不同要素的作用和关系,如图 8-6 所示。但是,面向成人学习者的在线学习活动设计步骤和可行性建议尚未有学者提出。在调研多个设计模型以后,我们引入美国建构主义心理学家乔纳森(Jonassen)的分析框架,从确定学习活动的目的、分析学习活动的核心要素、分析中介要素、分析学习活动的结构、设计学习活动所处的环境和评价学习活动的效果六个步骤,提出在线学习活动设计方案(见表 8-10)。[1][2] 我们结合成人在线教育的实践经验,做了个别本土化改造,比如将"分析活动的发展性"修改为"评价活动的效果",并且完善了学习活动设计步骤的实施建议,为下一步基于融合平台的实践应用打好基础。

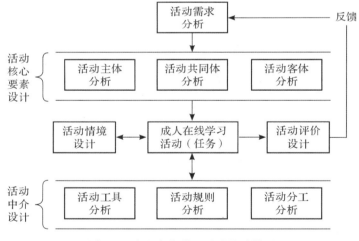

图 8-6 成人在线学习活动设计模型

---

① Jonassen D H, Murphy L R. Activity theory as a framework for designing constructivist learning environments [J]. Educational Technology, Research and Development, 1999, 47(1): 61-80.

② 乔纳森.学习环境的理论基础[M].郑太年,任友群,译.上海:华东师范大学出版社,2002.

表 8-10　在线学习活动设计步骤

序号	步骤	实施建议
1.确定学习活动的目的		
1.1	确定结果	完成学习活动,达到课程要求,获得课程学分
1.2	理解主体的动机	学习者利用短暂的空闲时间,即时地解决问题、获得实用的资讯、利用时间片段训练技能等
1.3	分析与活动相关的环境	做好网络学习的软硬件准备,利用融合平台开展学习,平台提供学习活动所需的必要条件
2.分析学习活动的核心要素		
2.1	主体	主体是成人或终身学习者。关注其性别、智力水平、学习风格、学习动机、计算机素养、人际交往特征等因素,全面把握活动主体的特征,为实现更加个性化的学习提供依据
2.2	共同体	共同体是与主体共同完成学习任务的其他学习者。比较理想的分组方式是小组内部尽量异质,而小组之间最好同质
2.3	客体	客体为学习目标、学习任务或学习内容,均在融合平台呈现。学习的目的可分为:获取资讯、学习知识、提高技能、改变态度或观念
3.分析中介要素		
3.1	工具中介物	除了支持学习开展的技术环境,还应该为学习者提供各种促进认知、培养思维能力的学习工具,包括认知工具如概念图、思维导图,交流工具如电子邮件、聊天室
3.2	规则中介物	规范学习者行为的相关规定和标准,分为任务完成规则、奖惩规则、评价规则、协作交流规则等
3.3	角色中介物	如果采用小组协作学习方法,那么学习活动需要有明确的分工,以使学习小组中的每个成员明确任务的划分和自己的职责
4.分析学习活动的结构		
4.1	分析活动自身	记录学习活动发生的转变,以及转变的各个阶段,要实现活动并最后满足动机
4.2	将活动分解成行为	根据阶段要求,分解成多个具体的目标,探寻目标之间的关系;记录完成各个目标的行为,以及行为的执行者
4.3	将行为分解成操作	记录实现目标需要的具体操作,分析现有的条件,安排好操作执行者

续表

序号	步骤	实施建议
5.设计学习活动所处的环境		
5.1	设计情境	鼓励将真实生动的学习任务"嵌入"到在线学习活动,使学习者可以在基于现实生活的学习活动情境中,应用知识解决真实问题或完成实际任务;重视整合学习资源和学习工具
6.评价学习活动的效果		
6.1	不断修改和完善	教师获得学习者学习行为的反馈信息,使整个设计过程得到不断的修改和完善
6.2	多元评价	在线学习评价方式、评价维度、评价标准等方面应体现多元化:既要有定量评价,也要有定性评价;既要有教师评价,也要有自我评价;既要注重学习活动的总结性评价,也要强调活动过程的形成性评价

二、基于开放大学融合平台的成人在线学习活动设计

国家开放大学打造的融合平台是国家开放大学系统迈入高质量发展阶段的基础性工作。此前,开放大学系统设计未完整覆盖教学安排、教学运行及过程监控环节,未实现专业全流程管理和课程全生命周期管理,业务和数据集成化程度低。其中在线课程仍然存在以课程资源呈现为主,不重视师生交互、教学活动设计等问题。国家开放大学牵头研发的集教、学、管、评、考于一体的融合门户,将实现招生资格筛查、学习管理、考试管理、毕业审核一条线,对学生从注册入学到毕业全链条一体化管理,教师和学生通过一个账号就能全流程访问、全资源共享,如图 8-7和图 8-8 所示。同时,"一网一平台"是一个强大而且智能的在线学习平台,其丰富的学习资源和课程内容为广大学员提供了易于使用的学习体验。该平台上的考试中心和在线讨论互动等功能,也为学员提供了一个更加自由、灵活的学习环境。目前,平台上的成人学习者超过 509 万人,师资库中的教师超过 14 万人,专业设置 226 个,开设课程 1.7 万余门,创造了成人在线教育的奇迹。

(一)学习活动目的分析

活动需求分析涉及学习目标和学习者分析。在设计学习活动之前,

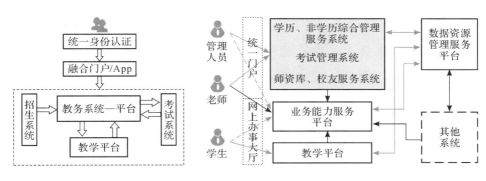

图 8-7 开放大学融合平台设计框架　　图 8-8 开放大学融合平台模块关系

教师必须明确成人的学习目标。目前广泛采用的是在布卢姆的目标分类基础上提炼出来的知识、技能和态度的三维目标。[①] 就知识维度而言，它可以从具体到抽象分为四类知识：事实性、概念性、程序性和元认知知识。技能维度分为记忆、理解、运用、分析、评价和创造六个认知过程。情感维度可进一步分为接受、反应、评价、组织和内化。

在线学习过程中学习目标能否达成，主要看成人学习者自身认知和发展水平，所以必须重视对成人学习者的分析。成人学习者大多是社会在职人员，学习时间少且碎片化。根据美国成人教育理论家诺尔斯（Knowles）提出的成人学习五方面的特点，成人学习者在学习时往往带入个人经验，具有特定的思维习惯；学习目标明确，功利性强，不喜欢被灌输；喜欢独立思考，自主学习；喜欢跟工作相关的学习，比如实践性主题；学习往往是问题驱动的，愿意学习问题的解决思路。[②] 所以我们在融合平台上设计学习活动时，需要提供开放和轻松的学习环境，注意克服学习者生理、心理障碍，节省其学习时间。此外，必须分析学习者对融合平台的熟悉程度。

---

① 卢科青,王文,陈占锋,等.基于布卢姆教育目标分类学的课程设计一致性评价[J].教育教学论坛,2020(52):234-235.

② 何光全.国外成人及继续教育学者马尔科姆·诺尔斯[J].成人教育,2012,32(12):1.

（二）学习活动核心要素设计

融合平台的学习活动系统中的主体是成人学习者，具备较强的自主学习能力和学习愿望。成人学习者根据自己职业发展的需要和自身诉求有选择性地对客体进行学习，通过完成一定的学习任务实现一定的学习目标。共同体由成人学习者组成。个体或共同体可选择的学习活动形式包括：阅读、反思、头脑风暴、问题解决、案例分析、讨论交流、作业和在线测试等。根据认知目标分析理论和知识维度分类，我们可以归纳出各种学习活动形式适用的范围，如表 8-11 所示。

表 8-11 学习活动形式适用的范围

知识维度 / 认知过程	记忆	理解	运用	分析	评价	创造
事实性知识	阅读	阅读				
概念性知识	阅读	头脑风暴、阅读	问题解决	问题解决、反思	头脑风暴、反思	
程序性知识			问题解决	案例分析、反思	案例分析、反思	问题解决
元认知知识		讨论交流	反思	反思	反思	问题解决

（三）学习活动任务的设计

活动任务的设计是整个活动设计的中心，主要包括任务情境、学习过程建议和任务结果。

相关研究表明，在多元化的情境中学生更有可能抽象出概念的相关特征。[①] 对于成人学习者，创设科学合理的情境有利于激发成人的学习动机，进而有助于知识和技能的习得。学习情境的类型有任务情境、问题情境、真实情境、虚拟情境、学习情境，情境学习更有助于成人学习。

在学习过程的设计中，教师应通过"任务说明（学习建议）"来设计解决问题的策略和方法，以保护学生自主学习的积极性。在融合平台中，

---

① 徐坤山.基于多元教学情景创设的高职医药类专业生物化学课程教学建设与改革[J].卫生职业教育,2022,40(2):37-39.

最常见的方式是通过普通的文字叙述,也有通过图表和视频形式的介绍。活动任务尽量细化,也就是活动结构可以层层分解,从整个活动出发,到每个阶段的活动,再落实到具体目标行为,最后着眼于具体操作。活动的操作性越强就越能吸引成人学习者参与学习。

(四)学习活动中介设计

学习活动的中介要素包括活动工具、活动规则以及活动分工。活动工具因为与学习平台的功能内容相重合,打算在"学习活动环境设计"中进行论述。活动规则主要有活动进度安排、活动开展的标准、协作交流的规则等。活动分工则需要规定学习活动中各种角色的任务分工。因为这部分内容涉及面广,含义丰富,我们重点挑选融合平台中学习活动的进度设计和任务分工策略来作分析。

活动进度的设计是为了使学习活动能够得到有效的控制。在该规则下面,教师和学生都要严格遵守时间规范,具体可以从三个层面来考虑。整个学习活动的时间线应该在学习活动设计之初就规划好,应该写入课程教学计划中;具体活动成果的递交时间,可以在布置活动时以醒目的文字说明,或者用标签和符号着重指出;子活动的截止时间可以在每个活动模块中进行设置,并及时告知学生。

合理的活动任务分工可以使协作效率大幅度提升。在进行活动分工时,我们同样可以从两个层面来实现。一方面,以某个知识点的讨论为例,大致分成以下环节:课程责任教师提出讨论主题,学生进行线上交流,学生代表发言,其他同学在发言同学的帖子下面回复,最后由教师总结提炼。辅导教师也可以参与回答学生的疑问。另一方面,融合平台中的学习共同体由师生、生生构成,如果活动是需要协作的,那么必须规定好协作的规模、各种组合的规则、组长选择和任务分工、进度安排等。

(五)学习活动环境设计

由于学习环境对学习活动起着支撑作用,所以学习环境的设计必须以学习活动为基础。学习环境的设计主要是学习资源和学习平台的整合。除了学习资源，开放大学融合平台还提供了多样的在线学习功能，这些功能对不同学习活动的支持程度是不同的。根据试点过程中的经验教训，我们整理了学习平台对学习活动的支持程度，如表 8-12 所示。

表 8-12　学习平台对学习活动的支持程度

网上学习活动	融合平台（教学平台）功能										
	直播课	讨论	作业	测试	教学反馈	随堂测验	同学互评	笔记	分组学习	词汇表	参考资料
阅读	* *									* * *	* * *
讨论交流	* * *	* * *							* *	*	
案例分析	* * *	* * *	* *	* *		* *	* *		* *		* *
头脑风暴	* * *	* * *							* *	*	
问题解决	* * *	* * *	* *	* *		* *			* *		
反思		* *							* *		
分工协作		* *					* *		* *		

注：＊＊＊表示支持程度高，＊＊表示支持程度中，＊表示支持程度低。

（六）学习活动评价的设计

融合平台的评价工具有：课程评分机制、讨论区评分机制、作业、测验等。其评价方式多种多样，包括形成性评价、总结性评价、电子学习档案评价以及自我评价、教师评价、同学互评相结合的评价方式。下面列出三种评价方式。

一是形成性评价和终结性评价相结合的评价方式。平台主要的评价方式为形成性评价和终结性评价，平台中特别标记为红色的"形考任务"印戳和蓝色的"终考任务"印戳，并且在课程首页导航栏放置"形考任务"和"终考任务"，方便学生查找。这有利于成人学习者在最短时间里找到考核任务并不断练习，减少了学习成本。

二是电子学习档案评价。平台对学生的学习过程实时追踪记录，如具体的学习内容、学习时间、登录次数、讨论交流的帖子数，这些数据构成学生的电子学习档案，便于教师在课后进行学习分析，作为调整教学进度、学习任务难度以及评价学生的重要参考依据。相比较以往的课程管理系统,新平台的学习分析功能更加完善,交互更为友好。

三是自我评价、教师评价和同学互评相结合的评价方式。学生将自己设计的作品上传到平台上,在上传前可以根据作业标准进行自我评价;小组中的每个学生为其他学习伙伴的作品打分,并给出评论;远程教师为每个学生的作品打分,并观察评论的情况;系统将总分和评论反馈给学生。

如何高效组织成人在线学习活动是摆在成人教育研究者面前的重要课题,也是落实远程教育高质量发展的必由之路。研究从成人在线学习存在的问题出发,以活动理论为指导,构建成人在线学习活动理论模型。正如教学设计专家杨开城所说,学习活动是教学设计的基本单位,学习活动的核心要素是活动任务,活动任务与教学目标构成了直接的因果关系。[①] 成人在线学习活动应在学习目标指引下开展,步骤的设计也应该遵循相同的原则。国家开放大学提出了一套符合中国特色、具有世界眼光的解决方案。当前,开放大学融合平台在推广和使用阶段。基于开放大学融合平台,利用融合教学的设计思想重新设计在线学习活动,包括:活动需求和目标分析、活动核心要素设计、活动任务和结构设计、活动中介设计、活动环境设计和活动评价设计。由于在线学习活动的设计是一个相当复杂的过程,受多种因素的影响,本书对在线学习活动的分析还不够全面,下一步计划采用实证方法深入研究试验效果。

第四节　成人在线教学智能评价设计

近年来,一系列政策文件对利用新一代数字技术构建高质量教育体

---

① 杨开城.学生模型与学习活动的设计[J].中国电化教育,2002(12):16-20.

系提出要求。①《国务院关于印发新一代人工智能发展规划的通知》重点强调要构建包含智能学习、交互式学习的新型教育体系。教育部发布的《关于实施全国中小学教师信息技术应用能力提升工程2.0的意见》提出，要打造信息化教学创新团队，有条件的学校可以充分利用人工智能等新技术成果助力提升校长、教师教育教学创新的能力。人机协同视域下，已有研究立足于教育大数据、人工智能和学习分析技术，应用于教育教学全过程，为全日制教育赋能，非全日制教育成为被遗忘的角落。面对人民日益增长的美好生活需要和不平衡不充分的发展之间的矛盾，成人教育必须立足教育的公平与自由，满足人们对继续教育的诉求，重新认识终身学习的积极意义。新技术可以为成人教育理论体系重构和实践模式变革提供动力。

一、成人教育教学困境与分析方法缺陷

当前成人教育教学面临诸多困境。首先是资源短缺。成人教育在学科建设、专业建设、教育教学研究等方面存在诸多体制机制层面的障碍，资源投入有限，导致成人教育内涵式发展遇到瓶颈。比如，在学科建设方面尚处于起步阶段，传统学科基础薄弱，对于成人教育学、远程教育学、社区教育学等需要大力扶持。② 成人教育教学分析和研究一直处于弱势地位，没有良好的政策和制度环境，影响了成人教育的教学效果。其次是评价困难。成人教育教学过程评价很大程度上依赖于线上或者线下的教学督导。但从实际工作看，教学督导缺乏科学的标准和大数据支持。一方面，督导组进行的教学检查未形成完整且具有可操作性的评价体系，线上线下标准不明确，督导不够深入；另一方面，成人教育教师提供给管理部门的材料有限，数据量不足或数据不完整，评价结果没有

---

① 中华人民共和国国家互联网信息办公室.加快推进大数据与实体经济深度融合[EB/OL].(2019-06-21)[2024-04-12].http://www.cac.gov.cn/2019-06/21/c_1124651748.htm.

② 崔新有.开放大学试点:困境与突破[J].开放教育研究,2020,26(4):12-17.

突出公平合理性。最后是管理烦琐的问题。我国成人教育先要解决学习时间与工作、休闲时间相冲突的问题,再要考虑到学员媒介素养、适应能力、学习方法和策略相比较全日制学生都相对薄弱,这给教学管理增加了不小的难度。① 尽管当前引入了信息化管理平台,辅助管理人员进行教学管理,但平台对学员的学习状态、学生心理、学习态度等指标都未进行有效感知和分析。成人教育教学分析需要引入先进的方法策略。

以往关于课堂教学分析的研究主要聚焦以下几个方面:第一,课堂教学行为有效性研究。许多教学研究者和教育实践者致力于降低能耗,提升教学效果的研究。如有学者从关键因素分析、文化影响、参与者、教师指导等方面进行课堂教学分析,为教师效能提升提供了相关意见。② 也有学者通过设计教学模型和挖掘教学数据,预测有效的课程传导策略,从而为课堂教学质量提供保障。③ 第二,课堂教学分析方法研究。最早的分析方法源于20世纪中期的课堂观察法,后来依据“互动过程分析”理论,产生了著名的弗兰德斯互动分析系统,它构建了一套行为分析的编码系统,按照一定的时间间隔来标记和分析师生行为。第三,课堂教学行为比较研究。著名的国际比较研究 TIMSS 项目录制了美国、德国、日本、澳大利亚、瑞典等国家的数学课堂视频样本,发现数学成绩的好坏并不是因为课堂组织、技术手段等,而是与师生互动、解决问题方式有着密切联系,同时也表现出很强的文化特征。不同学科、不同教学行为间的比较研究也不断开展。第四,技术辅助的学习分析研究。学习分析技术被《地平线报告》称为“未来教育技术发展趋势”,聚焦于在线学习的评价数据分析、学习预警数据分析、伦理隐私数据分析和资源推荐等。常

---

① 王雪菲. 现代成人远程开放教育的挑战与对策[J]. 中国成人教育,2016(22):22-24.

② Kleinsasser R C. Teacher efficacy in teaching and teacher education[J]. Teaching and Teacher Education,2014,44:168-179.

③ Parkavi A,Lakshmi K,Srinivasa K G. Predicting effective course conduction strategy using data mining techniques[J]. Educational Research and Reviews,2017,12(24):1188-1198.

用的课堂交互分析方法总结,如表 8-13 所示。

表 8-13　课堂交互分析方法总结

行为统计	FIAS	S-T 分析法	ITIAS	VICS	OOTIAS
教师行为	表达情绪、表扬鼓励等七种行为	解说、示范、媒体展示、提问、反馈等行为	接纳情绪、鼓励表扬、提问等八种行为	教师提示、指示、提问、反馈	鼓励表扬、提问、讲授、指令等 13 种行为
学生行为	学生被动说话、学生主动说话	学生发言、思考、计算、记笔记、沉默等行为	应答、主动提问、与同伴讨论、学生操纵技术等行为	对教师应答、对同学的反应、对教师和同学的发言	被动应答、主动应答、使用技术和资源学习、自主练习、实践创作、成果展示
课堂教学行为分析模式	采集数据—编码—构建数据矩阵—分析	采集数据—编码—建立分析图—分析	采集数据—编码—构建数据矩阵—分析	构建分析量表—分析	采集数据—编码—构建数据矩阵—量化分析和质性分析
使用环境	传统课堂	传统课堂	结合信息技术环境	传统课堂	结合信息技术环境

以上五种分析方法的共同点是通过既定分类维度的数据采集和分析来探究课堂行为特征之间的联系。但是仍然存在一些问题:①以上方法都是观察者每隔一定时间采集一个样本,将完整的课堂拆分成片段,在片段间可能遗漏关键的信息。②依赖人工专家的分析编码,且工作量大。③缺少数据结构与意义理解的关系,仅作时间上的机械划分而忽略每个语言交互和行为交互背后的情境信息。因此我们需要寻找更加科学、更加全面的教学分析方法来进行研究。

二、人机协同教学分析的概念阐述

(一)教育人工智能进化路径

教育人工智能(artificial intelligence in education)是人工智能和教育相结合的交叉领域。[①] 基于人工智能的课堂教学分析研究已经进入探索

---

① 詹国辉,刘涛,戴芬园.人工智能驱动的高校智慧教学空间融合研究[J].宁波大学学报(教育科学版),2022,44(3):66-74.

阶段,比如柏林洪堡大学平克瓦特(Pinkwart)利用人工智能技术实现自适应学习的移动学习同伴系统。[①] 吴(Wu)等利用机器推测学员个性特点。[②] 陶布(Taub)等利用认知与元认知序列探究学生隐性知识掌握情况。[③] 刘清堂等构建了以"数据采集与存储""行为建模与计算""智能服务"为核心的智能分析模型应用于课堂教学行为分析。[④] 孙众等提出TESTⅡ分析框架来更好地利用人工智能提升课堂教学质量。[⑤] 但已有的关于人工智能课堂的分析理论和方法,仍处于弱人工智能阶段,需要一段时间的进化才有理想的智能效果。通常认为的进化路径为全人工分析阶段、弱人工智能阶段、强人工智能阶段,一直到超人工智能阶段。[⑥] 当前的教学实践中,没有自主意识的人工智能正在逐步渗透学校教学活动的各个方面,反过来讲,整个学校教育运行正逐步基于一个大的教育人机协同系统,教育人工智能逐步呈现为"人机协同化"。[⑦] 其中,课堂分析的量化和质性分析都可以由机器完成,借助人工智能分析的结果,人类专家可以专注于提炼教学问题、改进教学策略,再把这些数据返送给机器,达到人机协同分析的理想形态。

---

① 刘智,刘三女牙,康令云.物理空间中的智能学伴系统:感知数据驱动的学习分析技术:访柏林洪堡大学教育技术专家 Niels Pinkwart 教授[J].中国电化教育,2018(7):67-72.

② Wu W, Chen L, Yang Q, et al. Inferring students' personality from their communication behavior in web-based learning systems[J]. International Journal of Artificial Intelligence in Education, 2019, 29(2): 189-216.

③ Taub M, Azevedo R. How does prior knowledge influence eye fixations and sequences of cognitive and metacognitive SRL processes during learning with an Intelligent tutoring system? [J]. International Journal of Artificial Intelligence in Education, 2018, 29 (1): 1-28.

④ 刘清堂,何皓怡,吴林静,等.基于人工智能的课堂教学行为分析方法及其应用[J].中国电化教育,2019(9):13-21.

⑤ 孙众,吕恺悦,施智平,等.TESTⅡ框架:人工智能支持课堂教学分析的发展走向[J].电化教育研究,2021,42(2):33-39,77.

⑥ 孙众,吕恺悦,骆力明,等.基于人工智能的课堂教学分析[J].中国电化教育,2020(10):15-23.

⑦ 吴茵荷,蔡连玉,周跃良.教育的人机协同化与未来教师核心素养:基于智能结构三维模型的分析[J].电化教育研究,2021,42(9):27-34.

（二）人机协同结构与教学分析

人机协同化作为教育人工智能发展形态之一，其结构简单来说可以分为三大部分：人、人机交互接口、计算机为代表的机器。[①] 其中，人通过观察得到数据，再分析、推理、判断得到结果，经过人机交互接口传输给计算机。对计算机输出的结果进行再加工，对结果进行评估和决策。人机交互接口尽可能提供全面、透彻、灵活的信息使得人与机器可以与计算机进行对话。计算机中的数据库是概念、事实、状态、假设、证据、目标的集合；规则库是因果关系或函数关系的集合；推理机则主要实现推理功能。在人机协同系统中，人和计算机如何发挥各自优势呢？ 随着人工智能的不断发展，人机协同中的"机"已经超出计算机的范畴，而是包括计算机在内的智能感知、云计算、区块链等多种智能技术。毛刚等认为，人机协同的本质是驱动教育创新，是理解未来教育世界的关键概念。[②] 何文涛等提出的人机协同的信息技术教育应用指导思想，阐述了信息技术在教育教学中教、学、管、评、测等领域的人机协同样态。[③] 人机协同强调人类"智慧"与机器"智能"之间的相互协同，从数据视角解释这一认知范式，就是人类与机器对数据处理的协同合作。[④] 高琼等在中学课堂中实践人机协同教学模式，采用生动的案例提出相应的实施建议。[⑤] 基于上述文献梳理与分析，人机协同教学分析概念可以描述为"人类教师通过学习分析技术，结合机器，对学习者的学习过程进行全方位评价，对学习结果进行科学化和自动化的决策和管理，支持教师开展智能化的教育

① 刘步青.人机协同系统的哲学研究[M].北京:光明日报出版社,2018.

② 毛刚,王良辉.人机协同:理解并建构未来教育世界的方式[J].教育发展研究,2021,41(1):16-24.

③ 何文涛,张梦丽,路璐.人机协同的信息技术教育应用新理路[J].教育发展研究,2021,41(1):25-34.

④ 彭红超,祝智庭.人机协同的数据智慧机制:智慧教育的数据价值炼金术[J].开放教育研究,2018,24(2):41-50.

⑤ 高琼,陆吉健,王晓静,等.人工智能时代人机协同课堂教学模式的构建及实践案例[J].远程教育杂志,2021,39(4):24-33.

教学分析"。尝试从成人教育教学实际问题出发,利用人机协同理念,构建人工智能背景下的人机协同教学分析框架,破解成人教育教学分析的难题。

三、基于人机协同理念的成人教育教学分析框架

（一）分析要素

纵观学习分析技术在国内外的发展历程,数据驱动的个性化学习服务、学习行为可视化、自适应网络学习平台、社会与知识网络、跨学科合作探索和学习体验人性化等六个方向逐渐成为当下的研究热点。结合成人教育教学分析的领域和特点,我们以面授辅导课为对象,聚焦于以下三个分析要素,深入挖掘教学理论的中心思想。

1. 基于 4MAT 教学理论的分析要素

1972 年,麦克锡（McCarthy）主要以与库尔伯（Kolb）有关人们感知信息和加工信息的方式有所不同的观点为理论基础,借鉴教育学、心理学、脑科学及管理学等领域的研究成果,首创了 4MAT（mode application techniques）教学模式,如图 8-9 所示。该模式通过分析处理信息的方式（X 轴从左到右代表从抽象到感性）,以及处理完信息之后的响应方式（Y 轴从下到上代表从探究原因到关注行动）,刻画教师的教学风格和学习者的学习风格。具体分为四种教学类型,即概念抽象型、指引操作型、场景经验型和原因探究型；八个教学阶段,即连接、关注、想象、告知、练习、扩展、提炼、表现,它们形成了一个完整的教学回路。其中,课堂教学风格分布越均匀,表示对各类学生的兼顾越好。这为我们分析学生学习模式、辅助教师动态调整教学策略提供了理论依据。

2. 基于弗兰德斯分析理论的分析要素

1970 年,美国教育学家弗兰德斯（Flanders）认为,在课堂教学中,大约有三分之二的课堂时间要用来讲话；语言行为是课堂中主要的教学行为,占所有教学行为的 80% 左右,因此评价一堂课的最佳方法是对课堂内的师生语言行为进行互动分析。由此他提出运用一套代码系统记录

图 8-9　4MAT 教学模式

在教室中师生互动的重要事件以分析研究教学行为。作为经典的课堂行为分析理论，我们将它列入分析框架当中。

3.基于知识图谱分析理论的分析要素

知识图谱能把复杂的知识领域通过数据挖掘、信息处理、知识计量和图形绘制而显示出来。知识图谱能为学科研究提供切实的、有价值的参考。

（二）分析维度

本研究综合了三大分析要素的特点，采用 4MAT 理论对教师教学和学生学习风格进行深刻分析，利用弗兰德斯互动分析方法的改良版对师生互动特征和质量进行分析，使用知识图谱方法对课堂知识点和关系刻画课堂知识覆盖范围，重点关注教学中的以下重要特征：教师语速、教师语言凝练度、教师情绪、提问的想象力、教学风格强烈程度、教师情绪饱满度、课程主题路径和概念拓展建议等。表 8-14 列举了七个分析维度。教师需要兼顾学生知识技能学习和情感变化、心理状态、价值取向等因素,多维度、多模态的数据更有利于人机协同教学分析。

表 8-14　课堂分析维度举例

序号	分析维度	解释说明
1	4MAT 教学风格实时分析	辅助教师动态调整教学策略,以适应学生个体差异,达到更好的教学效果
2	课堂情绪倾向性实时分析	辅助教师有意识地掌控课堂情绪,调动学生投入学习
3	师生互动 S-T 曲线实时分析	辅助教师有意识地改变与学生的互动模式
4	学生大脑激活模式实时分析	辅助教师选择合适的学生大脑激活模式,使得学习更高效
5	语言可理解度实时分析	实时提示教师用语的难易程度,辅助教师有意识地选择更恰当的语言
6	用语想象力实时分析	辅助教师观察自己用语的旁征博引,更大激发学生学习的热情和知识转化
7	难易跨度实时分析	辅助教师关注知识的深入浅出,使学生更容易理解教学内容

(三)教学分析框架

本研究在综合上述教学分析要素和分析维度基础上,构建基于人机协同的成人教育教学分析框架,如图 8-10 所示。充分发挥机器的计算速度快、存储量大、信息处理能力强的特点,批量准确地采集成人教育课堂中教师和学生数据,然后快速精准地分析数据。机器的知识库具有很大的灵活性,可以采用关联规则等机器学习算法推荐教学资源。一方面,学生利用智能机器反馈回来的数据准确定位知识薄弱点,有利于开展针对性学习;另一方面,人类教师发挥自身的优势,在机器分析的基础上进行成果归因、教学诊断和教学干预,通过对数据检测、联想、推理等,进行最终的教学决策。在这样的智能学习环境中,人机协同开展教学分析,随时调整教师的课堂教学以及学生的学习。实际运行流程如下:智能机

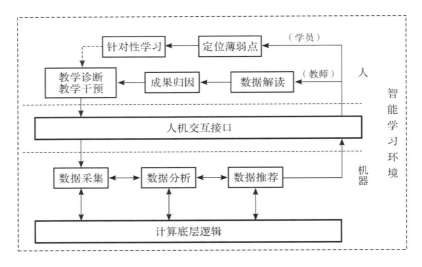

图 8-10　教学分析框架

器根据实时教学影像,分析教师教学风格特点和讲授的情绪倾向,教师可以利用一手数据调整自己的讲课节奏以及情绪情感,并通过师生互动的分析数据,随时调整互动模式,选择适合学生智力水平的问题进行提问,采用"旁征博引"和"深入浅出"的语言吸引学生参与其中。相比较传统成人教育教学分析方法,该教学分析框架能够利用教育人工智能优势加强教师对课堂教学的认知评价,强化人机协同循环,依托教育大数据平台,帮助教师从多个维度分析课堂教学、改进教学,也能够给予成人学生及时、有效的学习反馈,有希望解决成人教育教学分析层次较低、教学研究环境落后的问题。

成人教育的管理人员可以利用该框架对教师进行评价,确保数据的公正客观,有希望解决教学评价体系不完善、开放教学数据有限的问题。此外,对于成人学习者管理难度大、课程管理平台功能限制等问题,也可以学习和吸收人机协同的教学理念,加强学习者的学情分析,提供个性化的教学指导,完善课程管理平台的功能,提供更加优质的管理服务。

四、基于人机协同理念的成人教育课例分析

（一）分析对象

本研究选用某城市开放大学成人教育辅警学历提升项目中的行政管理专业（专科）的一门选修课"办公自动化"。该课程讲解办公软件Office的高级应用，在强调知识性和系统性的同时，更强调实用性和操作性。学员在选修该课程前已经学习了"计算机应用基础"课程，此课程旨在进一步学习Office办公软件的高级功能，了解它们的深层次知识、掌握它们的高级技能，提高办公软件的实际操作能力。课程的主要内容为Word高级应用（版面设计、内容编排、域与修订），Excel高级应用（函数与公式、数据管理与分析），PowerPoint高级应用（演示文稿高级应用）。课程采用线上线下相结合的授课方式，线上发布教案、操作视频以及每个章节的作业，线下突出知识点讲授和答疑。

此次重点分析的课例是"Word高级应用"中"版面设计"章节下的"页面设置"，采用面授辅导课的形式，单节时长为45分钟。我们对这堂课全程录像，并导入人机协同分析系统进行教学分析。

（二）分析结果

基于人机协同分析框架的课例分析，我们首先对课堂视频中的教学场景分类，再智能分析课堂师生的行为和语言，得出教师授课基本情况、学生听讲情况、授课特征、课堂交互质量知识图谱分析、教学诊断和评价六部分的分析结果，下面依次对这些内容进行描述。课堂交互质量如表8-15所示。

表 8-15　课堂交互质量

具体情况	指标说明	分析结果	参考范围
课堂交互质量	S-T 模型	S-T 记录了整个课堂师生对话的顺序和时长,其中横坐标是教师讲话时长,纵坐标是学生讲话时长		根据学习阶段和课程类型,教师设定和控制
	弗兰德斯互动分析雷达图	面积越大,互动质量越好。某个维度取值越高,表示该方面做得越好。12 点钟顺时针方向依次为启发性、学生话题稳定性、教师话题稳定性、教学话题、学生发问、教师发问和教学与管控比		
		激励学生主动参与互动:用教师接纳学生情感、称赞、接受学生想法、发出提问的时间片段占比来衡量	8.29%	大于 6%
	引发学生思考的程度	具有典型特征的教师提问或启示:用四何的总数来度量	150	大于 90
		用教师开放型回答与命令习惯型回答的比值来衡量,反映了两种回答方式的相互竞争关系,数值越高表示越能引起学生创造性思考	0.27	大于 0.2

1.教师授课基本情况

本节课程中,教师大约讲授了 3245 个字,平均语速是 256 字每分钟(央视播音员的语速约为 300 字每分钟)。本节课教师授课凝练度为 2243.55bits/分钟。我们认为教师授课语速及凝练度,会影响学生理解教师课堂讲授的情况。凝练度数值越大表示越凝练,参考范围在 2000—2500bits/分钟。教师常用口头禅为"所以"(42 次)、"然后"(30 次)、"还有"(24 次),因为不自觉使用会影响教学效率甚至无意识影响学生听讲,所以建议有意识地减少口头禅。另外,老师用于维持课堂秩序的话语次数为五次,该指标反映了老师进行课堂整顿和管控的程度,可见这堂课上教师没有把精力放在维持课堂秩序上,即课堂秩序良好。

4MAT 分析结果显示,本课程侧重于发展概念和技能,偏向概念具象方式的教学。教学风格强烈程度为 0.09(参考范围:0—0.25),表明教师比较好地兼顾了各类学生。此外,教师情感饱满程度和教师积极话语次数会直接影响学生课堂的投入程度,本节课情感饱满程度为 0.2(数值越大表示越饱满),积极话语次数为 39 次,情感变化程度为 0.12(数值越大表示变化越强烈)。

2.学生听讲情况

学生发言主题是学生课堂知识兴奋点或教师引导的学生关注点,学生发言时长则反映了教师推动互动的结果。如果分布集中在较短或较长,教师需通过教学意图来判断是否未达预期,可以检查课堂交互质量类数据和课堂类型来综合分析原因。本堂课学生发言总时长为 5 分 30 秒,所有的发言学生的学习风格在 4MAT 各个象限都有分布,表明本节课学生的多样性得以发展。再来看学生的语言情感:正向 44 秒,中性 4 分 30 秒,负极 16 秒,学生情感如果过多偏于负面,则需查找原因。

3.授课特征

首先我们关注课程设计,若何、为何、是何、如何的分布情况,反映了教师在课程设计上对场景设置、原因探索引导、概念抽象概括和方式方法操作的总体设计。若何(what if)是指批判问题,为何(why)是探究原因,是何(what、who、where、when)倾向概念描述,如何(how)指向如何做、怎样做。本节课四项得分中,若何得分为 51,为何得分为 33,是何得分为 47,如何得分为 19。另外,我们关注授课是否深入浅出易于理解,结果深入浅出得分为 0.1(数值越大越好,参考《诗经》的深入浅出得分为 0.11),语言可理解程度为 0.9(数值越大越好,参考一般白话文的可理解程度为 0.835),表明还有进步空间。关于课堂想象力,也就是创设思维场景的指标,数值越大表示思维越发散,用语越有想象力,本节课得分为 0.15(作为参考,《三体》的发散值为 0.198)。

我们以左右脑激活理论为基础,分析教师授课过程中对学生左右脑的激活情况。人的左脑主要负责逻辑思维、数学和语言能力,具有连续性、延续性和分析性的特点;右脑负责形象思维、艺术和创造力,具有无序性、跳跃性、直觉性的特点。本节课激活左脑时长 3 分 20 秒,激活右脑时长 1 分 40 秒,左右脑比例刚好为 2.0,所以本节课以左脑激发为主。最后,本节课的教师行为占有率在 0.5 左右,且师生行为转换不多,属于混合型课堂。

4.课堂交互质量

我们首先来看 S-T 曲线,也就是师生互动曲线。沿横轴方向的线段代表老师在讲话,沿纵轴方向的线段代表学生在讲话。当曲线偏向横轴时,表示老师活动占多数;而当曲线偏向纵轴时,表示学生活动占多数。当某段曲线整体平行于 45 度线时,表示在此段时间内老师和学生互动充分。本节课的师生互动情况如表 8-15 中的第一张图所示,课堂的前四分之一部分和中间部分教师讲授占比高,其余部分学生参与比较好。弗兰德斯互动分析雷达图如表 8-15 中第二张图所示,从七个维度来分析课堂互动质量,分别是教师发问、学生发问、教学话题、教师话题稳定性、学生话题稳定性、教学与管控比以及启发性,雷达图深灰色覆盖面积越大越好,而激励学生主动参与课堂的分值达 8.29%,启发性达 0.27,都在参考范围里面。当然,师生交互质量还有许多可以参考的指标,如教师反应比例、学生反应比例、课堂安静及混乱百分比等,这些在矩阵分析表中都能体现,在此不另加描述。

5.知识图谱分析

整理课堂知识图谱,包含本节课的知识内容呈现以及建议的知识内容拓展部分,如图 8-11 所示。最终的报告还提供分时段的知识图谱,给教师的教学设计提供更多选择。

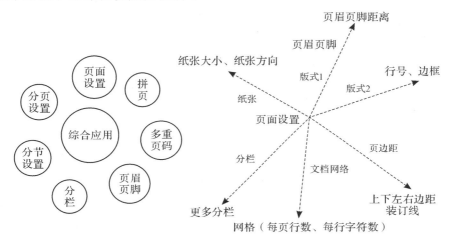

图 8-11 课堂知识图谱

6.教学诊断和评价

依据机器返回的数据,教师可以从以下几个方面对课例进行诊断和评价。①语言:教师的语速偏快,语言凝练度适中,教师语言易于理解。教师可以适度降低语速,有意识地减少口头禅,使学生跟得上老师的思路,更好地理解上课内容。②课堂管控和学生激励:教师对课堂管控稍显频繁,课堂总体引导积极,情感饱满程度良好。在课堂秩序良好的班级中,教师对课堂管控可以适当宽松。③思维激发:教师已经能够有意识地创设问题来激发学生主动思考的能力。但是本节课的教学内容对左脑刺激比较显著,为加强对学生右脑的刺激,教师可以参考知识图谱中的知识内容拓展,展开相关知识点的深入讲解,进一步提高学生的想象力,进而加强对学生右脑的刺激。④课堂互动:教学话题、学生发问、教师发问、学生话题的数据反馈比较稳定。课堂提问启发性较好,教师话题互动稳定,教学管控做得比较紧,可以使课堂气氛逐渐宽松,引导学生清晰完整地表达自我。⑤教学风格:教师的教学风格兼容并蓄,能够很好地兼顾不同的学生,受到学生的喜爱。

五、拓展知识:基于人工智能的自适应学习系统

随着人机协同理论在教育领域不断深入,人工智能与教育教学深度融合的趋势愈发显著。① 成人教育作为"服务全民终身学习的教育体系"的重要部分,是实现人的全面发展的有效途径,不应该被遗忘。新形势下,成人教育教学分析方式也随之发生转变。在协同分析与评价方面,改变原有督导组传统的分析与评价方式方法,同时借助大数据技术实现全方位的课堂呈现,更加公正、客观、科学地实现教学评价。

由此可以引出基于人工智能的自适应学习,它可以评估学生的学习进度并自动调整学习过程,以适应学生的进度。学习材料、评估和反馈都可根据学生个人长短板定制。这就好比职业技能领域中的一对一学徒模式,师傅以合适的速度提供个性化的指导,让学徒掌握相关手艺。自适应学习在最大程度上复制了这种模式,其目标是根据每个学生的独特需求优化学习。从学习分析的角度看,自适应学习系统主要包含学习者模型、个性化推荐、学习路径规划等,其中学习者模型是基础,个性化推荐是核心,学习路径规划是重点内容。

美国教育技术办公室从学习分析和数据挖掘的视角描绘了自适应学习系统的通用组件和数据流模型,主要涉及学习内容、自适应引擎、干预引擎、预测模型、仪表盘以及学生学习数据和学生人口信息数据,并包含五个数据流过程。其中,学习内容部分主要用来进行内容的管理、维护以及传送,通过与学生的相互作用来传送支持学生学习的个性化科目内容和评价方案;学生学习数据(或其他大数据存储库)主要用于存储做了时间标记的学生输入数据,以及学生在操作系统时所捕捉到的行为数

---

① 田红玉.5G 信息技术赋能新文科建设[J].宁波大学学报(教育科学版),2022,44(2):48-55.

据;预测模型部分是将学生人口数据(从一个外部的学生信息系统中获得的)和学生学习数据中的学习/行为数据进行整合,跟踪学生的学习进展并对其未来的行为和表现进行预测;仪表盘是利用预测模型的输出,并结构化地生成学习结果"仪表盘",为各类用户提供可视化反馈;自适应引擎则主要基于预测模型的输出调整内容传送组件,并根据学生表现的优劣及兴趣大小来传送内容,以保证学习质量的持续提升;干预引擎则允许教师、管理者或者系统开发者干预甚至推翻整个自适应学习系统,从而为学生的学习提供更好的服务。

Elevate 系统为成年学习者提供培训和娱乐,它通过丰富多样的游戏提高数学和听说读写能力。Matific 平台可提供 30 多种语言的数学教学,借助实时报告和智能算法,关注学生互动水平,挖掘学习潜力,还可持续向教师提供支持和帮助。Knewton 是一家自适应学习基础服务提供商,其所研发的自适应学习平台可以帮助学校、出版商和技术开发者为学习者提供个性化的教育内容。Knewton 提供的服务主要基于对学习者数据的分析,其基本要素主要包括数据的收集和处理、基于数据的推理以及个性化推荐。其中数据的收集和处理主要实现学习者在线学习过程中测评结果、学习行为、个体档案等信息的个性化采集,是对学习者在线学习需求进行归纳和分析的基础,该过程中分布式的数据处理引擎至关重要。基于数据的推理主要实现了以学习者兴趣、偏好、知识结构、知识掌握、学习绩效、心理特征等方面为推理特征,以学习者需要的学习服务(包括学习情境、策略、内容等)为输出特征的推理过程,该过程的实现依赖于大规模学科知识图谱和推理引擎。个性化推荐服务不仅基于个体的特征对学习者进行内容的单方面推荐,还可以构建更加均衡的推荐服务引擎,整合全平台数据,通过分析个体的均衡、优劣势、学习投入度等方面,挖掘学习者最佳的学习目标、学习内容、推进策略、学习路径等,形成对学习者全方位、立体化的学习辅助。①

---

① 万海鹏.自适应学习平台的关键技术与典型案例[J].人工智能,2019(3):96-102.

第五节　成人在线培训的游戏化设计

在职教师网络培训是数字技术和现代教育技术飞速发展的产物,同时也是成人在线教育治理的重要领域。[①] 与传统的集中脱产面授方式和校本培训方式并存,显示出更为突出的优势。培训的大规模、低成本是网络培训的优势。教师网络培训的周期短,可以解决工学矛盾、减少中间环节,并且学员可以直接与一线教师交流。[②] 管理者利用网络平台的大容量、无损复制、互动交流等特点,可以获得大规模有关培训的班级、作业、活动、考核等信息。[③] 教师网络培训强化了学员学习的自主性和个性化,以及研修的探究性与行动性,更重要的是给广大教师提供了全新的教育途径,对他们的教育观念产生了积极影响。但网络培训中学员最突出的表现是动机不足,参与热情不够。[④] 很多学员以应付考核的心态来参与培训,其培训效果自然不会很好。此时游戏化学习理念已经流行起来。[⑤] 游戏化就是将游戏的思维和游戏的机制运用到非游戏领域,来引导用户互动和使用的方法。[⑥] 它能在互联网、医疗卫生、教育、金融等领域影响用户使用时的心理倾向,进而促进用户的参与与分享,其中教育培训行业一直是游戏化存在的兴趣领域。然而游戏化设计与教师网络培训相结合的研究还比较缺乏。本研究立足教师网络培训环境,探讨

---

①　Zhou X Y, Press H E. The development of teacher network training based on user experience perspective[J]. Teacher Education Forum,2018,31(3):57-60.

②　相广新.基于网络的中小学教师远程培训行动研究[D].大连:辽宁师范大学,2008.

③　李祥.在职教师网络培训中的组织、内容、评价研究[D].上海:上海师范大学,2010.

④　张承宇.成人网络教育中学员学习动机的激发[J].中国成人教育,2011(14):3.

⑤　Seabcrn K,Fels D. Gamification in theory and action:A survey[J]. International Journal of Human-Computer Studies,2015,74:14-31.

⑥　Deterding S,Dixon D,Khaled R,et al. From game design elements to gamefulness:Defining "gamification"[C]// International Academic Mindtrek Conference:Envisioning Future Media Environments. New York:ACM,2011:9-15.

如何利用游戏化设计来优化教师网络培训方案,提升学员满意度和参与
程度,进而提高培训质量。

一、概念界定

1. 游戏化

"游戏化"这个词在 2002 年被佩林(Pelling)提出来,但是一直到
2010 年才受到比较广泛的关注。① 在 2011 年的游戏开发者(Game
Developers Conference,GDC)大会上,"游戏化"作为一个热门新词被广
泛讨论。它的定义在本书第三章就已经阐述,简单来说,游戏化就是将
游戏的思维和游戏的机制运用到非游戏领域,来引导用户互动和使用的
方法。② 它能在互联网、医疗卫生、教育、金融等领域中影响到用户使用
时的心理倾向,进而促进用户的参与与分享。

在阐述游戏化的问题上,我们不得不考虑以下两个问题,首先是什
么元素使得游戏具有沉浸性,以及哪些元素具有趣味性。针对第一问
题,普伦斯基(Prensky)说道:"我们首先需要肯定乐趣和玩的行为是游
戏的核心,然后考虑我设想的六个元素,它们分别是规则、目的和目标、
结果与反馈、冲突/竞争/挑战/反对、互动、陈述或叙事。"③至于第二个问
题,拉扎罗(Lazzaro)提出了四种乐趣:①轻松的乐趣,解释为玩家的好奇
心,以及完全沉浸于游戏的感觉;②挑战的乐趣,解释为游戏中的挑战、
战略以及解决问题的机会;③人际的乐趣,解释为模拟社会机制而产生
的快感;④严肃的乐趣,解释为玩家为了表达他们的兴奋点和信念而产

---

① Marczewski A. Forward[M]//Gamification: A Simple Introduction and a Bit More. Sebastopol: O'Reilly Media, 2013.

② Zichermann G, Cunningham C. Preface [M]// Gamification by Design: Implementing Game Mechanics in Web and Mobile Apps. Sebastopol: O'Reilly Media, 2011: v-vi.

③ Prensky M. Digital Game-Based Learning[M]. New York: ACM, 2003.

生的情感。①

　　游戏化设计的原则可以参照韦巴赫（Werbach）教授在游戏化（gamification）课程中的提法，它包括玩家情境创设，完善平衡性，注重玩家体验。该提法主要关注以下几个方面：前期培训、提供脚手架、指南、突出显示、反馈、限制性选择、有限的障碍和低失败率。勒布朗（Leblanc）认为乐趣大致分为八种，它们分别是感觉、幻想、叙述、挑战、奖金、探索、表现以及发泄。②

　　游戏元素是游戏的构成要素，或者是游戏化的原材料。韦巴赫教授提出了关于游戏化元素的金字塔模型（见图 8-12），模型分三层，上层是动力元素（dynamics），中层是驱动元素（mechanics），下层是基础要件（components），一共包含 30 种元素。

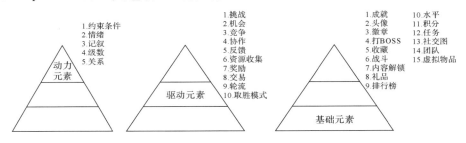

图 8-12　游戏化元素的金字塔模型

（二）游戏化学习

　　游戏化学习，又称学习游戏化，就是采用游戏化的方式进行学习。它是目前比较流行的教学理论和教育实践。有些学者又称其为"玩学习"。游戏化学习主要包括数字化游戏和游戏活动两类。教师利用游戏向学习者传递特定的知识和信息。教师根据学习者对游戏的天生爱好心理和对互动媒体的好奇心，将游戏作为与学习者沟通的平台，使信息

---

　　①　Lazzaro N. Why we play：Affect and the fun of games[J]. The Human-Computer Interaction Handbook Human Factors and Ergonomics，2009：155-176.

　　②　LeBlanc M. Tools for creating dramatic game dynamics[M]// The Game Design Reader：A Rules of Play Anthology. Cambridge：MIT Press，2006：438-459.

传递的过程更加生动,从而脱离传统的单向说教模式,将互动元素引入沟通环节,让学习者在轻松、愉快、积极的环境下进行学习,真正实现以人为本、尊重人性的教育,重视培养学生的主体性和创造性,有利于培养学生的多元智力素质。

(三)游戏化设计框架

韦巴赫提出了六步游戏化设计框架(简称 6D 模型)[①],见表 8-16。我们以此为脚本,设计教师网络培训的初始案例。

表 8-16 游戏化设计框架

内容	描述
定义业务目标	你为什么需要游戏化设计?如何有利于您的业务,实现一些其他的目标,如激励人们去改变他们的行为?说出你的目标,强调最终目标,而不是详细介绍通过它你会采取哪些手段。如果你的游戏化系统按照你的设想起了作用,是否能为您的组织产生积极成果
划定目标行为	你想让你的玩家去做什么?采取什么样的指标去衡量呢?这些划定的行为应该促进您的业务目标。例如,你的商业目标可能是增加销售,但你的目标的行为可能是让游客在您的网站里花更多的时间。正如你所描述的行为,一定要说明它们将如何帮助您的系统实现其目标。该指标应以某种方式反馈给玩家,让他们知道他们已经成功地参与了预期的行为
描述你的玩家	谁是参与游戏化活动的人呢?与你的关系如何?例如,他们是你潜在的客户吗?它们是什么样的?您可以使用人口统计数据(如年龄和性别),心理特质(比如他们的价值观和个性),或者一些其他的方法描述你的玩家。你应该明白什么样的游戏元素和系统结构对这个群体可能是有效的。例如,你可能会讨论一个竞争或合作的系统是否会更加有利于这些人
制定活动循环	探索如何使用参与和发展循环(活动)来激励你的玩家。第一,描述各种反馈内容以鼓励玩家采取进一步的行动,并解释这种反馈将如何来激励玩家(记住:奖励只是反馈的一种)。第二,如何让所有玩家在系统中取得进步?包括系统将如何吸收新玩家,以及它将如何保持现有玩家更加丰富的体验

[①] Werbach K, Hunter D. For the Win: How Game Thinking Can Revolutionize Your Business[M]. Sebastopol: O'Reilly Media, 2012.

续表

内容	描述
不要忘记的乐趣	确保游戏化系统的乐趣仍然是非常重要的环节。在没有任何外在奖励的条件下,如何充分发掘设计过程的乐趣,考虑你的系统将如何发挥作用? 确保一些方面能够持续激励玩家,甚至在没有奖励机制的环境中
部署适当的工具	你需要确定你游戏化设计中的游戏元素和其他方面的具体情况。如果你还没有完成这一步,你再详细解释一下你的系统是什么样子的。游戏元素都是什么? 对玩家的体验会是什么? 你在具体部署过程中做出什么样的选择? 例如,您可能会讨论游戏化系统主要部署在个人电脑、移动设备,或者其他一些平台。您可能还会描述反馈,奖励和其他玩家能接受的内容。最后,想想你是否已经部署好了,是否符合上述五个步骤的要求,特别是业务目标

二、研究回顾

(一)教师网络培训相关实践

在美国,联邦政府自 1975 年起持续推动教师在职培训技术创新,通过财政资助的网络教育项目为教师提供学历提升和资格认证,促进专业发展。

在土耳其,1985—1986 年和 1990 年分别开始了两项教师远程培训计划。在日本,从 1988 年开始,职前教师培训就夹杂于在职教师培训计划中,日本当今有教师职前培训和在职教师培训两种方式,目的是教会教师在教学中有效使用 ICT。在英国开放大学、莱斯特大学和诺丁汉大学都用远程教育形式从事研究生层次的在职教师培训。在瑞士,政府主张利用集中培训、远程教育和网上虚拟教室等多种形式,在三年内对 6 万名中小学教师进行培训,以达到使教师掌握信息技术做好教学的目的。

我国的"国培计划"项目,由教育部、财政部于 2010 年全面实施,是提高中小学在职教师特别是农村教师队伍整体素质的重要举措。该计划包括"中小学教师示范性培训项目"和"中西部农村骨干教师培训项目"两项内容。前者主要包括中小学骨干教师培训、中小学教师远程培训、班主任教师培训、中小学紧缺薄弱学科教师培训等示范性项目,旨在为全国中小学教师培训培养骨干,并开发和提供一批优质培训课程教学资源,为"中西部农村骨干教师培训项目"和中小学教师专业发展提供有力支持。后者主要对中西部农村义务教育教师进行有针对性的培训,同时引导地方完善教师培训体系,加大农村教师培训力度,提高农村教师的教学能力和专业水平。"国培计划"很重要的一种方式是网络培训,利用现代教育技术手段,让教师们可以随时、随地在线学习,从而扩大培训覆盖面。

(二)游戏化设计相关研究

德特丁(Deterding)提出,游戏化就是利用游戏元素来设计非游戏内容的项目①,在游戏化研究领域受到广泛关注。尼科尔森(Nicholson)在论文中提到,目前习惯使用的设计思路是设置分数和外部的奖励制度来激发学习者的学习动机,但是这种思路最大的缺陷是抑制了学习者内部动机。过分强调这种外部的刺激不利于有效的学习,因此游戏化设计应当倾向于以用户为中心的信息处理,基于有机体整合理论(organismic integration theory)、情境相关性理论(situational relevance)、通用的学习设计理论(universal design for learning),让用户自己生成学习内容(player-generated content)。综合应用上述理论和方法能够较好地实现游戏化设计。② 微软测试总监史密斯(Smith)认为,社会和技术的进步将增加游戏设计在工作场所中出现的频率。过去几年微软公司的团队已经部署了"生产力游戏"以提高软件开发的效率。实践证明,融合了游戏设计的生产流程在生产力表现上有显著的提升。

我国学者主要开展应用方面的研究,而理论和思路基本参考国外的研究。在知网按主题搜索"游戏化设计",相关的文献量在近十年不断增

---

① Deterding S,Dixon D,Khaled R,et al. From game design elements to gamefulness:Defining "gamification"[C]// International Academic Mindtrek Conference:Envisioning Future Media Environments. New York:ACM,2011:9-15.

② Nicholson S. A User-Centered Theoretical Framework for Meaningful Gamification [EB/OL]. (2012-07-12) [2024-08-03]. https://scottnicholson. com/pubs/meaningfulframework. pdf.

加。通过增加关键词、确定发表年度来缩小搜索范围,找到若干学位论文及权威期刊文献针对此主题开展研究。比如,尚俊杰等人开展了游戏化网络课程的设计与应用研究,他们分门别类地详细介绍了此类课程的设计理念和特点:一是基于游戏化学习的课程;二是大学和中小学共同开设课程,同时针对每种特点提出相应的设计策略。随后,开发了"农场狂想曲科学探究网络课程",并开展了准实验研究,探讨了游戏化网络课程的教学成效。① 王雪等构建了"学测一体"游戏化设计有利于促进在线学习的理论模型,并采集了 120 名被试的认知行为、学习体验与态度以及学习效果数据,表明"学"的游戏化设计使学习者大脑更专注、更放松,消极情绪降低;"测"的游戏化设计有利于促进学习者投入更多视觉认知资源,降低内部认知负荷,增加学习数量,建议从游戏化学习视角为在线课程资源的高质量发展提供参考。② 张屹等基于 IPO 游戏化学习模型,融合人工智能课程内容、游戏元素与计算思维实践要素,设计"挑战 Alpha 井字棋"游戏培养高中生计算思维实践。结果表明,游戏化学习能显著提高计算思维水平和人工智能学科知识,增强学习兴趣、动机、自信心,降低认知负荷。③

(三)奖励与动机激发相关的研究

关于奖赏与动机激发,主要集中在心理学研究领域。游戏化可以通过挖掘内在动机来提高学生的参与度和兴趣。提高参与度和兴趣是非常有必要的,因为研究人员发现,学生成绩差、厌烦、冷漠、辍学率高都与参与度息息相关。④ 特别是在科学、技术、工程和数学(STEM)领域,这

---

① 尚俊杰,张喆,庄绍勇,等.游戏化网络课程的设计与应用研究[J].远程教育杂志,2012,30(4):66-72.

② 王雪,王鉴羽,乔玉飞,等.在线课程资源的"学测一体"游戏化设计:理论模型与作用机制[J].电化教育研究,2023,44(2):92-98,113.

③ 张屹,马静思,周平红,等.人工智能课程中游戏化学习培养高中生计算思维实践的研究:以"挑战 Alpha 井字棋"为例[J].电化教育研究,2022,43(9):63-72.

④ Fredricks J A, Blumenfeld P C, Paris A. School engagement: Potential of the concept: state of the evidence[J]. Review of Educational Research, 2004, 74(1): 59-119.

些问题更是直接升级为高退学率。美国教育部的一份报告显示,2003—2009年,48％的攻读学士学位的学生离开了STEM领域。① 美国的一项研究表明,学生放弃STEM的原因众多,如学习氛围没有吸引力、必须通过"淘汰"课程的考试,以及发现课程没有相关性等。② "淘汰"考试用于提前淘汰被认为不太可能完成学业的学生,这可能意味着给他们评不及格的分数,或者提高课程难度,使部分学生早早放弃。从统计学上看,学生的参与度与毕业率相关。③

同时,有研究者通过大量数据的分析,证实多巴胺在激发学习动机上起着举足轻重的作用,但是情况并非想象中那么简单。以前公认的强化学习模型实际上是行为主义的内容,完全用行为主义理论来解释学习存在一系列问题。④ 机制恰好是行为主义的体现。科恩(Kohn)在专栏文章中证明,过多的奖赏不利于动机的持续激发。或者说,过多的奖励实际上可以被看作强制力的控制,而这种控制对于学习者内在动机的发生具有抑制作用,尤其体现在创意项目上。⑤ 到底哪些因素在影响外部奖赏对内部动机的作用? 达姆福德(Dumford)认为,以前的研究说明控制和信息是奖赏的两个属性,而提供有利的信息能大大促进内部动机,因此给予奖励的方式能够在很大程度上影响内在动机。达姆福德提出的策略是呈现外部奖赏的不确定性,或者说让学习者事先不清楚外部奖赏的内容。⑥

---

① Chen X, Soldner M. STEM attrition: College students' paths into and out of STEM fields: Statistical analysis report[R]. National Center for Education Statistics, 2013.

② Lander E S, Gates S J. Prepare and inspire[J]. Science, 2010, 330(6006): 151.

③ Price D V, Tovar E. Student engagement and institutional graduation rates: Identifying high-impact educational practices for community colleges[J]. Community College Journal of Research and Practice, 2014, 38(9): 766-782.

④ Dayan P, Balleine B W. Reward, motivation, and reinforcement learning[J]. Neuron, 2002, 36(2): 285-298.

⑤ Kohn A. Studies find reward often no motivator[N]. Boston Globe, 1987-01-19.

⑥ Dumford N M. The Effects of External Rewards on Intrinsic Motivation[D]. Oxford: Miami University, 2009.

三、在线培训项目设计

"有效教学与魅力教师修炼"项目包括"魅力教师修炼""听课与评课""课堂提问的价值与设计方法""教师如何做课例研究"等课程。学员在培训周期 60 天内完成项目考核任务。项目后期评选优秀学员,完成省厅平台学员成绩登记及互评,派发学分证明和发票。该项目按照学科和级段被分为高中语文、高中数学、高中历史等 12 个班。游戏化设计案例落实于初中数学、初中科学、小学数学三个班。出于研究考虑,我们套用游戏化设计框架,并且紧密跟踪项目的实施情况。

（一）定义业务目标

游戏化设计案例改变了以往培训项目单一平淡的组织方式,使培训资源富有生趣,使学习支持服务更加人性化、趣味化。学员在整个培训中体验到游戏化设计带来的精彩和持续不断的激励。

"有效教学与魅力教师修炼"项目达标规则:通过本项目的学习,需要完成 400 分钟专家授课视频学习;完成并判分通过一份课程作业;发表并判分通过一份心得体会;参与五份主题讨论。

优秀学员评选规则包括:独立自主完成基本考核要求（参考项目达标规则）;积极参加网上课程的学习,视频有效观看时长等于总时长;作业分和心得体会分数平均分大于等于 85 分,若符合要求的学员人数超过学员比例的 3%,则按成绩高低排名后,进行筛选;参与平台问卷调查;参与答疑板块的回答问题次数不少于两次。我们还设置了加分项目包括:主题讨论数,在符合要求的条件下,多完成五次加分 1 分,依次累计最多加 5 分;提问答疑板块,帮助问题解答 1 次,加 0.5 分,依次累计最多加 5 分;专家授课和电子教材评论板块,每参与五次,加分 1 分,依次累计最多加 5 分。

（二）划定目标行为

学员根据操作手册上面的要求进入平台并按照流程图（见图 8-13）的顺序进行培训。

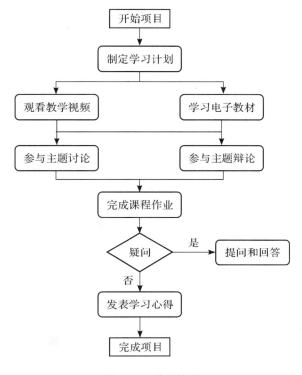

图 8-13　学习流程

　　学员观看教学视频的时间划分为总时长和有效时长,总时长表示学员观看视频总共花费的时间长度,有效时长表示记录考核的时间长度(即总时长减去反复观看的时间长度)。此部分纳入考核范围。

　　电子教材是指各种文本图片类的学习资源,以在线收看为主要学习方式,支持下载。在学习过程中可以对电子教材进行评论,提问和撰写自己的学习笔记。此部分不纳入考核范围。

　　主题讨论是由教师(或辅导教师)拟定主题,以学员发帖、回帖为主要学习方式的学习活动。此部分纳入考核范围。

　　主题辩论是由教师(或辅导教师)拟定辩题,以学生选定立场,进行发帖、回帖、评论为主要学习方式的学习活动。此部分不纳入考核范围。

　　课程作业是根据教师的作业要求,学生在线提交以主观文本类、附件类、文本＋附件类作业内容为主要学习方式的学习活动。此部分纳入考核范围。

倘若有疑问,学员可以在问答平台提出问题,也可以尝试回答问题,或者搜索相近问题和靠谱答案。此部分不纳入考核范围。

心得体会是根据教师的要求,以学生在线提交主观文本类作业内容为主要学习方式的学习活动。学生需要完成教师规定的心得体会数量。此部分纳入考核范围。

学员参与以上活动,在学习平台首页显示纳入考核范围的学习进度。学习进度栏清晰显示学习进度以及考核比重(活动权重)。对于没有纳入考核范围的活动项目,后台数据库提供清晰翔实的数据,辅导员可以根据实际情况写入课程简报。

(三)描述玩家

采用人口统计数据(如年龄和性别)、心理特质(如价值观和个性),或者其他的方法描述玩家学习动机分析。前期调研之后再作补充。

(四)制定活动循环

循环一,作业反馈。辅导员对学员的课堂作业进行评价,包括打分和写评语。评语包括以下几个部分:肯定优点,指出不足,提出意见,适当拓展。例如:"您的回答比较完整,且条理清楚。在第三点的论述上如果能联系实际就更好了,希望再接再厉。如果有时间,推荐看一本书——《班主任工作漫谈》。"学员根据辅导员的打分和评语,可以选择重新提交作业,辅导员重新判分,系统默认记录该作业的最高分。

循环二,主题讨论区反馈。不管是主题讨论还是主题辩论,辅导员都需要积极回复学员的发言,并及时归纳学员发言内容。主题辩论还需要设定期限,并在辩论结束后推选最佳辩手。

循环三,提问答疑区反馈。学员在提问答疑区提出的问题都需要辅导员认真回答。有关教学内容的问题尤其需要关注。

循环四,心得体会评价。

循环五,学习活动内容更新。辅导员配合课程专家对部分学习资源进行更新,对学习活动进行添加和修改。如主题讨论区由辅导员定期增加讨论主题。

循环六,课程简报。辅导员定期发布课程简报,反馈一段时间来学员学习情况,表彰优秀作业和优秀心得体会,并对下一阶段学习安排做出规划。

循环七,督促。辅导员定期督促,言辞文明贴心。

循环八,推荐优秀作业和优秀心得体会。辅导员可以在学员作业区,推荐优秀的作业(作品)和心得体会供循环九,其他学员参考。

循环九,学习排名。根据积分高低给参加培训的学员进行排名,参考微博排名规则。

(五)融入有趣的元素

学习资料的呈现方式多样、有趣。案例采用活泼多样的资源呈现形式,包括图表、动画、视音频等。图表采用插画、漫画、散点图、思维导图、信息图等多种形式。视频尝试采用几个问题或者任务分割,要求学员答对问题后才能继续观看视频。

作业分级。例如在同一个课程中列出两类作业题:A 类作业属于基础题,B 类作业属于提高题。A 类起评分是 60 分,B 类起评分是 75 分。学员可以选择任意级别的作业,辅导员根据完成度和质量打分。如有客观题,系统直接反馈答案。

主题讨论有价值。主题讨论区加入有趣的讨论主题,例如"你觉得有哪些技能,经过较短的学习,就可以给你的生活带来便利?""哪一首诗让你读了又读,感动了又感动?""高考前一个月您如何安排教学?"

提问答疑规范化,引入竞争机制。辅导员对学员的提问进行编辑完善,对回答进行整理,维护提问答疑区域积极向上的氛围,并引导学员提高问题和回答的质量。案例引入答案排序功能,完善竞争机制。

使用"↑"时,表示"我"利用自己的知识来肯定并担保这个人的回答,所以"我"也直接参与了各条答案的排名,和大家一起间接提供最好的答案。使用"↓"时,表示"我"反对这个回答。中间的数字表示净支持票数,显示绿色。为激励学员参与提问答疑,建议取消负值(反对票多于支持票的情况)。使用"flag"时,表示"我"要举报这个答案。排名靠前的答案将被编入每周课程简报。

(六)部署适当的工具

任务栏。学员根据自身实际情况安排网络学习任务、教学任务以及其他注意事项,合理规划,提高学习效率。

头像。主讲教师、辅导教师和学员都可以选择符合自己身份的头像。

徽章。在提问答疑区,提问者可以选择一个最佳答案来赠予"采纳"徽章,类似的徽章也出现在主题讨论区等。

积分。优秀学员评选规则中已经涉及一些积分项目,另外综合学员活跃程度做加分考虑。

团队。培训平台上的团队就是按照学科划分成的一个个教学班,比如高中语文班、初中数学班等。辅导员可以设计以班级为单位的学习活动。

成就。学员可以获得同伴的评价和辅导员的评价,可以获得优秀作业展示、优秀心得展示、优秀答案(答疑中心)展示等机会,当然还可以评选最佳辩论选手,评选优秀学员。

设备。培训适合在连接互联网的计算机上进行。

四、项目满意度调查

本次调查借鉴 SERVQUAL 量表的程序,如表 8-17 所示。

表 8-17 开发量表的程序

步骤	内容
1	明确教师网络培训持续参与意图和满意度的定义
2	确定并构建教师网络培训游戏化设计维度
3	建立代表这些维度的题项

步骤	内容
4	确保问卷信度的内容效度,通过修订,编制"教师网络培训持续参与意图和满意度"试测问卷
5	进行试测,并修订试测问卷,以编制正式问卷
6	进行全面测试并收集数据
7	对问卷进行项目分析,鉴别各题项鉴别力;利用因子分析检验问卷结构效度;进行可靠性分析,检验问卷的内部一致性
8	数据分析

（一）设计问卷

1.模型与假设

美国顾客满意度指数（american customer satisfaction index，ACSI）模型是以产品和服务消费的过程为基础,对顾客满意度水平的综合评价指数,是目前体系最完整、应用效果最好的一个国家顾客满意度理论模型。在 ACSI 模型中,出现了六个变量,即感知质量（perceived quality）、感知价值（perceived value）、顾客期望（customer expectation）、顾客满意度（ACSI）、顾客抱怨（complaint behavior）和顾客忠诚度（customer loyalty）。其中感知质量、感知价值和顾客期望是自变量,决定了顾客满意度。

以 ACSI 模型作为理论基础,结合访谈结果,我们提出一个用来假设基于游戏思维的教师网络培训中学员持续参与意图的理论模型。这个模型包含了学员满意度以及持续参与意图,以及游戏化设计中需要考虑的几个因素。

2.指标设计

（1）"基于游戏思维的教师网络培训设计满意度量表"的测量

本研究在相关理论基础上,从实际出发,设计出具有针对性的游戏化设计评价指标。本研究通过文献调研、研究者个人实证研究,并对学员进行了访谈,在专家咨询的基础上,制定了基于游戏思维的教师网络培训学员满意度评价项目。

根据 SERVQUAL 测量体系思想和方法,我们开发了"基于游戏思维的教师网络培训设计方案满意度量表"作为收集数据、检验研究假设的工具。该量表包括目标、反馈、互动、趣味性和个性化五个因素。本研究将这五个因素进一步分解为 26 个题项,构成对学员的感知游戏化设计进行具体评测的指标体系,从而将原本模糊抽象的东西概念化为具有实际可操作性的"看得见的质量"。

(2)"学员网络培训持续参与意图量表"的测量

"学员网络培训持续参与意图量表"由案例实施效果与持续参与意图两个部分构成。

案例实施效果是从案例的角度来测量学员对游戏化案例的整体满意度,包括学员整体得到服务的快乐和满足。克罗宁(Cronin)、布雷迪(Brady)和霍特(Hult)使用兴趣、享受、惊喜、愤怒、明智的选择、做正确的事情来评估满意度[①]。本研究使用基于表现的方法来定义满意度,有七个题项,包括价值、有效性和总的满意度等方面。

持续参与意图与学员体验有关。在网络培训中,学员网络培训越满意,越愿意选择或推荐该机构。因此,研究通过四个问题,即"尽管已经完成任务,我也会继续在培训平台上学习""我会在培训平台上而非其他地方继续学习教师专业发展知识""会将浙师大网络继续教育学院作为网络培训的第一选择""会向其他人宣传和推荐浙师大网络继续教育学院"来测量持续参与意图。

(二)试测

1. 问卷编制

我们在编制"课程满意度问卷"的工作中,详细收集了学员对培训项

---

① Cronin J J, Brady M K, Hult G T M. Assessing the effects of quality, value, and customer satisfaction on consumer behavioral intentions in service environments[J]. Journal of Retailing,2000,76(2):193-218.

目的整体建议。在游戏化设计案例开发过程中,我们听取了平台开发工程师的意见,还邀请了两位教育技术学专家、五位中小学老师、一位课程资源建设主管和一位项目设计师对问卷进行校正,以确保其具有良好的内容效度。根据专家咨询意见,结合访谈以及文献资料,编制了《基于游戏思维的教师网络培训设计方案满意度调查》(学员问卷)试测问卷。

2.研究工具

试测问卷共50个题项,包括四个部分,分别为:第一部分是个人基本信息,包括性别、年龄、教龄、任教学科、职称、职务、任教学段、学校位置、学校性质、最高学历、学习地点相关信息。第二部分是学员网络学习基本情况,包括学员计算机应用熟练程度、网络学习困难、解决问题方式、网络培训次数等。第三部分是学员对游戏化设计案例的评价,该量表包括目标、反馈、互动、趣味性和个性化五个维度,共 26 个题项,并将各题项从 Q_1—Q_{26} 依次编码。第四部分是学员对网络培训持续参与意图的评价(简称"学员持续参与意图量表"),共 11 个题项,并将各题项从 P_1—P_{11} 依次编码。其中"基于游戏思维的教师网络培训设计方案满意度量表"为学员对游戏化设计案例各维度及题项的实际评价,得到的数据有两个方面的用途:一是用来测量该题项的权重系数,以配合下面的学员满意度数值的计算;二是了解学员对各个题项评价的好坏,提出设计改进策略。此外,"基于游戏思维的教师网络培训设计方案满意度量表"和"学员持续参与意图量表"采用李克特五点计数法(5=非常满意,4=满意,3=一般,2=不满意,1=非常不满意),要求被试给出每一个题项的分值,分值越大,表示被试对该题项所述的情况越赞同。

3.研究对象

试测研究于 2013 年 9 月开展。我们选取 150 名浙江省在职教师为被试,采用网络问卷的形式发放,回收到问卷 103 份。删除不完整的问卷后,从完成问卷时间以及 IP 检测考虑数据的可信度,最后得到有效问卷 79 份。

4. 试测数据处理

一是采用总相关系数(corrected-item total correlation,CITC)净化条目,用 Cronbach's α 内部一致性系数检验测量条目的信度。

本研究的测量条目,一部分来自访谈和案例分析的结果,一部分来自理论研究的成果,因此有必要进行条目的信度检验工作将 0.4 作为 CITC 的最小值,将小于 0.4 的条目删除,删除前后,需比较其余条目 CITC 值的变化,如果剩余条目的 Cronbach's α 值始终大于 0.7,说明信度符合要求。

结果显示 Q_{13}(我可以利用投诉反馈来表达我的意见)与 Q_{16}(我可以在心得体会区与辅导教师进行交流)的 CITC 值小于 0.4,因此考虑将它们删除。其余题项的 CITC 值均大于本研究所设定的最小值 0.4,Cronbach's α 值均大于本研究所设定的最小值 0.7,说明这些测量条目的信度符合本研究要求。

二是以试测问卷分析结果为依据,在专家指导和查阅文献的基础上,对试测问卷进行修订。我们又请了三名中小学教师进行试验性填写,平均用时约 8 分钟,属于合理范围。教师们提出:"有一些问题不是很容易看懂",于是我们又对这些问题进行仔细推敲,最终编制成正式调查问卷。

(三)正式调查

1. 研究对象

本研究选取参加游戏化设计案例("有效教学与魅力教师修炼"项目)的学员作为被试。问卷采用网络问卷的形式共发放 250 份,回收有效问卷 178 份,有效率为 71.2%。

2. 项目分析

本研究采用独立样本 t 检验进行项目分析,将问卷第三部分的前 27% 和后 27% 分别组成高、低分组,以此作为自变量与各题项进行独立样本 t 检验。结果表明,各题项均达 0.05 的显著水平(t 值在 21.605—5.537,$p<0.001$),具有极高的鉴别力($p<0.001$),可进入下一步分析。

3.因素分析

本研究采用因素分析法对问卷结构效度的合理性进行检验。结构效度是指测量结果体现出来的某种结构与测量值之间的对应程度。根据测评指标的共同度检验每一项测评指标对学员评价结果的影响程度。共同度越大,表示该指标对公因子的共同依赖程度越大,使用该公因子来解释该测评指标越有效。一般来说,当共同度大于0.4时,公因子就能够很好地解释评测指标,此时能够解释题项变量的百分比为16%;共同度相对较小的,可以根据情况剔除。

本研究采用 KMO、Bartlett 球形检验等检验方法。KMO 值越大,表明变量间的共同因素越多,越适合进行因素分析,但小于0.5时表明不适合进行因素分析。[①] Bartlett 球形检验的结果($\chi^2 = 2438.162$,$df = 230$,$p < 0.001$,$KMO = 0.732$)表明本研究样本规模适合进行因素分析。

问卷结构收敛为四个维度,这四个维度分别解释问卷21.913%、18.071%、17.466%、12.835%的变异量,累积解释问卷70.285%的变异量,表明这四个维度能很好地反映问卷信息。同时,这些变异量的幅度也表明各维度在预测问卷中的相对重要性,可以看出四个维度的重要性依次降低。我们又根据因素载荷量大于0.4,建立了聚合效度。

我们将原来划分的五个维度降为四个维度,为了更好地反映研究内容,根据旋转因子后的数据结构和它们各自包含的内容,对四个维度重新进行因子命名,分别为目标与规则、展示与反馈、交流与互动、个性化。我们发现,目标与规则对应原先的目标(Q_1—Q_5);展示与反馈大致结合了反馈(Q_6—Q_{10})和乐趣(Q_{17}—Q_{20});交流与互动大致对应调整以后的互动(Q_{11}、Q_{12}、Q_{14}、Q_{15}),另外加上了 Q_{19}(网上辩论的形式活泼有趣);个性化对应个性化(Q_{22}—Q_{26})。

对于问卷第四部分的信度效度检验发现,相关系数均达到预期水平,所以保留这些题项(P_1—P_{11})。重新编制基于游戏思维的教师网络

---

①　林震岩.多变量分析 SPSS 的操作与运用[M].北京:北京大学出版社,2007.

培训设计方案满意度量表,如表 8-18 所示。

表 8-18　量表测量条目

维度	题项	测量条目
目标与规则	Q_1	我能明确自己的学习任务
	Q_2	我能很快知道项目达标的要求
	Q_3	我很快了解优秀学员的评选规则
	Q_4	我能很快知道达标项目的分值比重
	Q_5	我很清楚培训中的得分点
展示与反馈	Q_6	我能通过学习进度条及时了解自己的学习进度
	Q_7	辅导员的认同,对我的学习帮助很大
	Q_8	资源丰富、实用、不时有新的内容
	Q_9	课程简报发布及时
	Q_{10}	辅导教师及时推荐优秀作品和心得,展示学习成果
	Q_{17}	我对视频教学形式很感兴趣
	Q_{18}	我对电子教材的形式很感兴趣
	Q_{19}	作业评语风格多样,有意思
	Q_{20}	主题讨论的主题丰富、有意思
交流与互动	Q_{11}	我可以在个人空间与他人交流
	Q_{12}	我可以在答疑中心提问或者回答
	Q_{14}	我能在主题讨论区与他人交流
	Q_{15}	我可以在作业区与辅导员进行交流
	Q_{21}	网上辩论的形式活泼有趣
个性化	Q_{22}	我能控制视频进度
	Q_{23}	我能自主挑选作业题或者讨论主题
	Q_{24}	我能多次递交作业或者心得体会
	Q_{25}	辅导员会推送我喜欢的学习资源
	Q_{26}	我能方便地修改平台上的个人信息

维度	题项	测量条目
案例实施效果	P_1	认识许多同行,形成一个学习的团体
	P_2	获得了许多新的知识,改进教学观念
	P_3	提高了教学水平
	P_4	对工作和晋升很有帮助
	P_5	参加培训,所付出的成本(时间、金钱与精神)是值得的
	P_6	感受到了网络培训的优势和乐趣
	P_7	完成培训课程后,有一种成就感
持续参与意图	P_8	尽管已经完成任务,我也会继续在培训平台上学习
	P_9	我会在培训平台上而非其他地方继续学习专业发展知识
	P_{10}	我会将这个网络培训项目作为第一选择
	P_{11}	我会向其他人推荐这个培训项目

4.可靠性分析

信度是指网络辅导教师支持服务质量测评问卷中设置的指标反映学员评价的可靠程度。本研究使用Cronbach'α信度法检验总问卷及各维度的内部一致性信度,Cronbach'α值越高,表明测量工具的信度越高。一般研究也认为Cronbach'α值在0.7以上,问卷的可靠性较高。

如表8-19所示,总问卷和各维度的Cronbach'α值分别为0.952、0.888、0.927、0.885、0.860、0.952,所有值都高于0.70,说明该问卷是一致和可靠的。因此我们认为,研究设计的指标是基于游戏思维的教师网络培训的重要因素,对游戏化设计案例的改进具有现实意义和价值。

表8-19　可靠性分析

维度	题项	Cronbach'α值
目标与规则	Q_1、Q_2、Q_3、Q_4、Q_5	0.888
展示与反馈	Q_6、Q_7、Q_8、Q_9、Q_{10}、Q_{17}、Q_{18}、Q_{19}、Q_{20}	0.927
交流与互动	Q_{11}、Q_{12}、Q_{14}、Q_{15}、Q_{21}	0.885
个性化	Q_{22}、Q_{23}、Q_{24}、Q_{25}、Q_{26}	0.860
总量表	Q_1—Q_{26}	0.952

（四）研究结果

1. 基于游戏思维的教师网络培训满意度整体状况

我们对目标与规则、展示与反馈、交流与互动、个性化、案例实施效果、持续参与意图等六个分量表进行描述统计。

从表8-20中发现，各分量表均值处于中上水平（M 均>4.0），表明学员满意度与持续参与意图较强。同时各分量表的标准差均小于1（SD 均<1.0），说明学员们的意见差异性不大。相比较而言，目标与规则（$M=4.47$,SD$=0.50$）、展示与反馈（$M=4.51$,SD$=0.48$）这几项得分较高，交流与互动（$M=4.18$,SD$=0.47$）、个性化（$M=4.18$,SD$=0.45$）的得分较低。

表 8-20　描述统计

维度	N	均值	标准差
目标与规则	178	4.47	0.50
展示与反馈	178	4.51	0.48
交流与互动	178	4.18	0.47
个性化	178	4.18	0.45
案例实施效果	178	4.30	0.52
持续参与意图	178	4.28	0.50

进一步分析描述统计数据发现，得分最高的五个题项是 Q_1、Q_5、Q_6、Q_9、Q_{10}，都属于"目标与规则""展示与反馈"维度。得分最低的五个题项分别是 Q_{12}、Q_{14}、Q_{15}、Q_{21}、Q_{25}，都属于"交流与互动""个性化"维度。

2. 人口学变量对案例实施效果和持续参与意图的影响

接下去以性别、年龄、教龄、任教学科、职称、任教学段、学校位置、学校性质、最高学历、学习场所为自变量，游戏化案例实施效果和持续参与意图为因变量进行方差分析，结果发现人口学变量对案例实施效果和持续参与意图没有显著影响（p 均>0.05）。

3. 目标与规则、展示与反馈、交流与互动和个性化对案例实施效果的影响

为了检验目标与规则、展示与反馈、交流与互动和个性化是否对案例实施效果产生显著影响，我们将这些因素得分前 27% 和后 27% 分别划分为高、低组，以之为自变量，案例实施效果为因变量，进行单因素方差分析。从游戏化案例实施效果来看，目标与规则、展示与反馈、交流与互动和个性化的两组学员均存在显著差异（p 均<0.001）。所以这些因素对于案例实施效果均有显著影响。

方差分析表明（见表 8-21），目标与规则、展示与反馈、交流与互动和个性化对游戏化案例实施效果具有显著影响。那么这四个因素对游戏化案例实施效果影响程度如何？为了探索这些因素对案例实施效果的共变关系，我们以这四个因素为自变量，案例实施效果为因变量，采用逐步法进行多元回归分析，见表 8-22。

表 8-21　方差分析

变量	组别关系	平方和	df	均方	F	显著性
目标与规则	组间	556.860	1	556.860	79.220	0.000
	组内	984.097	140	7.029		
展示与反馈	组间	781.322	1	781.322	148.678	0.000
	组内	536.024	102	5.255		
交流与互动	组间	398.752	1	398.752	55.269	0.000
	组内	966.778	134	7.215		
个性化	组间	639.777	1	639.777	88.001	0.000
	组内	974.194	134	7.270		

表 8-22　多元回归分析

模型	非标准化系数		标准系数	t	Sig.	共线性统计量	
	B	标准误差	β			容差	VIF
（常量）	7.151	1.611		4.438	0.000		
展示与反馈	0.392	0.055	0.536	7.188	0.000	0.416	2.401
目标与规则	0.213	0.084	0.167	2.530	0.012	0.533	1.877
交流与互动	0.210	0.095	0.155	2.207	0.029	0.474	2.112
个性化	0.208	0.089	0.154	2.348	0.020	0.542	1.846

在上述逐步多元回归分析表中可以发现，四个预测变量对"游戏化案例实施效果"均有显著预测力。从每个变量预测力的高低来看，"展示与反馈"的影响力最大，"目标与规则""交流与互动""个性化"依次递减。从标准化的回归系数来看，这四个预测变量的 β 值分别为 0.536、0.167、0.155 和 0.154。以上系数均为正数，表示它们对"游戏化案例实施效果"的影响均为正向。

建立四个因素与游戏化案例实施效果的标准化回归方程为：

游戏化案例实施效果＝0.536×展示与反馈＋0.167×目标与规则＋0.155×交流与互动＋0.154×个性化

（五）分析和讨论

1. 学员满意度整体情况

由调查可知，学员满意度处于中上水平（M 均＞4.0），相比较而言，"目标与规则""展示与反馈"的满意度较高，"交流与互动""个性化"的满意度较低。进一步分析发现，得分最高的五个题项属于"目标与规则""展示与反馈"维度，具体表现为明确学习任务、清楚得分点、反馈学习进度、展示学习成果等。得分最低的五个题项属于"交流与互动""个性化"维度，具体表现为提问回答、主题讨论区和作业区和其他人交流、辅导教师推送学习资源等。很多学员认为平台上很多非同步的交流设计不利于营造积极的交流氛围，而个人空间采用类似微博的功能解决了一部分交流的问题,但是可惜个人空间是"游离"在学习空间之外的一个独立空间,不利于学员将学习体会及时发布到个人空间上。还有一些学员在肯定"自主挑选作业题或讨论主题""多次递交作业或者心得体会"等个性化的设计之外,觉得辅导教师对学员的个性化服务还有待改进,题项"辅导员会推送我喜欢的学习资源"得分在所有题项中最低。

因此,在游戏化设计过程中我们应该重点关注实时交互的设计,比如在学习平台侧栏设置实时更新的讨论区(不喜欢被打扰的学员可以隐藏);个性化服务不仅需要课程设计者的努力,更加需要网络辅导教师的积极合作。除了课程辅导和答疑、学习活动设计和组织,游戏化设计的实施给网络辅导教师提出了更高的要求。他们需要根据学员的反馈提供个性化的资源推送,来填补课程设计者因为"一次设计"留下的漏洞。

2. 案例实施效果和持续参与意图的影响因素

本研究证实了性别、年龄、教龄、任教学科、职称、任教学段、学校位置、学校性质、最高学历、学习场所等变量对游戏化案例实施效果以及学员持续参与意图不产生显著影响,表明所得结论不会因为人口学因素改变而改变,具有广泛的适用性。

虽然游戏化案例实施效果的影响因素首次被提及,但用户满意度和继续使用信息系统的意向之间的关系已经被以往的研究广泛验证,且已经被证实是影响个体持续参与网上社区意向的决定因素之一。在前人研究的基础上,我们针对参与教师网络培训的学员进行了满意度调查,提出了一个新的研究模型。通过这个模型,我们研究了学员满意度是如何在游戏化案例设计因素和持续参与意图之间发挥中介作用的。

从游戏化案例实施效果看,清晰的目标与培训规则、规范的展示与及时反馈、充分的交流与积极互动、贴心的个性化设计是游戏化设计的重要因素。

一是目标与规则的影响。目标与规则是游戏化设计中的第一要素。

普伦斯基归纳游戏的特性时首先提到"规则、目的和目标"①。韦巴赫认为,进行游戏化设计时首先应该定义业务目标,说出设计的最终目标,而不是详细介绍通过它你会采取哪些手段②。我们也发现,目标与规则对于游戏化案例实施效果具有显著影响,影响力系数仅次于展示与反馈。学员们认为,在网络培训初期了解学习目标和培训规则十分重要。有64%的学员能明确自己的学习任务,有56.2%的学员清楚培训中的各项得分点,包括达标要求的得分项和评选优秀学员时有用的加分项。

目标与规则是指导学员如何参与网络培训,并且如何达到培训要求的一系列内容。当前存在的问题是,目标与规则的设定还有待实践的考验:培训目标还有待合理化,评分规则还有待细化,得分权重还有待科学化。尽管我们调研了行业中优秀团队的做法,咨询了培训专家和项目经理的意见,但是在具体的规划和设计上仍然存在不合理的地方。例如,15%的学员认为优秀学员的评选规则还有待完善,得分项目不够科学。因此,我们在进一步完善案例的时候要重点考虑这些问题。

二是展示与反馈的影响。展示与反馈是游戏化设计中最关键的影响因素。我们设计了多种展示与反馈内容以鼓励学员采取进一步的行动,让所有学员在网络培训中取得实际进步。研究发现,展示与反馈的影响力位于所有元素的首位。实践表明有72%的学员对学习进度反馈感到非常满意,有64%的学员表示"辅导教师及时推荐优秀作品和心得体会,展示学习成果"。其他如"辅导员的认同和鼓励""丰富实用的学习资源""有趣的视频和电子教材""风格多样的评语和讨论主题"都是学员们认可的内容。

从某种角度来说,展示与反馈决定了游戏化设计的成败,所以必须保持足够的关注度。我们发现辅导教师在中间扮演了重要角色,他们需

---

① Prensky M. Digital Game-Based Learning[M]. New York:ACM,2003.

② Werbach K, Hunter D. For the Win:How Game Thinking Can Revolutionize Your Business[M]. Sebastopol:O'Reilly Media, 2012.

要对学员的作业和心得体会做出及时而公正的评价,组织学员参与主题讨论,对学员做出明确的学习指导,帮助学员克服学习障碍,还要根据学情定期发布课程简报。所以在辅导教师的选拔、培训制度等环节应该得到项目经理的重视。除此之外,网络培训平台的功能也应当做到"简单""可依赖",降低技术门槛,更好地为学员提供学习支持。

三是交流与互动的影响。拉扎罗提出,"人际的乐趣"是游戏思维的重要因素。普伦斯基认为,"冲突、竞争、挑战、反对"是导致游戏者沉浸其中的原因之一。关于游戏化设计中的交流与互动,我们在研究中发现,它对游戏化案例的实施效果产生显著的正向影响。有近80%的学员在个人空间中与他人畅通地交流,有近50%的学员认为自己能在培训中与辅导教师取得联系。网上的师生处于时空分离的状态,学员在学习中容易产生孤独感,这是一般网络平台设计者所关心的问题,而游戏化设计者尤其需要对这种现状提出合适的策略。我们要求辅导教师组织"提问答疑""主题讨论""主题辩论"等学习活动,提升学员们的参与感和沉浸感。例如在主题辩论过程中,辅导教师需要选择合适的辩题和辩论规则,组织正反双方针对同一个辩题开展非实时的辩论。在活动的有效时间内,辅导教师根据进程挑选优秀的"证词"给予充分肯定和奖励,鼓励其他学员参与其中。活动结束后,评选正反双方的最佳辩手,提供一定的加分奖励,并且在通知公告和课程简报中予以书面表彰。这给辅导教师提出了更高的要求,更加考验辅导教师的临场辅导能力。

四是个性化的影响。游戏化设计中,个性化是一个加分点。本研究发现,个性化元素对游戏化案例实施效果同样产生显著影响。超过90%的学员对自动调整课程视频的播放进度表示满意,但是也有学员提出,如果播放器能够自动记住播放进度就完美了。几乎所有学员都赞同自主选择作业的办法,而且喜欢同一项作业能够重复递交的功能。从某种程度上说,这个设计开拓了学员的思路,因为不少学员完成了所有备选题项,表明他们已经从多个角度审视了所学内容。

但是也有80%的学员表示,辅导教师并没有为他们推荐个性化的学习资源,这可能是设计中的"瓶颈"。从辅导教师的反馈来看,个性化的推荐只能依据大量的数据分析来实现,当前学员留下的学习数据比较分散,学习时间比较随机,很难做到有质量的分析处理,当然也就很难做到"私人定制"式的服务。但是辅导教师正在朝着这个方向努力,比如针对学有余力的学员发布更有挑战性的问题,针对学习困难的学员推荐更多的辅助材料,甚至提供一对一的辅导。当前辅导教师队伍的建设还存在诸多问题,比如辅导教师数量缺乏,辅导经验相对不足。因此想要实现个性化的辅导,聘请一线的优秀教师来担任辅导教师,加强辅导教师的培训,提升辅导教师的素质都是值得借鉴的办法。

五、成人在线培训游戏化设计总结

游戏化设计作为成人在线教育智慧治理的一部分,本研究基于对游戏思维、游戏元素和游戏化设计的论述,参考韦巴赫的六步游戏化设计框架,设计教师网络培训游戏化设计实例。该实例包括项目简介、定义业务目标、划定目标行为、描述玩家、制定活动循环、融入趣味元素、部署适当的工具等七个栏目。我们重点强调在游戏化设计时,学员满意度作为动机和持续性意向之间的中介变量的作用。这个中介变量指出,学员是否愿意持续关注培训平台动向、持续参与学习活动直接取决于他们的满意度,而不是他们的初始动机或者他们感知到游戏化设计的影响因素。因子分析表明,游戏化设计维度可以调整为目标与规则、展示与反馈、交流与互动、个性化,并在讨论部分详细论述了这些内容。

我们还注意到,在相关研究者大量研究哪种教学方式最为有效后,确实取得了一些重要发现。布卢姆通过循证法,记录了一对一教学可使学生成绩提高两个标准差。[①] 在对 166 项研究进行荟萃分析后发现,课

---

① Bloom B S. The 2 sigma problem:The search for methods of group instruction as effective as one-to-one tutoring[J]. Educational Researcher,1984,13(6):4-10.

堂主动学习法和同伴教学可使学生成绩提高 0.47 个标准差。[①] 还有一份对 225 项研究的荟萃分析报告指出,在以传统讲课为主的课程中,学生不及格的可能性比采用主动学习策略的课程高 150％。[②] 游戏化可以有效改进教学和员工培训,可以激发情感和大脑中的多巴胺奖励系统,从而有助于改变学生对某一知识的看法。例如,此类方法可以让那些认为自己讨厌数学的学生重新审视他们的这一想法;而其他学生也可以通过内在动机更加频繁地练习高难度的项目。无论是学生还是老师,都可以从游戏化中获益。

本研究的游戏化设计的不足之处有:第一,学员满意度调研中有效样本不足,导致数据分析结果不够有说服力。由于研究设计的不足以及网络问卷的形式存在弊端,我们回收到的有效问卷数量不足 200 份,这与理想要求的 250—300 份存在差距。它导致分析结果的可信度打了折扣,将来的研究应该扩大样本的取量范围,规范研究设计,严格遵照研究计划,要求被调查者认真填写问卷(可考虑奖励措施),从而提高调研中有效样本数量。第二,学员满意度与持续参与意向的假设模型的解释度存在缺陷。我们参考 ACSI 模型和游戏化设计框架,除此以外可能还存在其他游戏化设计因素干扰学员满意度水平,也会存在其他因素影响学员持续参与意向。例如学员的自我效能感,以及一些相关的社会因素等。第三,游戏化设计的效果有待实验检验。此方案没有经过严格的教育实验,其实施效果还是未知数。我们期望将来的研究者能在其他的教师网络培训中使用本方案,将研究结果进行比较,这将有助于完善游戏化解决方案,同时提高游戏化设计方案广泛的适用性。

---

① Ruiz-Primo M A, Briggs D, Iverson H, et al. Impact of undergraduate science course innovations on learning[J]. Science, 2011, 331(6024): 1269-1270.

② Freeman S, Eddy S L, McDonough M, et al. Active learning increases student performance in science, engineering, and mathematics [J]. Proceedings of the National Academy of Sciences (PNAS), 2014, 111(23): 8410-8415.

第九章　成人在线教育智慧治理的趋势与前景

第一节　多学科视角下成人在线教育发展图景

成人在线教育智慧治理涉及政府治理、教育管理、企业经营、教育传播等多重领域，在前述研究的基础上，我们将尝试使用社会学、经济学、管理学、传播学等多学科的理论和方法对未来我国成人在线教育智慧治理做出更好决策，形成更加丰富的成人在线教育智慧治理优化路径。

一、从社会学视角

首先，成人在线教育治理的跨越时空的特性使得学习不再受限于特定的地域和时间，从而有效地扩大了教育的覆盖面。然而，这种特性也带来了诸如学习者的身份认证、学习质量的保障等问题。其次，个性化的学习模式可以满足不同学习者的多样化需求，提高学习效率。但是，个性化学习模式也可能会加剧社会的不公平现象，优质资源往往向部分受众倾斜。最后，成人在线教育的发展也受到社会观念、政策法规、技术应用等多种社会因素的影响。对此我们提出四条治理路径。

（一）建立监管机构和完善监管制度

针对成人在线教育市场监管不够规范的问题，应当建立专门的监管机构，负责对成人在线教育进行监管和评估。监管机构可以负责制定和修订相关的政策和法规，明确成人在线教育的准入标准、运营规范等。同时，监管机构还可以对教育机构和在线教育平台进行资质审核和监督检查，确保它们的合法性和合规性。监管机构还可以对学生反映的问题进行调查和处理，维护学生的权益。

在建立监管机构的基础上，还需要完善监管制度，明确监管机构的职责和权力。监管制度应当包括市场准入制度、运营规范、监督检查机制等。例如，可以制定明确的准入标准，对教育机构和在线教育平台的资质、师资、教学资源等进行审核，确保它们能够提供合格的教育服务。此外，还可以建立定期的监督检查机制，对教育机构和在线教育平台进行抽查和评估，及时发现和纠正存在的问题。

（二）加强学历认证体系建设

为了解决学历造假问题，需要建立完善的学历认证体系。学历认证体系可以由教育部门、人力资源部门和相关行业协会共同协作完成。一方面，可以制定明确的学历认证标准和程序，明确教育机构和在线教育平台在办学过程中需要满足的条件和要求。另一方面，可以建立学历认证的信息共享和查询机制，方便用人单位和个人查询学历的真实性。

在学历认证体系建设中，教育机构和在线教育平台应当承担主体责任。教育机构和在线教育平台需要提供真实的教育教学信息，并承诺不提供虚假的学历证书。同时，监管机构可以加强对教育机构和在线教育平台资质的审核，每年或定期抽查一定比例的教育机构和在线教育平台，以确保它们符合学历认证的要求。

（三）推动教育质量评估体系的建立

为了提高成人在线教育的教育质量，应当建立统一的教学质量评估体系。教学质量评估体系可以由教育部门、专业机构和教育行业协会等共同参与制定和实施。一方面,可以制定行业标准,明确成人在线教育的教学目标和评价指标。另一方面,可以开展教学质量评估,对教育机构和在线教育平台的教学质量进行监控和评估。对于不符合评估标准的教育机构和在线教育平台,可以要求其进行整改或关闭。

教学质量评估体系需要全面考虑教育资源、师资力量、教学方法等多个方面的因素。评估结果可以向公众公开,让学生和用人单位了解教育机构和在线教育平台的教学质量情况,从而提高市场竞争力。

(四)提供智能化的学习支持和服务

考虑到学生之间教育背景和社会背景的差异,教育机构和在线教育平台应当提供智能化的学习支持和服务。一方面,可以通过在线学习平台提供个性化学习计划,根据学生的学习需求和能力水平,为其制定相应的学习路线和教学计划。另一方面,可以提供专属的学习资源,包括教材、课件、视频等,满足不同学生的学习需求。

智能化学习支持和服务还包括教学辅导和学习指导。教育机构和在线教育平台可以组织专门的教师团队,负责为学生提供教学辅导和学习指导。教师可以通过在线互动平台与学生进行实时互动,解答学生的问题,提供学习建议和指导。此外,教育机构和在线教育平台还可以开展健康心理辅导活动,帮助学生解决学习和生活中的问题,提高学生的学习体验和满意度。

二、从经济学视角

成人在线教育市场是一个具有显著经济特性的市场。它通过互联网技术,跨越地域和时间的限制,将教育资源进行跨时空配置,有效地缓解了教育资源的地域差异,提高了教育的可及性和效率。然而,这种跨时空资源配置也带来了一些新的问题,如信息不对称、市场失序等。此外,成人在线教育的个性化学习模式可以满足不同学习者的多样化需求,提高了市场效率。但是,这种个性化学习模式也带来了高成本、高技术门槛等问题。基于经济学的视角,成人在线教育的治理需要从以下几个方面进行优化。

（一）完善市场准入机制

成人在线教育市场的进入门槛相对较低，一些低质量的教育机构往往会涌入市场，导致市场整体风险增加。因此，需要完善市场准入机制，通过设定合理的市场准入门槛，限制低质量的成人教育服务进入市场。这样可以降低市场的整体风险，提高市场的竞争性，推动整体服务质量的提升。同时，鼓励优秀的教育机构进入市场，进一步推动市场的竞争和发展。

（二）建立有效的监管机制

由于成人在线教育市场的监管难度较大，因此需要建立有效的监管机制。政府或第三方机构可以对成人在线教育机构进行监管，确保成人在线教育服务的合规性和质量。同时，建立消费者权益保护机制，防止消费者在交易过程中受到不公平待遇。如果消费者在接受成人在线教育服务时权益受到侵害，可以通过投诉和维权渠道进行申诉和赔偿。这样可以增强消费者的信心和忠诚度，提高市场的稳定性。

（三）优化资源配置

由于成人在线教育市场存在地域差异和信息不对称等问题，需要进一步优化教育资源的配置。例如，可以建立全国性的成人在线教育服务平台，将优质的教育资源进行集中展示和分配，以实现资源的优化配置。这样可以降低地域差异和信息不对称带来的影响，提高教育的可及性和效率。同时，通过优化资源配置，还可以降低教育成本，提高教育的性价比。国家开放大学终身教育平台是国内优秀的代表。

（四）推动技术创新

随着互联网技术的不断发展，成人在线教育的技术门槛逐渐降低。因此，需要鼓励技术创新和应用，提高服务的可及性和质量。例如，可以推广人工智能、云计算等技术在成人在线教育领域的应用，提高教育的效率和质量。此外，还可以通过开发移动端应用程序等方式，方便学习者随时随地接受教育。这样可以提高教育的便捷性和效率,进一步扩大市场规模。

(五)关注市场失灵现象

从经济学的角度来看,成人在线教育的治理需要关注市场失灵现象。市场失灵是指市场不能有效、公正地发挥资源配置的作用。在成人在线教育市场中,由于信息不对称、市场垄断等原因,可能会出现市场失灵的现象。因此,需要采取相应的治理措施来纠正市场失灵现象。例如,政府可以加强对市场的监管和引导,鼓励市场竞争和创新;社会各界可以广泛参与监督和评价,推动教育质量的提高;教育机构可以加强信息公开和透明度,增强消费者的信任和忠诚度等。

成人在线教育市场还是一个全球性的市场,需要加强国际合作与交流。各国政府和教育机构可以共同探讨治理方案和最佳实践案例,分享经验和成果。通过加强国际合作与交流,可以促进各国之间的相互学习和借鉴,推动成人在线教育的健康发展。

三、从管理学视角

我们提出五条成人在线教育的治理策略。

(一)建立有效的智能学习平台架构

为了优化成人在线学习的治理,可以从学习平台架构的角度入手。一个有效的学习平台应具备清晰的架构设计,包括用户界面、课程管理、学员管理、教员管理等模块。学习平台的用户界面应简洁易用,方便学员浏览、选择和学习课程,同时提供良好的用户体验。课程管理模块应支持多种形式的课程资源,如视频、音频、文档等,方便学员进行多样化的学习。学员管理和教员管理模块应具备完善的功能,如学员信息管理、学员进度跟踪、教员评价等,方便管理者对学员和教员进行管理和评估。

在学习平台架构的设计过程中,可以采用现代管理技术和理论,如用户体验设计、信息化管理等,提高平台的效率和用户满意度。同时,也需要适应不断变化的技术环境,及时更新平台的技术和功能,以满足学员对学习的不同需求。

(二)建立科学的学习资源管理机制

在线学习涉及大量的学习资源,如课程、教材、讲义等,为了优化学习资源的治理,需要建立科学的学习资源管理机制。第一,可以通过制定标准化的学习资源开发流程,确保学习资源的质量和一致性。第二,可以采用信息化管理手段,如资源库管理系统、版权管理系统等,方便学习资源的录入、存储、更新和维护。第三,还可以借鉴项目管理的思想,建立学习资源的项目管理体系,确保学习资源的按时交付和有效使用。

学习资源的管理还需要充分考虑知识产权的保护,采取合理的版权管理措施,防止学习资源的侵权和盗版。同时,也应鼓励教员和学员的创造性和共享精神,促进学习资源的创新和共享,形成良性的学习生态。

(三)建立有效的学员管理机制

为了优化成人在线学习的治理,需要建立有效的学员管理机制。学员管理包括招生管理、学员评估、学员支持等方面。招生管理应根据学员需求和学习资源的供给,合理划定招生规模和招生条件,确保学员的入学质量和学习效果。学员评估应根据学员的学习表现和学习成果,对学员进行及时、全面的评估和反馈,以促进学员的学习动力和学习效果。学员支持包括学习辅导、学习咨询等方面,可以采取学习群体、学习导师等方式,帮助学员解决学习中的问题和困惑。

学员管理还需要利用信息化管理手段,如学员管理系统、学习数据分析等,方便管理者对学员进行管理和决策。同时,也可以借鉴市场营销的思想,开展学员市场调研和学员满意度调查,了解学员需求和反馈,优化学员管理的策略和措施。

(四)建立有效的教员管理机制

教员是在线学习的核心资源,为了优化教员的管理,可以建立有效的教员管理机制。教员管理包括招聘、培训、评价等方面。招聘教员可以根据教员的专业背景、教学经验等进行筛选,确保教员具备良好的教学能力和教学素质。培训教员可以通过教学培训课程、教学指导等方式,提高教员的教学水平和教学创新能力。评价教员可以根据教学效果、学员评价等进行评估,及时调整和改进教员的教学策略和教学方法。

教员管理也需要利用信息化管理手段,如教员管理系统、教学评价系统等,方便管理者对教员进行管理和决策。同时,也可以借鉴人力资源管理的思想,在教员管理中注重激励和培养,提高教员的参与度和归属感。

（五）建立有效的学习质量评估机制

在成人在线学习的过程中,需要建立有效的学习质量评估机制,对学习效果和学习体验进行评估和反馈。学习质量评估可以通过学员满意度调查、学习成果评估、教学评价等方式进行。学员满意度调查可以了解学员对学习平台、教学资源等方面的满意度和建议,以改进学习质量和学习体验。学习成果评估可以通过学员的学习表现、学习成绩等进行,以评价学员的学习效果。教学评价可以通过学员的评价和教员的反馈进行,以评估教学的质量和效果。在学习质量评估机制的建立过程中,需要建立权威的评估机构或专业团队,确保评估结果的客观性和公正性。评估结果应及时向学员和教员反馈,以促进学习质量的持续改进和提升。

四、从传播学视角

自从美国学者拉斯韦尔提出传播学的 5W 模型以来,传播学已经历半个多世纪的演变和发展。因此,我们可以从以下六个方面进行探讨。

（一）建立系统的学习平台

为了优化成人在线学习的治理,需要建立一个系统性强的学习平台,提供一个集成各类在线学习资源的平台,包括课程、教材、讲师资源等。这个平台应具备良好的用户界面和操作性,方便成人学员进行选择和学习。同时,平台还需要提供强大的管理工具,包括学习进度跟踪、学习记录管理、考试管理等,以便学员和管理者对学习情况进行监控、评估和调整。在建立统一的学习平台的过程中,需要充分考虑用户的需求和特点。平台的设计应该简洁明了、易于操作,界面要友好、美观。同时,还应该提供多样化的学习资源,涵盖不同学科、不同难度和不同风格的课程和教材,方便学员根据自身需求进行选择和学习。

（二）加强信息管理和安全保障

在线学习的过程中会产生大量的学习数据和个人信息,为了保护学员的隐私和确保信息的安全,需要加强对学习平台的信息管理和安全保障。要建立完善的信息管理制度,明确学员个人信息的采集、使用和保护规范,确保学员的个人信息不被滥用;要采取必要的安全措施,对学员的个人数据和交易信息进行加密处理,防止数据泄露和网络攻击。

此外,还可以利用技术手段提高信息管理和安全水平。例如,国家开放大学系统采用人脸识别、指纹识别等身份验证技术,确保只有合法合规的学生才能访问学习平台;采用数据加密、防火墙等技术,保护学习平台的数据和系统的安全;建立完善的备份和恢复系统,防止数据丢失和系统故障。

（三）设立权威的反馈和评估机制

为了保证成人在线学习的质量,需要设立权威的反馈和评估机制。通过学员满意度调查、课程评价、教师评价等方式,收集学员对课程、教材、讲师等方面的反馈和评价,及时了解学员需求和反馈,解决学员的问题和困惑。同时,还可以进行课程质量评估和教师教学水平评估,为学员提供优质的学习体验。

在反馈和评估机制的建立过程中,需要建立权威的评估机构或专业团队,负责收集和分析评估数据,提供中立、客观的评价结果。评估结果应被学员和教师广泛应用,作为改进和提升学习质量的依据。

（四）加强师生互动和交流

成人在线学习的成功与否，与师生之间的互动和交流有密切关系。[①]为了优化成人在线学习的治理，需要加强师生互动和交流的机制和平台。可以通过设置在线讨论区、学习小组等方式，促进师生之间的讨论和互动，让学员能够充分参与学习过程，提出问题和观点，分享学习经验和心得。同时，教师也应积极参与讨论和回答学员的问题，给予及时的指导和反馈。

在师生互动和交流中，还可以采用其他交流工具和方式，如在线沙龙、网络研讨会等，为学员提供更多的学习机会和学习方式。通过加强师生之间的互动和交流，可以提高学员的学习积极性和学习效果，增强学员与学习平台的黏性。

（五）加强合作与共享

为了进一步优化成人在线学习的治理，可以加强合作与共享。可以与其他学校、机构、行业协会等开展合作，共享优质的教学资源和师资力量。例如，可以开展跨机构的课程合作，联合开发和推出高质量的在线课程。通过合作，可以更好地利用资源，提供多样化的学习选择。同时，还可以建立学习交流平台，为学员提供交流和互助的空间。可以组建学习小组，让学员之间相互支持和监督；可以开设在线论坛或社交媒体群组，方便学员之间的交流和分享。通过合作与共享，可以形成良好的学习氛围和学习共同体，促进学员之间的互助和成长。

（六）建立透明和公正的学习评价机制

为了保证成人在线学习的质量和公正性，需要建立透明和公正的学习评价机制。这包括课程评价、教师评价、学员评价等方面。评价结果应及时向学员公布，包括评价的基本原则和方法、评价结果的权威性和

---

① 许鹏.MOOC环境中成人学习者在线交互网络结构特征［J］.高等继续教育学报，2017,30(2):42-48.

客观性等。学员可通过评价结果了解自己的学习状态和学习水平,并根据评价结果及时调整学习策略。

在学习评价过程中,还应充分考虑学员的意见和建议,充分听取学员的声音,以便更好地满足学员的需求和提升学习质量。同时,学员也应被鼓励提出合理的疑问和批评,以促进学习平台的不断改进和创新。

第二节　成人在线教育智慧治理前景

随着国家对成人在线教育的支持力度不断加大,以及教育数字化转型动力,成人在线教育智慧治理将得到更多支持和发展。此外,成人在线教育市场需求旺盛、跨界合作日益深入、数据治理日臻完善,是学习型大国建设的必经之路。王运武等描绘了教育治理现代化框架(见图9-1),成人在线教育治理被包含其中。①

一、治理前景一(宏观):推动国家治理数字化转型

(一)数字技术与教育治理深度融合

让数字化发展红利广泛惠及人民群众,是在国家教育治理中运用数字技术的根本目标。面向未来,大力推进教育数字化,需要持续优化教育顶层设计,从国家战略高度进行系统规划和整体布局,不断完善与数字教育相适应的制度设置和发展生态,整体推动教育教学模式变革,努力走出一条中国特色教育数字化发展道路。

一是全面提升成人在线教育师生的数字素养。建设系统完备的数字教育人才培养机制,着力打造教师数字素养培育的多元平台和重点项目,持续深入实施教师信息技术应用能力提升工程,不断提升教师开展数字教育的意识和水平。此外,要建设覆盖全学段的数字教育课程体

---

① 王运武,洪俐,陈祎雯,等.教育应急治理及教育治理现代化的困境、挑战与对策[J].中国电化教育,2020(12):63-68,98.

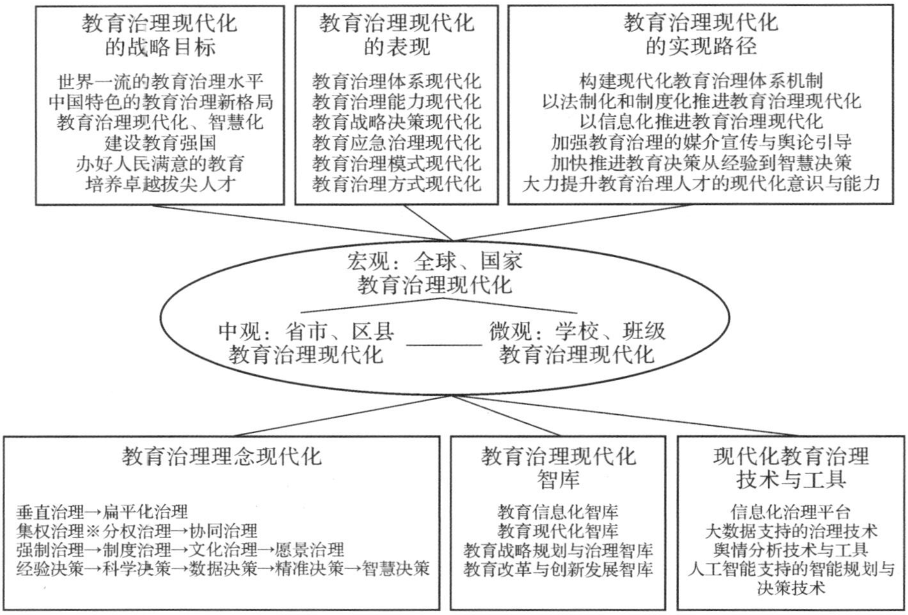

图 9-1　教育治理现代化框架

系,将提升数字素养融入教育教学全过程,通过课程改革、教材编写、实习实训等方式,进一步提升学生的数字素养。增强全民数字化适应力、胜任力、创造力,为建设学习型社会、学习型大国注入源源不断的动力。

二是深入推进成人在线教育的教学范式变革。推动数字技术驱动的教育教学场景创新,丰富适应学习、学情智能诊断、智慧课堂评价等场景应用,推动深层次线上课堂变革,加强智能教学系统、智能教学助手、智能学伴等的普及应用。增加覆盖城乡的泛在终身学习公共服务供给,探索灵活弹性的教学组织方式,支持学习者随时随地因需学习,形成高质量、个性化终身学习体系。

三是整体推动成人数字教育生态建设。加强政策支持,加大对农村、边远和民族地区的倾斜力度,促进教育数字化协调发展。拓宽教育服务供给路径,通过购买服务等方式引导社会力量参与教育数字化建设,健全政产学研一体化的协同创新机制,确保数字基座搭建、教育应用开发、基础设施运维等教育服务持续健康发展。加强教育国际交流合作,提升数字教育标准规范制定的国际话语权,打造全球数字教育发展共同体。

(二)治理的数字伦理与安全教育

在成人在线教育治理过程中,随着人工智能、大数据、区块链等技术的深入应用,尤其是以 ChatGPT 为代表的生成式人工智能技术的应用风险进入教育治理领域,有关技术伦理、算法歧视、网络安全风险、个人隐私泄露等问题也不断增加,亟须加强对技术应用伦理与安全风险的防范,同时也应借其动能助推教育治理数字化发展。① 强化数字伦理治理、完善数字安全管理、加强宣传教育与人才培养,做好教育数字化可能产生的风险防范,是在线教育智慧治理的一项重要内容,也是教育数字化安全、稳定发展的重要保障。②

第一,强化政策引导,完善技术应用伦理规范。我国在大力推动技术突破和教育数字化转型的过程中,高度重视技术伦理治理,相应地推出政策法规等文件用于建立技术伦理保障体系,开展技术伦理和算法应用管理。我国尚未出台专门针对成人教育领域的数字伦理规范政策文件,但很多专家、学者已经开始了对教育领域数字伦理规范建设的探索。例如,沈苑和汪琼将欧盟《可信赖的人工智能伦理准则》中提出的伦理框架置于教育场景下,提出其在教育领域的表征、内涵以及各利益相关方应践行的行动策略。③ 胡小勇等提出,"应在现有的人工智能伦理规范体系下,编制教育人工智能伦理规范指南"。④

第二,加强行业自律,引导科技向善与企业自治。在教育数字化转

---

① 周洪宇,李宇阳.生成式人工智能技术 ChatGPT 与教育治理现代化:兼论数字化时代的教育治理转型[J].华东师范大学学报(教育科学版),2023,41(7):36-46.

② 袁振国.数字化转型视野下的教育治理[J].中国教育学刊,2022(8):1-6,18.

③ 沈苑,汪琼.人工智能在教育中应用的伦理考量:从教育视角解读欧盟《可信赖的人工智能伦理准则》[J].北京大学教育评论,2019,17(4):18-34,184.

④ 胡小勇,黄婕,林梓柔,等.教育人工智能伦理:内涵框架、认知现状与风险规避[J].现代远程教育研究,2022,34(2):21-28,36.

型的背景下,加强核心技术研发,应用智能技术助力提升教育领域风险预警能力,是强化数字伦理治理的重要举措。主要应用场景包括:一是开发成人在线教育领域的数字伦理风险预警系统。国家相关部门和高校专家学者应重视该领域的研究,充分利用智能技术赋能伦理建设,细分伦理挑战风险类型,针对不同的风险类型制定解决预案,开发合乎伦理的风险预警系统。二是实现算法的适度公开透明。对于算法过度设计而引发的"黑箱"问题,使用技术手段将算法运行背后的逻辑以人类可以看懂、理解的方式进行可视化描绘。三是开展数字风险监管技术和审查算法的研究,深化 AI 生成内容鉴别、非法数据采集监控、反骚扰、虚拟环境监管、非歧视评估与检测、密态计算、隐私计算等技术的研究与应用。

第三,建设监测预警平台和工具,提升网络安全感知能力。在教育数字化转型的背景下,需要强化网络安全体制机制建设,提升对网络安全的态势感知、智能诊断、应急响应与处置能力。主要做法包括:一是制定国家信息安全技术标准规范。2023 年 3 月,国家标准化管理委员会发布了《信息安全技术—网络安全态势感知通用技术要求》,它为中国网络安全态势感知规范发展提供了重要的指导标准,于 2023 年 10 月 1 日起实施。二是开发和运营安全管理平台。各级教育机构、高校通过开发和运营网络安全态势感知平台,实现自动化预警、智能防御、实时监控、多维度分析,提升网络安全感知能力。三是加强安全监测和分析。依托安全信息和事件管理系统、行为分析系统、基于云平台的安全监测、基于人工智能的安全监测等智能化的网络安全监测预警工具,及时掌握网络威胁和异常情况,提升网络安全应急和处置能力。应用新型隐私保护技术,保障教育数据隐私安全。通过隐私保护技术,保障教育数据安全,对教育数据进行合理、合规的分析和利用是当前急需解决的问题。

第四,加强数字伦理与安全宣传教育也是可行举措。国家要高度重视数字伦理与安全的教育工作,强调要加强数字伦理安全宣传教育,提升社会公民对于科技向善的认知、网络信息安全保护的意识。具体体现在:一是倡导在教育数字化转型实践中加强数字伦理与安全教育。例如,中共中央办公厅、国务院办公厅颁发的《关于加强科技伦理治理的意见》等。二是推动数字伦理和安全方面的数字教育资源建设。比如,国家教育资源公共服务平台设置有相应的安全教育专题,各地区也积极推动数字伦理安全宣传教育活动,开发数字安全教育资源。

第五,培养数字伦理与安全人才。随着教育数字化转型的深入推进,对于数字伦理与安全的专业人才需求也在逐步提升,急需加强数字伦理与安全方面的专业人才培养与能力提升:一是加强数字安全伦理相关学科和专业建设。高等院校和职业院校通过加快数字伦理和数字安全领域的新工科和专业建设,加大高层次专业技术人才和管理人才的培养力度,推动数字安全伦理相关的学科和专业建设。二是加强数字伦理安全岗位人员培训。构建教育系统数字伦理安全相关岗位职责与能力体系,定期开展职前职后专业人员培训。将科技伦理要求纳入科技人员入职培训,开展数字伦理安全领域的专业认证评价,持续加强岗位人员专业能力建设。坚守治理的核心是人。无论是道德、法律还是技术方面,不断提高治理能力、改进治理水平,坚守"以人为本"才能处理好成人在线教育体系中出现的问题,实现"善智"与"善治"的统一。

(三)重视在线教育数字版权保护

在成人在线学习过程中,数字材料往往易于复制和传播。这就带来了关于如何在学习体验中使用、修改和分享别人的原创作品的伦理和法律问题。这些活动受到国家和当地法律的约束。一般来说,只要是作者创作了新的原创作品,就会产生著作权,其他人在使用、修改或传播创意作品之前应当征求并获得许可。大多数国家的著作权法都允许学校在使用著作权材料方面有一定的灵活性。无此规定的国家则通常将其包括在公平交易的概念下,即在许多情况下,教师不需要获得许可,就可以在课堂上使用原创作品的某些部分。

虽然著作权(copy right)的概念是由政府创造的,其目的是鼓励创新和保护创作者,使创作者对其作品的益处有更多的控制权。但著作权却反其道而行之。在著作权体系中,一旦作者对其作品设置了一个允许性许可,这一许可就会一直附着在该作品的一切衍生作品上。这一著作权原则意味着,即使对作品及其形式加以修改,也无法改变其著作权状态,不会因此被他人吸收、产生著作权,或被"窃取"。

创意作品授权面临的一个常规难题是需要雇用法律团队来明确许可细节。此类作品完成后,其他人只需复制许可,就可将其用于自己的用途。如今设计教案或课堂游戏的教师也可以对其作品设置许可,允许其他教师对这些资源进行使用、修改或再传播。这项服务可以在知识共享(creative commons)组织找到。知识共享是一个非营利组织,通过免费法律许可实现内容共享。20多年来,全球教师群体一直在通过知识共享贡献作品并设置相应的许可,国家要营造一种良性的知识共享氛围。

二、治理前景二:推进区域治理数字化转型

(一)数字技术强化质量监测

为了适应成人在线教育质量评估监测的多样化需求,部分地区已着手对教育质量评估监测平台进行升级,以更好地满足这些需求。① 此举旨在构建更优的监测体系,以支持教育质量的全面提升。

首先,这些地区正致力于构建一个区域教育质量监测的数据分析系统。这一系统将具备对海量、多维、结构化的监测大数据进行深度分析的能力,并拥有数据深度挖掘、监测工具质量分析及增值评价等功能。这将使我们更准确地掌握区域教育质量的状况,为后续改进提供强有力的支持。②

其次,为了更全面地评估监测学生各方面的发展,这些地区还计划建立和完善特色监测系统。例如,通过引入人工智能和大数据技术,已经开发出了一个演唱测试系统。这个系统利用语音合成、语音评测、图

① 刘丽霞.大数据背景下成人教学质量监测研究[J].继续教育,2017,31(5):15-18.
② 沈健,罗强.数据治理下的区域教育质量监测数据分析系统探究[J].中国教育信息化,2023,29(4):77-85.

像识别和分析技术等技术以及机器学习算法,可以对学生的演唱水平进行大规模计算机评分。[①] 这将极大地提高评估监测的效率和准确性。

再次,新时代对成人未来发展关键能力提出了新要求。为此,国内已经开发了大量新型教育质量监测工具和方法。例如,运用卷积神经网络构建自动化的学习观察系统,如多模态机器学习系统;或者基于网络技术研发个体层面的质量评价工具,如优化学生学习机会。此外,还开发了以证据为中心的游戏测评和多任务情景的交互式测评等方法。这些方法能诱发学生与动态任务环境互动,完成任务过程中全部或部分解决规则需学生通过不断探索与信息整合来习得,然后根据学生解决任务过程中的认知与非认知产出及作答反应构造能力测量模型。[②] 这些工具和方法将为我们提供更多元、更精准的评估监测手段。

最后,智能技术也能够帮助我们对监测结果进行可视化呈现。经过一系列的获取、分析、过滤、挖掘、表述、修饰与交互等流程,智能技术能够将复杂的数据转化为直观的图表和图像,使我们对教育质量监测结果有更清晰的认识。例如,开发大规模数据分析模型与方法,采用多维动态、交互并结合地理空间信息的三维结构可视化技术,对真实数据与分析结果进行及时有效的呈现。[③] 依托监测报告生成系统实现各类监测报告批量生成,并搭配图表集成系统,确保数据和图表的准确性。[④] 通过智能技术平台,实现对多维数据的呈现、动态追踪、横向比较以及问题预警,这将为教育部门决策提供重要依据。

这些升级举措将使教育质量评估监测工作更为精准、全面和高效。

---

① 田伟,杨丽萍,辛涛,等.科技赋能教育监测与评价:现状与前瞻[J].中国远程教育,2022(1):1-11,92.

② Yan D, Rupp A A, Foltz W P. Handbook of Automated Scoring: Theory into Practice[M]. Boca Raton: CRC Press, 2020.

③ 田伟,杨丽萍,辛涛,等.科技赋能教育监测与评价:现状与前瞻[J].中国远程教育,2022(1):1-11,92.

④ 罗强,冯杰.区域教育质量监测数据可视化的探索与实践[J].中国教育信息化,2022,28(8):102-109.

在新的时代背景下,这将有助于我们更好地理解和提升教育质量,为学生的全面发展提供有力支持。

(二)推动区域教育督导智能化

随着智能技术的不断发展,其在教育领域的应用也日益广泛,为教育督导方式的变革提供了强有力的技术支撑。

首先,智能技术的应用使得从单一主体督导走向多元主体协同督导成为可能。智能技术为多元主体参与教育督导提供了支撑,减少了信息沟通障碍,同时吸纳除学校和政府外的利益相关主体参与教育督导工作。这不仅拓宽了督导的视野,也使得督导结果更加客观、公正。其次,智能技术的应用也促进了从实地督导走向"线上+线下"融合督导的转变。通过依托区域教育督导信息管理平台,可以实现对教育督导工作部署、信息报送、工作交流、意见反馈等环节的全面支撑,大大提高了督导工作的效率和便捷性。最后,建立风险督导体系也是智能技术应用的一个重要方面。通过智能技术,我们可以根据大数据分析结果、自我评估报告、媒体报道、投诉数量等信息对被督导单位进行风险等级划分,对低风险地区实施短期督导,对中风险地区实施常规督导,对风险较大地区实施多次督导与定期监测,从而提高了督导的针对性和实效性。[①]

人工智能、大数据等技术的应用也能够实现教育督导过程数据实时更新、督导数据的智能分析与可视化呈现,为教育督导提供更加科学、客观的依据。通过实时采集教育督导过程数据,我们可以及时发现和解决教育系统中存在的问题;通过智能分析督导数据,可以自动化生成结果模型并可视化呈现分析结果,使教育决策更加科学、有据可循。

智能技术的应用为教育督导方式的变革提供了强有力的支撑,使得教育督导更加科学、客观、公正、高效。未来随着技术的不断进步和发展,我们有理由相信,智能技术将在教育领域发挥更大的作用,为教育事

---

① 武向荣.国际比较视野下中国特色教育督导研究[J].教育学术月刊,2022(12):57-64.

业的发展注入新的动力。

三、治理前景三：学校(机构)治理数字化转型

(一)学校(机构)管理服务数字化

为提升成人学校(机构)管理效率与决策水平,数字化管理服务平台亟待升级。通过统一用户管理、集成应用服务,我们能够改进校园管理服务模式,变多部门管理为"一站式"服务,推动校园管理规范化与校务公开。

首先可以建立基于"一校一码、一人一号"的数字认证互联互通互认体系,实现基于实名身份认证的集中授权和单点登录。这一举措将为用户提供更为便捷、安全的身份认证方式,同时也为校园管理提供了更加统一、高效的权限管理手段。其次,集成学校(机构)各部门多样化的应用服务,满足学校、机构、学生等不同主体的需求。通过集成多样化的应用服务,我们可以将原本分散、独立的应用系统整合在一起,实现跨部门、跨业务的协同办公和服务,从而提高管理的整体效率和水平。最后,促进教学平台与管理平台的深度融合。根据业务流和数据流推动信息系统的业务协同,实现对学校教育教学和管理服务的全面支撑。通过深度融合教学与管理平台,我们可以更好地满足师生的教育需求,提高教学质量和管理效率。在教务管理中,我们可以依托集教学教务管理为一体的智能综合管理系统,全面支持学生自主学习、教师教学辅导、学校管理者统一监管,实现教学监控、成绩管理、线上统考等业务的高效管理。

总之,数字化校园(机构)管理服务平台的升级将带来诸多优势和便利。通过统一用户管理、集成应用服务以及重塑校园(机构)管理与服务流程等措施的实施,可以提高管理的效率与决策水平,为成人学习和发展提供更好的支持与服务。

(二)专业和课程数字化

促进成人教育各专业数字化治理和加强在线课程数字化治理都是成人高校治理的重要内容,也是实现育人目标的重要途径。为了提升专

业数字化治理水平,成人高校需要紧跟数字社会发展需求,进行专业升级和数字化改造,包括优化和加强智能技术相关专业设置,推进学科间信息化的协同融合和交叉学科建设,建设人工智能的管理、教学和学习场域等。

智能技术为专业调整优化赋能,包括利用大数据技术采集分析招生人数不同来源、不同视角的信息数据,提高专业设置决策的科学性,搭建专业调整信息共享平台,及时公开、更新专业调整优化的相关信息和结果。同时,应用智能技术能够对成人高校专业发展状态进行智能诊断与预警,提升专业化治理水平。

智能技术还可以为在线课程治理提供技术支撑。在课程目标上,要以成人学生发展为中心,更新教育理念,将培养学生核心素养与终身学习能力作为课程目标设置的出发点与着眼点。在课程资源上,开发数字教材,完善数字教材的基本功能,建立课程资源库或平台,引入虚拟现实、增强现实等技术,实现课程资源的可视化呈现。在课程实施上,充分运用智能化学习管理平台或智能教学系统,整合教学资源,提供覆盖各教学环节的智能服务;促进教学过程数据化,建立学生数据画像,为课程优化及学习效果评价提供数据支撑。在课程评价上,依托智能技术将学生、教师、社会机构等多元主体纳入课程评价中来,创新多样化的课程评价方式,对课程评价数据进行深入挖掘,实现课程监测和实时反馈。在课程日常管理上,运用课程管理云平台和移动应用实现课程管理的移动化和协同化;开发课程管理信息系统实现课程管理的标准化和可视化。

(三)校企协同育人数字化

智能技术为多主体协同育人提供了重要契机,通过平台建设、活动创新、课程建设等多种方式,以提升校企协同育人的数字化水平。

充分发挥学校和企业的优势,深化产学研合作是提升成人继续教育质量的重要途径,是成人高校培养创新、创业和创造型数字人才的重要方式。① 可行的做法如合作共建产教融合协同创新平台,将校企双方的资源进行充分的整合,发挥各自优势,提高学校的高端人才培养能力。② 联合开发应用型数字化课程,将企业职业资格标准、行业标准、企业核心技术标准等实践元素引入教学内容体系,依托智能技术开发数字化课程资源;协同构建科研云服务平台,实现科研设备与基础数据的有效共享及资源的充分利用,推动科研资源共享,优化各个专业的科研流程。科技企业是推动教育数字化转型成果转化的主力军。主要做法包括:一是制定行业标准规范。依托企业、高校、产业联盟等机构,制定行业内的数字伦理标准规范,推动技术伦理及行业自律原则的实施落地。2023 年 6 月,长三角企业家联盟共同发布《通用人工智能长三角(合肥)宣言》,提出长三角企业家联盟要保障数据安全,重视伦理人文,引导科技向善。二是加强企业内部自治。科技企业通过建立技术伦理治理的专门机构、发布伦理原则、制定内部规范、研发技术工具等举措,强化企业自治,推进数字伦理问题的有效解决。

---

① 王会,郑中元,苏伟.新工科建设背景下的高校产学研协同育人[J].江苏教育研究,2023(9):63-66.

② 吴小林.构建新时代产教融合平台推动教育科技人才全面贯通[J].中国高等教育,2022(24):22-23.

参考文献

一、中文文献

布朗,肖俊洪.数字素养的挑战:从有限的技能到批判性思维方式的跨越[J].中国远程教育,2018(4):42-53.

曹钢,梁宇.国际中文教育知识图谱的构建与应用:实现规模化因材施教的新途径[J].云南师范大学学报(对外汉语教学与研究版),2023,21(4):5-15.

陈明选,冯雪晴.我国数字教育资源供给现状与优化策略[J].电化教育研究,2020,41(6):46-52.

陈向东,杨德全.组态视角下的教育研究新路径:质性比较分析(QCA)及在教育技术中的应用分析[J].远程教育杂志,2020,38(1):28-37.

陈向明.从"叙事探究"到"叙事行动研究"[J].创新人才教育,2021(1):50-56.

陈志伟,余烁,刘莹.德国高校在线教学联盟的发展现状及管理模式研究[J].大学教育科学,2021(6):102-113.

程建青,刘秋辰,杜运周.创业生态系统与国家创业成长愿望:基于

NCA 与 fsQCA 方法的混合研究[J].科学学与科学技术管理,2023,44(3):80-97.

程建青,罗瑾琏,杜运周,等.制度环境与心理认知何时激活创业?——一个基于 QCA 方法的研究[J].科学学与科学技术管理,2019,40(2):114-131.

仇晓春,肖龙海.教师数字胜任力框架研究述评[J].开放教育研究,2021,27(5):110-120.

褚夫梅.我国现代远程教育服务质量标准研究[D].武汉:华中科技大学,2007.

崔新有.开放大学试点:困境与突破[J].开放教育研究,2020,26(4):12-17.

丁新,武丽志.远程教育质量:一种服务的观点[J].中国远程教育,2005(3):14-18,78.

董奇.心理与教育研究方法[M].广州:广东教育出版社,1992.

杜运周,贾良定.组态视角与定性比较分析(QCA):管理学研究的一条新道路[J].管理世界,2017(6):155-167.

段金菊,余胜泉.学习科学视域下的 e-Learning 深度学习研究[J].远程教育杂志,2013,31(4):43-51.

范建丽,张新平.大数据+智能时代的教师数智胜任力模型研究[J].远程教育杂志,2022,40(4):65-74.

方旭,铁银环.加拿大高等院校在线教育的发展及对后疫情时代我国在线教育的启示[J].黑龙江高教研究,2021,39(8):45-50.

方宇通.顾客感知服务质量评价方法的实证比较——对 SERVPERF 和 SERVQUAL 的再探讨[J].宁波工程学院学报,2012,24(4):53-57.

方宇通.基于因子载荷加权的城市公共交通服务质量评价[J].长春理工大学学报(社会科学版),2012,25(8):113-114,193.

冯立国,刘颖.开放大学教师教学能力标准研究[J].中国远程教育,2017(6):64-72.

冯仰存,钟薇,任友群.美国国家教师教育技术新标准解读与比较研究[J].现代教育术,2018,28(11):19-25.

高琼,陆吉健,王晓静,等.人工智能时代人机协同课堂教学模式的构建及实践案例[J].远程教育杂志,2021,39(4):24-33.

高文.建构主义研究的哲学与心理学基础[J].全球教育展望,2001,30(3):3-9.

戈丹.何谓治理[M].钟震宇,译.北京:社会科学文献出版社,2010.

顾小清,李世瑾.人工智能教育大脑:以数据驱动教育治理与教学创新的技术框架[J].中国电化教育,2021(1):80-88.

顾小清,易玉何.智能时代呼唤教师角色转型[J].中小学数字化教学,2019(1):23-26.

管玲俐.开放大学教师专业发展的个案研究:以 H 开放大学为例[J].成人教育,2014,34(6):44-46.

哈肯.协同学:大自然构成的奥秘[M].凌复华,译.上海:上海译文出版社,2001.

何光全.国外成人及继续教育学者马尔科姆·诺尔斯[J].成人教育,2012,32(12):1.

何文涛,路璐,周跃良,等.智能时代人机协同学习的本质特征与一般过程[J].中国远程教育,2023,43(3):12-20.

何文涛,张梦丽,路璐.人机协同的信息技术教育应用新理路[J].教育发展研究,2021,41(1):25-34.

贺桂英.基于任务驱动和 MOOC 学习的开放大学教师研修模式探索与研究[J].高教探索,2016(1):120-123.

胡小勇,黄婕,林梓柔,等.教育人工智能伦理:内涵框架、认知现状与风险规避[J].现代远程教育研究,2022,34(2):21-28,36.

黄云鹏.教育服务政府监管框架概述[J].经济体制改革,2005(2):16-20.

江欢.中老年教师专业发展的困境与纾解:基于开放大学转型发展

的思考[J].教师教育论坛,2019,32(7):28-32.

靳希斌.论教育服务及其价值[J].教育研究,2003,24(1):44-45.

兰国帅,张怡,魏家财,等.提升教师 ICT 能力驱动教师专业发展:UNESCO《教师 ICT 能力框架(第 3 版)》要点与思考[J].开放教育研究,2021,27(2):4-17.

乐传永,叶长胜.中国远程教育研究的百年嬗变与前瞻[J].远程教育杂志,2023,41(5):3-15.

李白杨,白云,詹希旎,等.人工智能生成内容(AIGC)的技术特征与形态演进[J].图书情报知识,2023,40(1):66-74.

李和中,石靖.日本在线教育:发展历程、特点、瓶颈与对我国的启示[J].社会科学家,2021(2):136-142.

李亮,祝青江.治理定义下的教育治理引论[J].人民论坛,2016(14):29-31.

李祥.在职教师网络培训中的组织、内容、评价研究[D].上海:上海师范大学,2010.

刘步青.人机协同系统的哲学研究[M].北京:光明日报出版社,2019.

刘德磊.近二十年我国教育治理研究文献评析:基于 CNKI 数据库的分析[J].创新创业理论研究与实践,2018,1(6):20-24.

刘丽霞.大数据背景下成人教学质量监测研究[J].继续教育,2017,31(5):15-18.

刘清堂,何皓怡,吴林静,等.基于人工智能的课堂教学行为分析方法及其应用[J].中国电化教育,2019(9):13-21.

刘清堂,叶阳梅,朱珂.活动理论视角下 MOOC 学习活动设计研究[J].远程教育杂志,2014,32(4):99-105.

刘尧.人工智能视域下现代教育治理的赋能与重塑[J].教学与管理,2021(18):28-30.

刘永权,武丽娜,邓长胜.我国开放大学师资队伍建设研究:基于教师分类与角色定位的视角[J].中国远程教育,2015(2):45-55,79.

刘宇.协同治理视角下辽宁省高校在线教育质量保障研究[D].大连:大连理工大学,2018.

刘钰.成人网络培训乱象亟待治理[N].中国教育报.2023-07-05(6).

刘智,刘三(女牙),康令云.物理空间中的智能学伴系统:感知数据驱动的学习分析技术:访柏林洪堡大学教育技术专家 Niels Pinkwart 教授[J].中国电化教育,2018(7):67-72.

娄方园,高振,王娟.智能时代在线教育治理:模式、成效与借鉴[J].中国成人教育,2021(21):27-33.

卢科青,王文,陈占锋,等.基于布卢姆教育目标分类学的课程设计一致性评价[J].教育教学论坛,2020(52):234-235.

卢雯雯.基于知识图谱的陈述性知识自适应学习系统研究[D].大庆:东北石油大学,2023.

罗强,冯杰.区域教育质量监测数据可视化的探索与实践[J].中国教育信息化,2022,28(8):102-109.

马志丽.中小学校外在线教育的现状及教学模式研究[D].北京:北京邮电大学,2019.

毛刚,王良辉.人机协同:理解并建构未来教育世界的方式[J].教育发展研究,2021,41(1):16-24.

彭红超,祝智庭.人机协同的数据智慧机制:智慧教育的数据价值炼金术[J].开放教育研究,2018,24(2):41-50.

彭兴蓬,彭桂蓉.浅论我国教育治理的有效性[J].长春理工大学学报(社会科学版),2010,23(2):91-92.

戚晓思.教育治理体系与治理能力现代化的研究进展与展望[J].河南社会科学,2018,26(2):113-118.

乔纳森.学习环境的理论基础[M].郑太年,任友群,译.上海:华东师范大学出版社,2002.

秦丹,张立新.人机协同教学中的教师角色重构[J].电化教育研究,

2020,41(11):13-19.

裘烨真,皑妍.谈行为事件访谈法在胜任素质模型构建中的应用[J].国家林业局管理干部学院学报,2013,12(3):46-49.

塞西.论智力:智力发展的生物生态学理论[M].王晓辰,李清,译.上海:华东师范大学出版社,2009.

尚俊杰,张喆,庄绍勇,等.游戏化网络课程的设计与应用研究[J].远程教育杂志,2012,30(4):66-72.

尚俊杰.未来教育重塑研究[M].上海:华东师范大学出版社,2020.

沈健,罗强.数据治理下的区域教育质量监测数据分析系统探究[J].中国教育信息化,2023,29(4):77-85.

沈苑,汪琼.人工智能在教育中应用的伦理考量:从教育视角解读欧盟《可信赖的人工智能伦理准则》[J].北京大学教育评论,2019,17(4):18-34,184.

史华楠.教育管办评分离的条件、目标和策略分析[J].中国教育学刊,2015(7):65-72.

史忠植.人工智能[M].北京:机械工业出版社,2016.

孙传远,李爱铭,董丽敏.开放大学教师学术职业发展的困境与出路[J].中国远程教育,2021(1):27-36.

孙众,吕恺悦,骆力明,等.基于人工智能的课堂教学分析[J].中国电化教育,2020(10):15-23.

孙众,吕恺悦,施智平,等.TESTII 框架:人工智能支持课堂教学分析的发展走向[J].电化教育研究,2021,42(2):33-39,77.

唐春,唐建华.教育治理体系和治理能力现代化研究[J].重庆电子工程职业学院学报,2014,23(5):83-85.

田汉族.教育服务理论提出及其实践价值[J].大学教育科学,2005(5):5-11.

田红玉.5G 信息技术赋能新文科建设[J].宁波大学学报(教育科学版),2022,44(2):48-55.

田慧生. 关于活动教学几个理论问题的认识[J]. 教育研究，1998，19(4)：46-53.

田伟，杨丽萍，辛涛，等. 科技赋能教育监测与评价：现状与前瞻[J]. 中国远程教育，2022(1)：1-11，92.

万海鹏. 自适应学习平台的关键技术与典型案例[J]. 人工智能，2019(3)：96-102.

王会，郑中元，苏伟. 新工科建设背景下的高校产学研协同育人[J]. 江苏教育研究，2023(9)：63-66.

王娟，赵东伟，刘法伦，等. 基于数据挖掘的开放教育在线学习者学业行为分析与成绩预测[J]. 中国成人教育，2022(13)：29-33.

王娟，郑浩，李巍，等. 智能时代的在线教育治理：内涵、困境与突破[J]. 电化教育研究，2021，42(7)：54-60.

王丽萍. 自适应学习系统中学习者模型与教学模型研究[D]. 长春：东北师范大学，2017.

王良辉，夏亮亮，何文涛. 回归教育学的精准教学：走向人机协同[J]. 电化教育研究，2021，42(12)：108-114.

王敏. 英国《教育技术战略：释放技术在教育中的潜力》探析[J]. 世界教育信息，2019，32(17)：21-27.

王小根，单必英. 基于动态学习数据流的"伴随式评价"框架设计[J]. 电化教育研究，2020，41(2)：60-67.

王星. 技术共生视角下智慧课堂构建逻辑研究[D]. 重庆：西南大学，2023.

王雪，王崟羽，乔玉飞，等. 在线课程资源的"学测一体"游戏化设计：理论模型与作用机制[J]. 电化教育研究，2023，44(2)：92-98，113.

王雪菲. 现代成人远程开放教育的挑战与对策[J]. 中国成人教育，2016(22)：22-24.

王运武，洪俐，陈祎雯，等. 教育应急治理及教育治理现代化的困境、挑战与对策[J]. 中国电化教育，2020(12)：63-68，98.

韦书令,文梦丹,刘权纬.人工智能视域下开放大学教师的信息素养提升:挑战、技术支持与实施策略[J].成人教育,2020,40(10):22-29.

吴砥,王杨春晓,彭娴.教育信息化标准研究综述[J].电化教育研究,2019,40(1):45-51,76.

吴丹.数字化赋能高等教育高质量发展[N].人民日报,2022-12-18(5).

吴锦辉.我国主要慕课(MOOC)平台对比分析[J].高校图书馆工作,2015,35(1):11-14,40.

吴明隆.结构方程模型:AMOS的操作与应用[M].2版.重庆:重庆大学出版社,2010.

吴韶华.制约开放大学师资队伍发展的突出问题与对策[J].中国远程教育,2016(10):51-57.

吴小林.构建新时代产教融合平台推动教育科技人才全面贯通[J].中国高等教育,2022(24):22-23.

吴茵荷,蔡连玉,周跃良.教育的人机协同化与未来教师核心素养:基于智能结构三维模型的分析[J].电化教育研究,2021,42(9):27-34.

武丽志.定位与构成:远程教育服务的产品研究[J].广州广播电视大学学报,2008,8(1):5-9.

武丽志.远程教育的服务性分析[J].开放教育研究,2006,12(3):41-44.

武向荣.国际比较视野下中国特色教育督导研究[J].教育学术月刊,2022(12):57-64.

夏建国,赵军.新工科建设背景下地方高校工程教育改革发展刍议[J].高等工程教育研究,2017(3):15-19,65.

相广新.基于网络的中小学教师远程培训行动研究[D].大连:辽宁师范大学,2008.

项国雄,赖晓云.活动理论及其对学习环境设计的影响[J].电化教育研究,2005,26(6):9-14.

萧鸣政.人员素质测评理论与方法[M].北京:北京大学出版

社,2011.

肖祯怀.基于知识图谱推荐系统的高校"汇编语言程序设计"课程教学改革[J].镇江高专学报,2024,37(1):101-105.

谢浩,许玲,李炜.新时期高校网络教育治理体系的结构与关键制度[J].中国远程教育,2021(11):22-28,57,76-77.

谢建.教师精准教学能力模型构建研究[D].长春:东北师范大学,2020.

徐坤山.基于多元教学情景创设的高职医药类专业生物化学课程教学建设与改革[J].卫生职业教育,2022,40(2):37-39.

徐智华,葛俏君,甘杰.高校教师胜任力模型研究述评[J].现代教育科学,2012(9):166-168,172.

许鹏.MOOC环境中成人学习者在线交互网络结构特征[J].高等继续教育学报,2017,30(2):42-48.

闫寒冰,陈怡.何以实现高质量在线教学?——基于2021、2022、2023年地平线报告(教与学版)的多案例研究[J].现代教育技术,2023,33(7):72-80.

严丹,赵宏媚.俄罗斯"现代数字教育环境建设项目(2016—2025年)"述评[J].世界教育信息,2019,32(8):20-25.

杨开城.学生模型与学习活动的设计[J].中国电化教育,2002(12):16-20.

杨莉娟.活动理论与建构主义学习观[J].教育科学研究,2000(4):59-65.

杨天阳.电大远程开放教育质量的影响因素与对策[J].继续教育研究,2012(1):83-86.

杨小敏,李政.走向治理:首都教育改革面临的机遇和挑战[J].北京教育(高教),2014(6):6-9.

杨寅,刘勤,吴忠生.科技资源开放共享平台创新扩散的关键因素研究:基于TOE理论框架[J].现代情报,2018,38(1):69-75,86.

姚玲.人工智能时代职业教育人才培养的升级表征与发展路径[J].职教论坛,2019(2):22-27.

尹达.教育治理现代化:理论依据、内涵特点及体系建构[J].重庆高教研究,2015,3(1):5-9.

于璐.列昂捷夫的活动理论及其生态学诠释[D].长春:吉林大学,2011.

余胜泉,王慧敏.如何在疫情等极端环境下更好地组织在线学习[J].中国电化教育,2020(5):6-14,33.

余胜泉.人工智能教师的未来角色[J].开放教育研究,2018,24(1):16-28.

虞江锋,张吉先.AI-TPACK理论框架下开放大学教师的专业发展分析[J].职教论坛,2022,38(4):103-109.

袁彩哲.电大远程教育贯彻"以顾客为关注焦点"的思考[J].江苏广播电视大学学报,2007,18(4):13-16.

袁振国.数字化转型视野下的教育治理[J].中国教育学刊,2022(8):1-6,18.

詹国辉,刘涛,戴芬园.人工智能驱动的高校智慧教学空间融合研究[J].宁波大学学报(教育科学版),2022,44(3):66-74.

张承宇.成人网络教育中学员学习动机的激发[J].中国成人教育,2011(14):106-108.

张浩,吴秀娟.深度学习的内涵及认知理论基础探析[J].中国电化教育,2012(10):7-11,21.

张屹,马静思,周平红,等.人工智能课程中游戏化学习培养高中生计算思维实践的研究:以"挑战Alpha井字棋"为例[J].电化教育研究,2022,43(9):63-72.

张治,戴蕴秋.基于"教育大脑"的智能治理:上海宝山区教育数字化转型实践探索[J].中国教育信息化,2022,28(6):64-69.

赵呈领,徐晶晶.翻转课堂中学习适应性与学习能力发展研究:基于学习活动设计视角[J].中国电化教育,2015(6):92-98.

赵宇博,张丽萍,闫盛,等.个性化学习中学科知识图谱构建与应用综述[J].计算机工程与应用,2023,59(10):1-21.

郑太年.从活动理论看学校学习[J].开放教育研究,2005,11(1):64-68.

郑旭东.面向我国中小学教师的数字胜任力模型构建及应用研究[D].上海:华东师范大学,2019.

衷克定,岳超群.混合学习模式下学习者主体意识发展研究[J].现代远程教育研究,2017,29(6):48-56.

周洪宇,李宇阳.生成式人工智能技术ChatGPT与教育治理现代化:兼论数字化时代的教育治理转型[J].华东师范大学学报(教育科学版),2023,41(7):36-46.

周蕾,赵中建.美国K-12阶段在线教育质量全国标准评析[J].开放教育研究,2020,26(2):53-62.

周跃良,吴茵荷,蔡连玉.面向人机协同教育的教师教育变革研究[J].电化教育研究,2022(10):5-11.

朱永新,杨帆.我国教育数字化转型的现实逻辑、应用场景与治理路径[J].中国电化教育,2023(1):1-7,24.

祝智庭,胡姣.教育数字化转型的本质探析与研究展望[J].中国电化教育,2022(4):1-8,25.

祝智庭,林梓柔,魏非,等.教师专业发展数字化转型:平台化、生态化、实践化[J].中国电化教育,2023(1):8-15.

二、英文文献

Ala-Mutka K. Mapping digital competence:Towards a conceptual understanding[R]. Technical Report,European Commission Joint Research Centre Institute for Prospective Technological Studies. Luxembourg:Publications Office of the European Union,2011.

Bitner M J. Evaluating service encounter:The effects of physical surrounding and employees[J]. Journal of Marketing, 1990, 54(2): 69-82.

Bitner M J. Servicecapes: The impact of physical surroundings on customers and employee [J]. Journal of Marketing, 1992, 56 (2): 57-71.

Bloom B S. The 2 sigma problem: The search for methods of group instruction as effective as one-to-one tutoring [J]. Educational Researcher, 1984, 13(6): 4-10.

Brady M K, Cronin J J. Some new thoughts on conceptualizing perceived service quality: A hierarchical approach [J]. Journal of Marketing, 2001, 65(3): 34-49.

Calvani A, Cartelli A, Fini A, et al. Models and instruments for assessing digital competence at school[J]. Journal of E-learning and Knowledge Society, 2008, 4(3): 183-193.

Carman J M. Consumer perceptions of service quality: An assessment of the SERVQUAL dimensions[J]. Journal of Retailing, 1990, 66(1): 33-55.

Chen X, Soldner M. STEM attrition: College students' paths into and out of STEM fields: Statistical analysis report[R]. National Center for Education Statistics, 2013.

Craig C J. Narrative inquiry in teaching and teacher education[J]. Advance in Research on Teaching, 2011, 13: 19-42.

Crawford K, Hasan H. Demonstrations of the activity theory framework for research in information systems[J]. Australasian Journal of Information Systems, 2006, 13(2): 49-68.

Dabholkar P A, Thorpe D I, Rentz J O. A measure of service quality for retail stores: Scale development and validation[J]. Journal of the Academy of Marketing Science, 1996, 24(1): 3-16.

Dayan P，Balleine B W. Reward，motivation，and reinforcement learning[J]. Neuron，2002，36(2)：285-298.

Deterding S，Dixon D，Khaled R，et al. From game design elements to gamefulness：Defining "gamification"[C]// Proceedings of the 15th International Academic Mindtrek Conference：Envisioning Future Media Environments. New York：ACM，2011：9-15.

Dumford N M. The Effects of External Rewards on Intrinsic Motivation[D]. Oxford：Miami University，2009.

Edmunds H. The Focus Group Research Handbook[M]. Chicago：NTC Business Books，1999.

Engestrom Y. Enriching activity theory without shortcuts [J]. Interacting with Computers，2008，20(2)：256-259.

Fredricks J A，Blumenfeld P C，Paris A H. School engagement：Potential of the concept，state of the evidence[J]. Review of Educational Research，2004，74(1)：59-109.

Freeman S，Eddy S L，McDonough M，et al. Active learning increases student performance in science，engineering，and mathematics [J]. Proceedings of the National Academy of Sciences (PNAS)，2014，111(23)：8410-8415.

Goodhue D L，Thompson R L. Task-technology fit and individual performance[J]. Mis Quarterly，1995，19(2)：213-236.

Grönroos C. A service quality model and its marketing implications [J]. European Journal of Marketing，1984，18(4)：36-44.

Hill F M. Managing service quality in higher education：The role of the student as primary consumer[J]. Quality Assurance in Education，1995，3(3)：10-21.

Instefjord E，Munthe E. Preparing pre-service teachers to integrate technology：An analysis of the emphasis on digital competence in teacher education curricula[J]. European Journal of Teacher Education, 2016, 39(1): 77-93.

Irwin C, Ball L, Desbrow B, et al. Students' perceptions of using Facebook as an interactive learning resource at university [J]. Australasian Journal of Educational Technology, 2012, 28: 1221-1232.

Iyamu T, Shaanika I. The use of activity theory to guide information systems research [J]. Education and Information Technologies, 2019, 24(1): 165-180.

Jonassen D H, Robrer-Murphy L R. Activity theory as a framework for designing constructivist learning environments [J]. Educational Technology, Research and Development, 1999, 47 (1): 61-80.

Karasavvidis I. Activity theory as a conceptual framework for understanding teacher approaches to information and communication technologies[J]. Computers & Education, 2009, 53(2): 436-444.

Kirby K, Anwar M N. An application of activity theory to the "problem of e-books"[J]. Heliyon, 2020, 6(9): e04982.

Kleinsasser R C. Teacher efficacy in teaching and teacher education[J]. Teaching and Teacher Education, 2014, 44: 168-179.

Kline R B. Principles and Practice of Structural Equation Modeling [M]. New York: Guilford Press, 1998.

Kohn A. Studies find reward often no motivator [N]. Boston Globe, 1987-01-19.

Krumsvik R J. Digital competence in the Norwegian teacher education and schools[J]. Högre utbildning, 2011, 1(1): 39-51.

Lander E S, Gates S J. Prepare and inspire[J]. Science, 2010, 330 (6001): 151.

Levy Y. An empirical development of critical value factors (CVF) of online learning activities: An application of activity theory and cognitive value theory[J]. Computers & Education, 2008, 51(4): 1664-1675.

LI L, DU K, ZHANG W, et al. Poverty alleviation through government-led e-commerce development in rural China: An activity theory perspective[J]. Information Systems Journal, 2019, 29(4): 914-952.

Long P, Tricker T, Rangecroft M, et al. Measuring the satisfaction gap: Education in the market-place [J]. Total Quality Management, 2001, 12(7-8): 772-778.

Maderick J A, Zhang S, Hartley K, et al. Preserve teachers and self-assessing digital competence[J]. Journal of Educational Computing Research, 2016, 54(3): 326-335.

Maimaiti G, Jia C, Hew K F. Student disengagement in web-based videoconferencing supported online learning: An activity theory perspective[J]. Interactive Learning Environments, 2021, 31(8): 4883-4902.

Marczewski A. Gamification: A Simple Introduction and a Bit More [M]. Sebastopol: O'Reilly Media, 2013.

Noll R G. Handbook of industrial organization[M]. Amsterdam: Elsevier, 1989.

Oldfield B M, Baron S. Student perceptions of service quality in a UK university business and management faculty[J]. Quality Assurance in Education, 2000(2): 85-95.

Owlia M S, Aspinwall E M. A framework for measuring quality in engineering education [J]. Total Quality Management & Business Excellence, 1998, 9(6): 501-518.

O'Neil M. The influence of time on student perception of service quality: The need for longitudinal measures[J]. Journal of Education Administration, 2003, 41(4): 310-324.

Parasuraman V A, Zeithaml V A, Berry L L. A conceptual model of service quality and its implications for future research[J]. Journal of Marketing, 1985, 49(4): 41-50.

Parkavi A, Lakshmi K, Srinivasa K G. Predicting effective course conduction strategy using data mining techniques [J]. Educational Research and Reviews, 2017, 12(24): 1188-1198.

Paula Y K, Kwan P, Ng W K. Quality indicators in higher education comparing Hong Kong and China's students[J]. Managerial Auditing Journal, 1999, 14(1/2): 20-27.

Pershing J A. Handbook of Human Performance Technology: Principles, Practices, and Potential[M]. San Francisco: Pfeiffer, 2006.

Price D V, Tovar E. Student engagement and institutional graduation rates: Identifying high-impact educational practices for community colleges[J]. Community College Journal of Research and Practice, 2014, 38(9): 766-782.

Redecker C. European Framework for the Digital Competence of Educators (DigCompEdu)[R]. Seville: Joint Research Centre, 2017.

Roberts J K, Pavlakis A E, Richards M P. It's more complicated than it seems: Virtual qualitative research in the COVID-19 Era[J]. International Journal of Qualitative Methods, 2021, 20(5): 603-616.

Rokenes F M, Krumsvik R J. Prepared to teach ESL with ICT? A study of digital competence in Norwegian teacher education [J]. Computers & Education, 2016, 97(C): 1-20.

Ruiz-Primo M A, Briggs D, Iverson H, et al. Impact of undergraduate science course innovations on learning[J]. Science, 2011, 331(6024): 1269-1270.

Rust R T, Oliver R L. Service Quality: New Directions in Theory and Practice[M]. Thousand Oaks: Sage Publications, 1994.

Sahin I. Predicting student satisfaction in distance education and learning environments[J]. The Turkish Online Journal of Distance Education, 2007, 8(2): 113-119.

Seaborn K, Fels D. Gamification in theory and action: A survey [J]. International Journal of Human-Computer Studies, 2015, 74: 14-31.

Shaik N, Lowe S, Pinegar P. DL-sQUAL: A multiple-item scale for measuring service quality of online distance learning programs[J]. Online Journal of Distance Learning Administration, 2006, 9(3): 34-42.

Shaik N. Marketing distance learning programs and courses: A relationship marketing strategy[J]. Online Journal of Distance Learning Administration, 2005, 8(3): 67-75.

Spencer L M, Spencer S M. Competence at Work: Models for Superior Performance[M]. New York: John Wiley & Sons, 1993.

Stevenson K, Sander P. Improving service quality in distance education[J]. European Journal of Open and Distance Learning, 1998, 1: 12-18.

Taub M, Azevedo R. How does prior knowledge influence eye fixations and sequences of cognitive and metacognitive SRL processes during learning with an intelligent tutoring system? [J]. International Journal of Artificial Intelligence in Education, 2018, 29(1): 1-28.

Thomas F P, Linda R T, Ulrich W, et al. Recent advances in intergroup contact theory[J]. International Journal of Intercultural Relations, 2011, 35(3): 271-280.

Tsankov N, Damyanov I. Education majors' preferences on the functionalities of e-learning platforms in the context of blended learning

［J］. International Journal of Emerging Technologies in Learning，2017，12(5)：202-209.

Weaver T. What is good of higher education? ［J］. Higher Education Review，1976，10(1)：3-14.

Werbach K，Hunter D. For the Win：How Game Thinking Can Revolutionize Your Business［M］. Sebastopol：O'Reilly Media，2012.

Wu W，Chen L，Yang Q，et al. Inferring students' personality from their communication behavior in web-based learning systems［J］. International Journal of Artificial Intelligence in Education，2019，29(2)：189-216.

Yan D，Rupp A A，Foltz W P. Handbook of Automated Scoring：Theory into Practice［M］. Boca Raton：CRC Press，2020.

Zhou X Y，Press H E. The development of teacher network training based on user experience perspective［J］. Teacher Education Forum，2018，31(3)：57-60.

Zichermann G，Cunningham C. Gamification by Design：Implementing Game Mechanics in Web and Mobile Apps［M］. Sebastopol：O'Reilly Media，2011.

后 记

经过 10 余年的学术积累,我感受到了一种使命:撰写一本有关"成人在线教育"的专著。2022 年动笔至今,我深刻体会到成人在线教育作为时代进步的产物,其智慧治理的重要性与紧迫性。数字化转型背景下,教育资源数字化、学习过程在线化、学习方式灵活化已成为不可逆转的趋势,而成人作为社会发展的中坚力量,其在线教育的治理不仅关乎个体能力的提升,更是促进终身学习体系构建、推动社会整体进步与创新的关键一环。

在成人在线教育的语境下,智慧治理的价值尤为凸显:首先,它促进了教育公平。成人在线教育的学习者无论身处何地,都能便捷地获取优质教育资源,打破了地域、时间、经济条件的限制,极大地促进了教育资源的均衡分配。其次,成人在线教育提升了学习过程质量。智慧治理利用智能分析技术,能够精准分析学习者的学习行为、兴趣偏好及能力水平,从而为学习者量身定制学习计划与资源推荐。再次,成人在线教育推动了教育管评的现代化。智慧治理使得教育管评更加科学化、精细化,能够实时监测学习数据、评估教育效果。最后,从更宏观的视角看,成人在线教育营造了终身学习的社会氛围。在智慧治理的推动下,成人在线教育不再局限于某一阶段或某一领域的学习，而是贯穿个体一生，这种理念与实践的普及，有助于形成全社会崇尚学习、勇于探索的良好风尚，为构建学习型社会奠定坚实基础。

近年来，围绕成人在线教育智慧治理，我和方宇通副教授争取到了宁波市哲学社会科学研究基地的科研项目、华东地区开放大学联盟联合科研攻关课题；发表了 10 余篇相关主题的学术文章；获得浙江省"数字化变革赋能终身教育"主题征文一等奖。为了搜集成人在线学习的资料，我们翻阅图书馆书籍以及各类电子图书刊物，即便如此，我们对这个新兴的研究领域还有很多未解决的疑惑。

成书过程得到了多方面的支持与帮助，在此表示由衷的谢意。感谢宁波市社会科学院文化所所长张英、副所长陈珊珊，宁波大学人文与传媒学院教授宁海林，宁波市教育科学研究所博士朱芳籽在选题现场的耐心指导。感谢宁波开放大学副校长郭玮、宁波数字化与传播研究基地首席专家田勇、宁波开放大学终身教育处副处长李婷在选题和写作大纲过程中提出的宝贵意见。感谢我的同事钱荷娣研究员、梁振国副教授、陆和杰研究员、张雪燕研究员、赵淑萍副教授在成书过程中给予的关心和帮助。当然还要感谢我的学术领路人周跃良教授的点拨。没有你们的支持就没有这本著作。

我和方宇通副教授合作完成了本书的写作。由于水平有限，加之成人在线教育智慧治理领域尚处于不断发展的阶段，书中难免存在疏漏。衷心希望广大读者能够不吝赐教，提出宝贵的意见。同时，本书在撰写过程中参考和引用了大量国内外文献与资料，力求做到内容翔实、观点准确，但受限于时间与精力，难免会有遗漏之处，恳请谅解。

刘铁柱

2024 年 7 月于宁波开放大学